KB248093

YES24 22~25년
대입검정 부문 월별/주별
베스트셀러
1위

EBS
교육방송교재

단독 제공!
2025년 제1·2회
기출문제 수록

검스타트 검정고시 고졸 도덕

2026 최신판

단원별 개념정리 + 기출문제 체크 + 실전모의고사

검스타트 고득점 합격 로드맵

기출이 답이다	연습은 실전처럼	빈틈 없는 마무리	빠른 결과 확인
최신 기출문제 + 무료 강의	온라인 모의고사 + 상세 해설	시험장에서 보는 5분 정리집	가답안 문자 예약 - 자동 채점

시험 안내

고졸 검정고시는 부득이한 이유로 정규 고등학교 과정을 마치지 못한 사람들을 대상으로 실시하는 국가 자격 시험으로, 고졸 검정고시에 합격한 자는 고등학교를 졸업한 자와 동등한 자격을 인정받습니다.

※ 자세한 사항은 각 시・도별 공고문을 참고하십시오.

1 시행 기관

- 시・도 교육청 : 시행 공고, 원서 교부 및 접수, 시험 실시, 채점, 합격자 발표
- 한국교육과정평가원(KICE) : 문제 출제, 인쇄 및 배포

2 시험 일정*

구분	공고 기간	접수 기간	시험일	합격자 발표
제1회	1월 말 ~ 2월 초	2월 초 ~ 중순	4월 초・중순	5월 초・중순
제2회	5월 말 ~ 6월 초	6월 초 ~ 중순	8월 초・중순	8월 하순

※ 상기 일정은 시・도 교육청 협의에 따라 변경될 수 있습니다. 반드시 해당 시험 공고문을 참조하세요.

3 시험 과목 및 시간표

구분	1교시	2교시	3교시	4교시		5교시	6교시	7교시
시간	09:00~09:40	10:00~10:40	11:00~11:40	12:00~12:30	중식 12:30~13:30	13:40~14:10	14:30~15:00	15:20~15:50
	40분	40분	40분	30분		30분	30분	30분
시험 과목	국어	수학	영어	사회		과학	한국사	선택 과목

※ 필수 과목 : 국어, 수학, 영어, 사회, 과학, 한국사(6과목)

※ 7교시 선택 과목은 '도덕, 기술・가정, 체육, 음악, 미술' 중 1과목(따라서 총 7과목 응시)

4 출제 형식 및 배점

- 문항 형식 : 객관식 4지 택 1형
- 출제 문항 수 및 배점

구분	문항 수	배점
고졸	각 과목별 25문항(단, 수학은 20문항)	각 과목별 1문항당 4점(단, 수학은 1문항당 5점)

5 합격자 결정 및 취소

- 고시 합격 ➡ 각 과목을 100점 만점으로 하여 결시 없이 평균 60점 이상을 취득한 자(과락제 폐지)
- 과목 합격 ➡ 과목당 60점 이상 취득한 과목
- 합격 취소 ➡ 응시 자격에 결격이 있는 자, 제출 서류를 위조 또는 변조한 자, 부정행위자

6 응시 자격 및 제한

◆ 응시자격 및 응시과목

응시자격	응시과목
중학교 졸업자	• 국어, 수학, 영어, 사회, 과학, 한국사【필수 : 6과목】 • 도덕, 기술・가정, 체육, 음악, 미술【선택 : 1과목】
중학교 졸업학력 검정고시 합격자	
초・중등교육법시행령 제97조・제101조 및 제102조 해당자	
보호소년 등의 처우에 관한 법률 시행령 제69조 제3호의 규정에 의한 자	
3년제 고등기술학교 및 고등학교에 준하는 각종학교 졸업자 또는 졸업예정자	국어, 수학, 영어 【총 3과목】
3년제 직업훈련과정의 수료자	
3년제 고등기술학교 및 고등학교에 준하는 각종학교 졸업자 또는 졸업예정자, 3년제 직업훈련과정의 수료자 해당자로서 '89.11.22 이후 국가기술자격법에 의한 기능사 이상의 자격 취득자	국어, 수학 또는 영어 【총 2과목】
3년제 고등기술학교 및 고등학교에 준하는 각종학교 졸업자 또는 졸업예정자, 3년제 직업훈련과정의 수료자 해당자로서 '89.11.21 이전 국가기술자격법에 의한 기능사 이상의 자격 취득자	수학 또는 영어 【총 1과목】
만 18세 이후에 평생교육법 제23조 제2항에 따라 평가인정한 학습과정 중 고시과목에 관련된 과정을 교육부장관이 정하는 바에 따라 과목당 90시간 이상 이수한자	국어, 수학, 영어【3과목】 + 미이수 과목

◆ 응시 자격 제한

- 고등학교 또는 초・중등교육법 시행령 제98조 제1항 제2호의 학교를 졸업한 자 또는 재학 중인 자(휴학 중인 자 포함)
- 공고일 이후 중학교 또는 초・중등교육법 시행령 제97조 제1항 제2호의 학교를 졸업한 자
- 고시에 관하여 부정행위를 한 자로서 2년이 경과되지 아니한 자
- 고등학교 또는 초・중등교육법 시행령 제98조 제1항 제2호의 학교에서 퇴학된 사람으로서 퇴학일부터 공고일까지의 기간이 6개월이 되지 않은 사람(다만, 장애인복지법에 제32조에 따라 등록한 장애인으로서 신체적・정신적 장애로 학업을 계속하는 것이 불가능하여 퇴학된 사람은 제외)

7 제출 서류

◆ 응시자 전원 제출 서류(공통)

- 응시원서(소정 서식) 1부(현장 접수 시, 온라인 접수 시는 전자파일 형식의 사진 1매만 필요)
- 동일한 사진 2매(탈모 상반신, 3.5㎝×4.5㎝, 응시원서 제출 전 3개월 이내 촬영)
- 본인의 해당 최종학력증명서 1부(아래 해당 서류 중 한 가지)
  - 중졸 검정고시 합격자 : 합격증서 사본(원본 지참)
  - 고등학교 재학 중 중퇴자 : 제적증명서
  - 중학교 졸업 후 상급학교 미진학자 : 상급학교 진학 여부가 표시된 '검정고시용' 중학교 졸업(졸업 예정)증명서, 미진학사실확인서

◆ 과목 면제 대상자 추가 제출 서류
- 과목합격증명서 또는 성적증명서, 평생학습이력증명서 등(이상 해당자만 제출)

◆ 장애인 시험 시간 연장 및 편의 제공 대상자 제출 서류
- 복지카드 또는 장애인등록증 사본(원본 지참), 장애인 편의 제공 신청서

8 출제 수준, 세부 출제 기준 및 방향

◆ 출제 수준
- 고등학교 졸업 정도의 지식과 그 응용 능력을 측정할 수 있는 수준

◆ 세부 출제 기준 및 방향
- 각 교과의 검정(또는 인정) 교과서를 활용하는 출제 방식
  - 가급적 최소 3종 이상의 교과서에서 공통으로 다루고 있는 내용으로 출제
    (단, 국어와 영어 지문의 경우 공통으로 다루고 있는 교과서 종수와 관계없으며, 교과서 외 지문도 활용 가능)
- 문제은행(기출문항 포함) 출제 방식을 학교 급별로 차등 적용
  - 초졸 : 50% 내외, 중졸 : 30% 내외, 고졸 : 적용하지 않음.
- 출제 난이도 : 최근 5년간 평균 합격률을 고려하여 적정 난이도 유지

9 응시자 시험 당일 준비물

◆ 중졸 및 고졸

(필수) 수험표, 신분증, 컴퓨터용 수성사인펜
(선택) 아날로그 손목시계, 수정 테이프, 도시락

※ 수험표 분실자는 응시원서에 부착한 동일한 사진 1매를 지참하고 시험 당일 08시 20분까지 해당 고사장 시험 본부에서 수험표를 재교부 받을 수 있다.

※ 시험 당일 고사장에는 차량을 주차할 수 없으므로 대중교통을 이용해야 한다.

10 고졸 검정고시 교과별 출제 대상 과목

구분	교과(고시 과목)	출제범위(과목)
필수	국어	국어
	수학	수학
	영어	영어
	사회	통합사회
	과학	통합과학
	한국사	한국사
선택	도덕	생활과 윤리
	기술・가정	기술・가정
	체육	체육
	음악	음악
	미술	미술

나이스 검정고시 서비스 ×

http://kged.sen.go.kr

검정고시 온라인 원서 접수, 이렇게 해요!

※ 사전 준비 : 본인의 '공동인증서' 발급 받기

1. 온라인 접수 기간에 시 · 도 교육청의 검정고시 서비스 사이트에 접속

   http://kged.sen.go.kr

2. 검정고시 전체 서비스 메인 화면에서, 화면 왼쪽의 **검정고시 온라인 접수** 클릭

3. 왼편의 검정고시 온라인 접수에서 해당하는 '시 · 도 교육청'을 선택하여 이동

4. 상단의 〈온라인 원서 접수〉 메뉴에서 본인이 희망하는 자격의 검정고시 선택
   ☞ 해당 자격의 **원서 접수하기** 버튼을 클릭하면 '온라인 원서 접수 페이지'로 이동

5. 성명과 주민등록번호(또는 외국인등록번호)를 입력하고, 원서 접수 허위 사실 기재에 관한 안내 및 서약서와 개인식별번호 처리 동의에 체크(✓)한 뒤, **인증서 로그인**을 클릭한 후 본인의 공동인증서를 통해 로그인

6. 응시자 정보 ➔ 학력 과목 정보 ➔ 고사장 선택 ➔ 접수 완료 순으로 작성

   (1) 응시자 정보에서 본인의 기본 신상 정보와 검정고시 응시 기본 정보를 입력한 후 **저장** 버튼을 클릭하여 저장 (*표시는 필수 입력 항목으로, 미입력 시 다음 순서로 진행되지 않음) ➔ **다음** 버튼 클릭

   • 사진 파일은 100kb 크기 미만의 jpg와 gif 파일만 저장 가능

   (2) 학력 과목 정보에서 응시자 본인의 학력 정보와 과목 응시 정보를 등록, 관련된 서류를 첨부한 후 **저장** 버튼을 클릭하여 저장 ➔ **다음** 버튼 클릭

   (3) 고사장 선택에서 금회차의 고사장이 조회되며, 고사장별 수용 인원이 도달할 때까지 응시자가 신청할 수 있음 ➔ **다음** 버튼 클릭

   ※ 고사장을 변경할 시에는 상단의 〈원서 조회〉 메뉴에서 '3. 고사장 선택 입력 단계 화면'에서 수정

   (4) 접수 완료에서 이전 단계에서 등록했던 주요 항목을 다시 한번 확인한 후, **제출** 버튼을 클릭하여, 최종적으로 원서 제출

   ※ 입력을 완료하였으나 제출을 하지 않을 경우 오프라인으로 재접수를 해야만 응시 가능

   ※ 제출 완료한 응시원서에 수정이 필요한 경우, 〈수정후제출〉 버튼을 클릭하여 수정

7. 상단의 〈원서 조회〉 메뉴를 통해 본인이 응시한 검정고시 원서 조회 가능(공동인증서로 로그인)

8. 상단의 〈수험표 출력〉 메뉴에서 수험표 출력 가능(해당 자격의 **수험표 출력하기** 버튼 클릭)
   ※ 식별이 가능하도록 가급적 컬러프린터로 출력하여 시험 당일 소지할 것

이 책의 구성과 특징

■ 알찬 개념 정리 + 다양한 학습장치

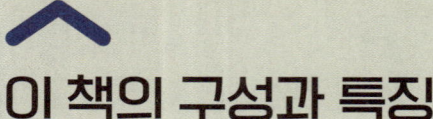

해당 단원에서 자주 출제되는 핵심 키워드를 제시하고, 사진 · 지도 · 그래프 등의 시각적 자료를 충분히 활용하여 핵심 이론을 정리하였습니다. 또한 파트별 적중예상문제, 기출문제 체크, 실전모의고사 2회분을 통해 자신의 학습 상태를 점검해보실 수 있습니다.

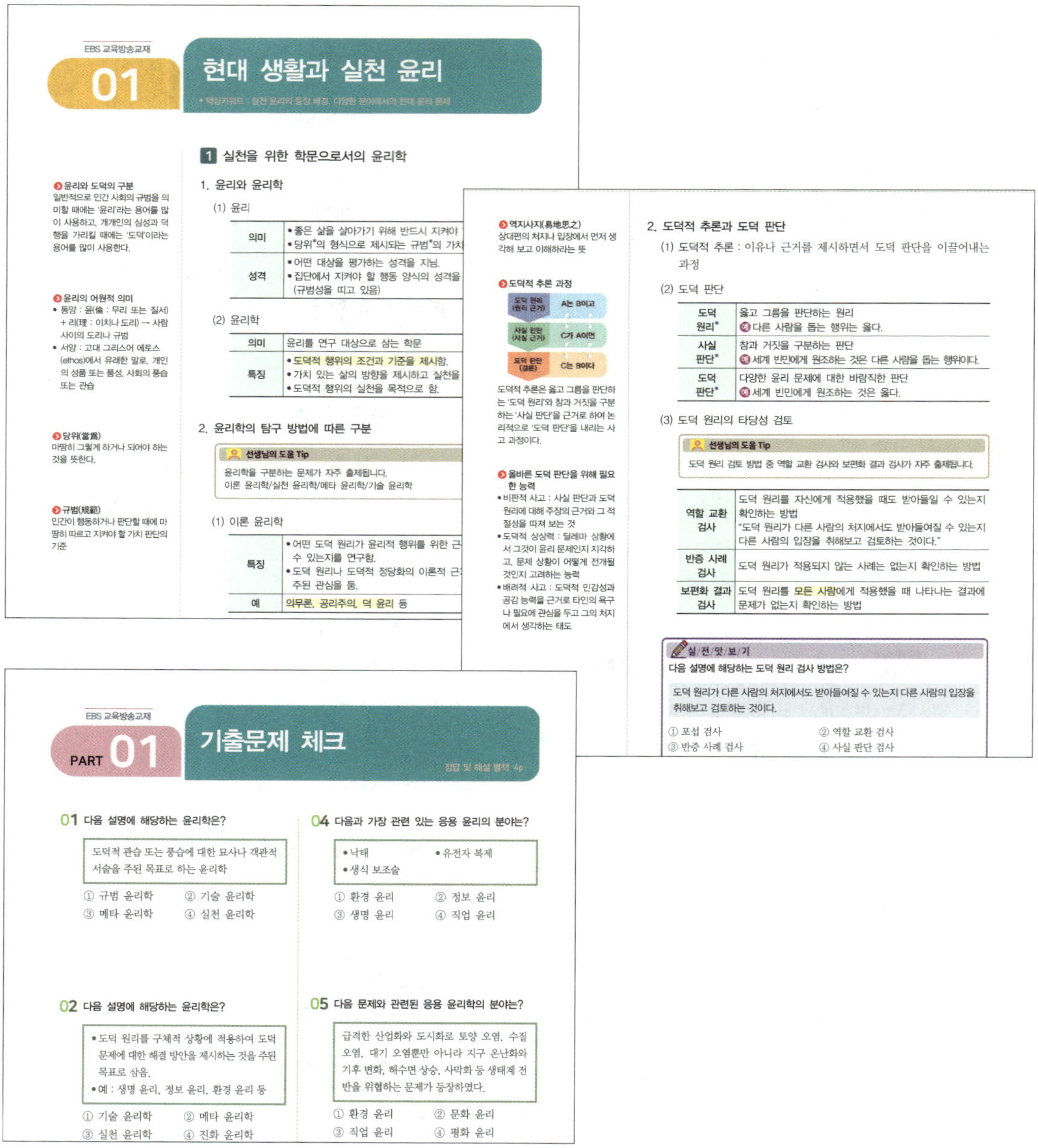

EBS 교육방송교재

01 현대 생활과 실천 윤리

• 핵심키워드 : 실천 윤리의 등장 배경, 다양한 분야에서의 현대 윤리 문제

1 실천을 위한 학문으로서의 윤리학

1. 윤리와 윤리학

(1) 윤리

의미	• 좋은 삶을 살아가기 위해 반드시 지켜야 … • 당위*의 형식으로 제시되는 규범*의 가치 …
성격	• 어떤 대상을 평가하는 성격을 지님. • 집단에서 지켜야 할 행동 양식의 성격을 … (규범성을 띠고 있음)

(2) 윤리학

의미	윤리를 연구 대상으로 삼는 학문
특징	• 도덕적 행위의 조건과 기준을 제시함. • 가치 있는 삶의 방향을 제시하고 실천을 … • 도덕적 행위의 실천을 목적으로 함.

2. 윤리학의 탐구 방법에 따른 구분

선생님의 도움 Tip

윤리학을 구분하는 문제가 자주 출제됩니다.
이론 윤리학/실천 윤리학/메타 윤리학/기술 윤리학

(1) 이론 윤리학

특징	• 어떤 도덕 원리가 윤리적 행위를 위한 근… 수 있는지를 연구함. • 도덕 원리나 도덕적 정당화의 이론적 근… 주된 관심을 둠.
예	의무론, 공리주의, 덕 윤리 등

윤리와 도덕의 구분
일반적으로 인간 사회의 규범을 의미할 때에는 '윤리'라는 용어를 많이 사용하고, 개개인의 심성과 덕행을 가리킬 때에는 '도덕'이라는 용어를 많이 사용한다.

윤리의 어원적 의미
• 동양 : 윤(倫 : 무리 또는 질서) + 리(理 : 이치나 도리) → 사람 사이의 도리나 규범
• 서양 : 고대 그리스어 에토스(ethos)에서 유래한 말로, 개인의 성품 또는 품성, 사회의 풍습 또는 관습

당위(當爲)
마땅히 그렇게 하거나 되어야 하는 것을 뜻한다.

규범(規範)
인간이 행동하거나 판단할 때에 마땅히 따르고 지켜야 할 가치 판단의 기준

역지사지(易地思之)
상대편의 처지나 입장에서 먼저 생각해 보고 이해하라는 뜻

도덕적 추론 과정

도덕 원리(원리 근거) — A는 B이고
사실 판단(사실 근거) — C가 A이면
도덕 판단(결론) — C는 B이다

도덕적 추론은 옳고 그름을 판단하는 '도덕 원리'와 참과 거짓을 구분하는 '사실 판단'을 근거로 하여 논리적으로 '도덕 판단'을 내리는 사고 과정이다.

올바른 도덕 판단을 위해 필요한 능력
• 비판적 사고 : 사실 판단과 도덕 원리에 대해 주장의 근거와 그 적절성을 따져 보는 것
• 도덕적 상상력 : 딜레마 상황에서 그것이 윤리 문제인지 지각하고, 문제 상황이 어떻게 전개될 것인지 고려하는 능력
• 배려적 사고 : 도덕적 민감성과 공감 능력을 근거로 타인의 욕구나 필요에 관심을 두고 그의 처지에서 생각하는 태도

2. 도덕적 추론과 도덕 판단

(1) 도덕적 추론 : 이유나 근거를 제시하면서 도덕 판단을 이끌어내는 과정

(2) 도덕 판단

도덕 원리*	옳고 그름을 판단하는 원리 예 다른 사람을 돕는 행위는 옳다.
사실 판단*	참과 거짓을 구분하는 판단 예 세계 빈민에게 원조하는 것은 다른 사람을 돕는 행위이다.
도덕 판단*	다양한 윤리 문제에 대한 바람직한 판단 예 세계 빈민에게 원조하는 것은 옳다.

(3) 도덕 원리의 타당성 검토

선생님의 도움 Tip

도덕 원리 검토 방법 중 역할 교환 검사와 보편화 결과 검사가 자주 출제됩니다.

역할 교환 검사	도덕 원리를 자신에게 적용했을 때도 받아들일 수 있는지 확인하는 방법 "도덕 원리가 다른 사람의 처지에서도 받아들여질 수 있는지 다른 사람의 입장을 취해보고 검토하는 것이다."
반증 사례 검사	도덕 원리가 적용되지 않는 사례는 없는지 확인하는 방법
보편화 결과 검사	도덕 원리를 모든 사람에게 적용했을 때 나타나는 결과에 문제가 없는지 확인하는 방법

실/전/맛/보/기

다음 설명에 해당하는 도덕 원리 검사 방법은?

도덕 원리가 다른 사람의 처지에서도 받아들여질 수 있는지 다른 사람의 입장을 취해보고 검토하는 것이다.

① 포섭 검사 ② 역할 교환 검사
③ 반증 사례 검사 ④ 사실 판단 검사

EBS 교육방송교재

PART 01 기출문제 체크

정답 및 해설 별책 4p

01 다음 설명에 해당하는 윤리학은?

도덕적 관습 또는 풍습에 대한 묘사나 객관적 서술을 주된 목표로 하는 윤리학

① 규범 윤리학 ② 기술 윤리학
③ 메타 윤리학 ④ 실천 윤리학

02 다음 설명에 해당하는 윤리학은?

• 도덕 원리를 구체적 상황에 적용하여 도덕 문제에 대한 해결 방안을 제시하는 것을 주된 목표로 삼음.
• 예 : 생명 윤리, 정보 윤리, 환경 윤리 등

① 기술 윤리학 ② 메타 윤리학
③ 실천 윤리학 ④ 진화 윤리학

04 다음과 가장 관련 있는 응용 윤리의 분야는?

• 낙태 • 유전자 복제
• 생식 보조술

① 환경 윤리 ② 정보 윤리
③ 생명 윤리 ④ 직업 윤리

05 다음 문제와 관련된 응용 윤리학의 분야는?

급격한 산업화와 도시화로 토양 오염, 수질 오염, 대기 오염뿐만 아니라 지구 온난화와 기후 변화, 해수면 상승, 사막화 등 생태계 전반을 위협하는 문제가 등장하였다.

① 환경 윤리 ② 문화 윤리
③ 직업 윤리 ④ 평화 윤리

■ 최신기출문제 1, 2회분 + 상세한 해설

2025년 제1회, 제2회 기출문제를 모두 수록하여 기출 유형을 완벽하게 파악할 수 있으며, 왜 정답인지, 왜 오답인지 정확하게 파악할 수 있도록 명쾌한 해설을 수록하였습니다. [정답과 해설]을 별책으로 분리 구성하여, 책을 앞뒤로 뒤적이며 정답과 해설을 찾아보는 수고를 줄였습니다.

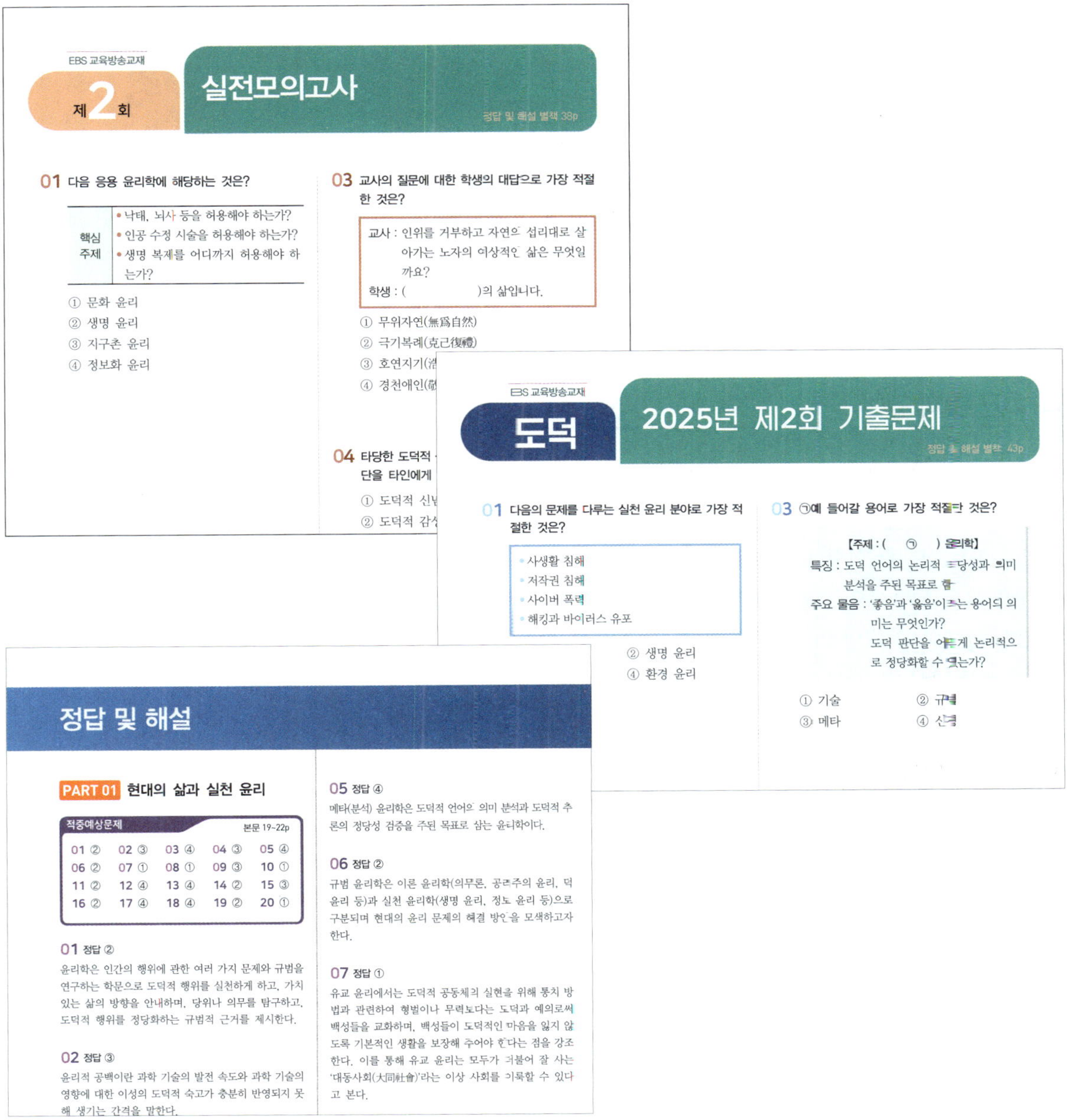
EBS 교육방송교재

제2회 실전모의고사

정답 및 해설 별책 38p

01 다음 응용 윤리학에 해당하는 것은?

핵심 주제	• 낙태, 뇌사 등을 허용해야 하는가? • 인공 수정 시술을 허용해야 하는가? • 생명 복제를 어디까지 허용해야 하는가?

① 문화 윤리
② 생명 윤리
③ 지구촌 윤리
④ 정보화 윤리

03 교사의 질문에 대한 학생의 대답으로 가장 적절한 것은?

교사 : 인위를 거부하고 자연의 섭리대로 살아가는 노자의 이상적인 삶은 무엇일까요?
학생 : (　　　　)의 삶입니다.

① 무위자연(無爲自然)
② 극기복례(克己復禮)
③ 호연지기(浩…
④ 경천애인(敬…

04 타당한 도덕적 … 단을 타인에게 …

① 도덕적 신…
② 도덕적 감…

EBS 교육방송교재

도덕 2025년 제2회 기출문제

정답 및 해설 별책 43p

01 다음의 문제를 다루는 실천 윤리 분야로 가장 적절한 것은?

• 사생활 침해
• 저작권 침해
• 사이버 폭력
• 해킹과 바이러스 유포

② 생명 윤리
④ 환경 윤리

03 ㉠에 들어갈 용어로 가장 적절한 것은?

[주제 : (㉠) 윤리학]
특징 : 도덕 언어의 논리적 타당성과 의미 분석을 주된 목표로 함
주요 물음 : '좋음'과 '옳음'이라는 용어의 의미는 무엇인가?
도덕 판단을 어떻게 논리적으로 정당화할 수 있는가?

① 기술　② 규범
③ 메타　④ 신경

정답 및 해설

PART 01 현대의 삶과 실천 윤리

적중예상문제 본문 19~22p

01 ②	02 ③	03 ④	04 ③	05 ④
06 ②	07 ①	08 ①	09 ③	10 ①
11 ②	12 ④	13 ④	14 ②	15 ③
16 ②	17 ④	18 ④	19 ②	20 ①

01 정답 ②
윤리학은 인간의 행위에 관한 여러 가지 문제와 규범을 연구하는 학문으로 도덕적 행위를 실천하게 하고, 가치 있는 삶의 방향을 안내하며, 당위나 의무를 탐구하고, 도덕적 행위를 정당화하는 규범적 근거를 제시한다.

02 정답 ③
윤리적 공백이란 과학 기술의 발전 속도와 과학 기술의 영향에 대한 이성의 도덕적 숙고가 충분히 반영되지 못해 생기는 간격을 말한다.

05 정답 ④
메타(분석) 윤리학은 도덕적 언어의 의미 분석과 도덕적 추론의 정당성 검증을 주된 목표로 삼는 윤리학이다.

06 정답 ②
규범 윤리학은 이론 윤리학(의무론, 공리주의 윤리, 덕 윤리 등)과 실천 윤리학(생명 윤리, 정보 윤리 등)으로 구분되며 현대의 윤리 문제의 해결 방안을 모색하고자 한다.

07 정답 ①
유교 윤리에서는 도덕적 공동체의 실현을 위해 통치 방법과 관련하여 형벌이나 무력보다는 도덕과 예의로써 백성들을 교화하며, 백성들이 도덕적인 마음을 잃지 않도록 기본적인 생활을 보장해 주어야 한다는 점을 강조한다. 이를 통해 유교 윤리는 모두가 더불어 잘 사는 '대동사회(大同社會)'라는 이상 사회를 기록할 수 있다고 본다.

출제 경향 분석

■ 단원별 출제 빈도(고졸 도덕)

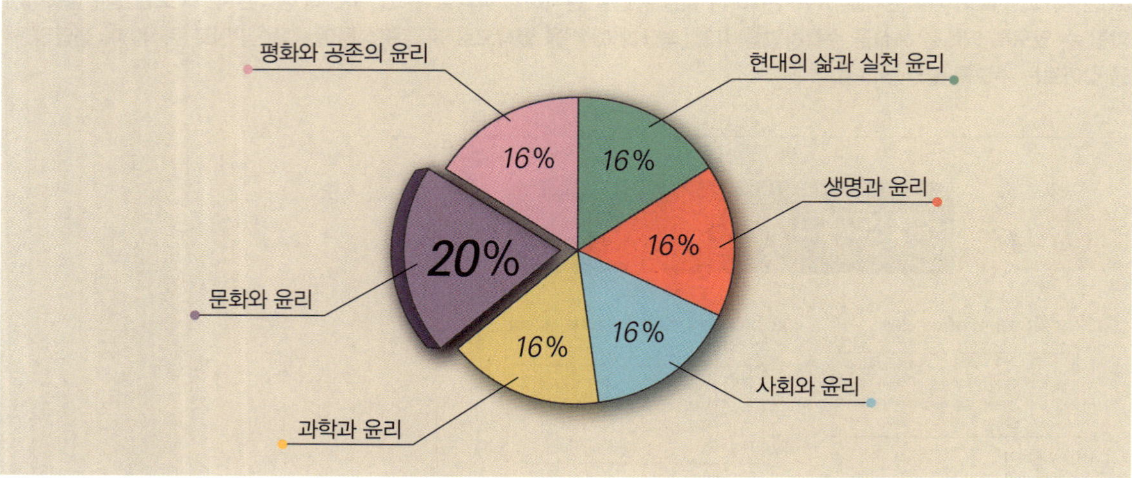

■ 최근 출제 경향

매년 유사한 난이도를 유지하고 있으며, 기본 개념에 대한 충실한 학습만으로 해결 가능한 문항이 대부분입니다.

문제 유형은 실생활 상황에 적용할 수 있는 가치 판단, 도덕적 의사결정, 공동체 윤리, 사회 정의 등 기본적인 내용을 묻는 방식으로 출제되고 있으며, 개념을 정확히 알고 있다면 보기만 잘 읽어도 정답을 찾을 수 있습니다. 그러나 문제 양식이 다양화되면서 풀이 과정에서 혼란을 겪을 수도 있습니다.

기출문제를 반복 학습하고, 핵심 개념을 사례와 연결하여 이해한다면 고득점도 충분히 가능합니다.

■ 도덕, 이렇게 공부해요!

도덕 과목은 단원별 주요 개념과 사상가의 주장을 정확히 이해하는 것이 가장 중요합니다.

먼저, 핵심 개념의 뜻과 의미를 정리하고, 비슷한 개념끼리 비교·구별하는 연습을 하세요. 사상가들의 철학과 관점을 주제별로 정리해 두면 문제 풀이에 큰 도움이 됩니다.

기출문제를 반복해 풀면서 자주 나오는 가치 판단 상황에 익숙해지고, 선지를 빠르게 분석하는 훈련도 필요합니다. 특히 보기 문장이 비슷한 경우가 많기 때문에, 선택지 간의 미묘한 차이를 구별해내는 연습을 병행하세요.

최근에는 사상가의 주장과 다양한 주제를 연결하는 문제도 출제되고 있어, 기출을 통해 사상가와 주제 간 연결 방식을 반복적으로 익히는 것이 중요합니다.

■ 기출 분석에 따른 학습 포인트

❶ 현대의 삶과 실천 윤리

동양 윤리, 의무론, 공리주의, 덕 윤리, 배려 윤리, 실천 윤리학, 윤리적 성찰 등의 주제가 출제되었다.

❷ 생명과 윤리

인공 임신 중절의 윤리적 쟁점, 안락사에 대한 찬반 입장, 동물 실험에 대한 찬반 입장, 동물의 권리를 인정하는 입장, 가족 윤리 등의 주제가 출제되었다.

❸ 사회와 윤리

부패, 전문직과 공직자의 윤리, 청렴 의식, 니브어의 사회 윤리, 롤스와 노직의 분배적 정의, 국가의 역할, 시민 불복종의 정당화 조건 등의 주제가 출제되었다.

❹ 과학과 윤리

과학 기술의 혜택과 문제점, 요나스의 책임 윤리, 정보 기술의 발달에 따른 윤리적 문제, 자연을 바라보는 동서양의 관점, 과학 기술자의 윤리적 책임 등의 주제가 출제되었다.

❺ 문화와 윤리

예술과 윤리의 관계, 윤리적 소비, 다문화 사회에 요구되는 존중과 관용 등의 주제가 출제되었다.

❻ 평화와 공존의 윤리

사회 갈등의 원인, 사회 통합의 실현 방안, 하버마스의 담론 윤리, 통일에 필요한 비용, 국제 관계를 바라보는 관점에 따른 분쟁 해결 방법, 해외 원조에 대한 다양한 관점 등의 주제가 출제되었다.

목차

EBS 교육방송교재

고졸 검정고시 **도덕**

PART

01

현대의 삶과 실천 윤리

01 현대 생활과 실천 윤리

02 현대 윤리 문제에 대한 접근

03 윤리 문제에 대한 탐구와 성찰

이 단원에서는 현대 생활에서 나타나는 다양한 윤리 문제를 파악하고 이를 해결하기 위한 동서양의 윤리를 알아보며 일상생활에서 적용할 수 있게 도덕적 탐구와 성찰의 방법을 다루고 있다. 현대 과학 기술의 발달은 인류에게 물질적 풍요로움을 가져다주었지만, 동시에 윤리적 과제도 안겨 주었다. 현대 사회의 다양한 영역에서 발생하는 윤리 문제를 살펴보고, 그러한 문제를 어떻게 해결할 것인지 생각해 본다. 이를 위해 실천 윤리학, 윤리 문제에 대한 동서양의 접근, 윤리 문제에 대한 탐구와 성찰의 방법에 대해 살펴본다.

01 현대 생활과 실천 윤리

• 핵심키워드 : 실천 윤리의 등장 배경, 다양한 분야에서의 현대 윤리 문제

1 실천을 위한 학문으로서의 윤리학

1. 윤리와 윤리학

(1) 윤리

의미	• 좋은 삶을 살아가기 위해 반드시 지켜야 할 행위의 원칙들 • 당위*의 형식으로 제시되는 규범*의 가치와 총체
성격	• 어떤 대상을 평가하는 성격을 지님. • 집단에서 지켜야 할 행동 양식의 성격을 지님. (규범성을 띠고 있음)

(2) 윤리학

의미	윤리를 연구 대상으로 삼는 학문
특징	• 도덕적 행위의 조건과 기준을 제시함. • 가치 있는 삶의 방향을 제시하고 실천을 목표로 함. • 도덕적 행위의 실천을 목적으로 함.

2. 윤리학의 탐구 방법에 따른 구분

선생님의 도움 Tip

윤리학을 구분하는 문제가 자주 출제됩니다.
이론 윤리학/실천 윤리학/메타 윤리학/기술 윤리학

(1) 이론 윤리학

특징	• 어떤 도덕 원리가 윤리적 행위를 위한 근본 원리로 성립할 수 있는지를 연구함. • 도덕 원리나 도덕적 정당화의 이론적 근거를 제시하는 데 주된 관심을 둠.
예	의무론, 공리주의, 덕 윤리 등

윤리와 도덕의 구분
일반적으로 인간 사회의 규범을 의미할 때에는 '윤리'라는 용어를 많이 사용하고, 개개인의 심성과 덕행을 가리킬 때에는 '도덕'이라는 용어를 많이 사용한다.

윤리의 어원적 의미
• 동양 : 윤(倫 : 무리 또는 질서) + 리(理 : 이치나 도리) → 사람 사이의 도리나 규범
• 서양 : 고대 그리스어 에토스(ethos)에서 유래한 말로, 개인의 성품 또는 품성, 사회의 풍습 또는 관습

당위(當爲)
마땅히 그렇게 하거나 되어야 하는 것을 뜻한다.

규범(規範)
인간이 행동하거나 판단할 때에 마땅히 따르고 지켜야 할 가치 판단의 기준

(2) 실천 윤리학

특징	• 삶의 구체적 윤리 문제에 대한 실제적 · 구체적 해결책 모색(실천 지향적 성격) • 이론 윤리학에서 제공하는 도덕 원리를 토대로 다양한 윤리 문제 해결에 주된 관심을 둠.
예	생명 윤리, 정보 윤리, 환경 윤리, 사회 윤리 등

(3) 메타 윤리학과 기술 윤리학

메타 (분석) 윤리학	• 윤리학의 학문적 성립 가능성을 모색함. • 도덕적 언어의 의미 분석과 도덕적 추론의 논리적 구조 분석에 주된 관심을 둠. 예 '옳다', '그르다'의 의미는 무엇인가?
기술 윤리학	• 도덕적 관습이나 규범에 대해 객관적으로 기술*함. • 도덕 현상과 문제를 명확하게 기술하고, 기술된 현상들 간의 인과 관계에 대한 설명에 주된 관심을 둠.

(4) 이론 윤리학과 실천 윤리학의 관계

① **공통점 :** 현실의 윤리 문제에 대한 해결책을 제시하고 올바른 삶의 방향을 제시하고자 한다.

② **차이점 :** 이론 윤리학은 도덕 원리나 도덕적 정당화의 이론적 근거를 제시하는 것이 본질이며, 실천 윤리학은 도덕 원리를 근거로 구체적인 삶의 문제를 해결하는 것이 본질이다.

알/아/두/기 윤리학의 구분

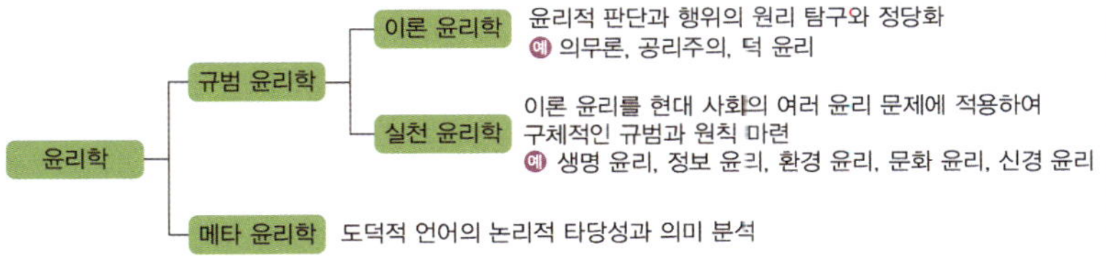

※ 기술 윤리학 : 사회의 관습이나 규범 등을 조사하여 객관적으로 기술

실/전/맛/보/기

다음 설명에 해당하는 윤리학은?

> 도덕적 언어의 의미 분석과 도덕적 추론의 정당성을 검증하기 위한 논리 분석을 주된 목표로 하는 윤리학

① 메타 윤리학　　② 실천 윤리학
③ 신경 윤리학　　④ 기술 윤리학

실천 윤리학
우리가 살아가면서 마주치는 문제를 해결하고자 할 때 바람직한 행동 기준의 근거를 제시한다.

메타(분석) 윤리학의 주요 물음들
메타 윤리학은 윤리학 영역과 관련된 기초적인 가정, 개념 그리고 추론에 관한 탐구이다. 분석 윤리학은 '선은 무엇인가?', 옳음은 무엇인가?, 도덕적 판단은 어떻게 지지될 수 있는가?' 등의 물음에 관해 탐구한다.

기술(記述)
대상이나 과정의 내용, 특징을 있는 그대로 기록하여 서술하는 것

실전 맛보기 해설 및 정답

메타 윤리학은 도덕 언어의 의미를 분석하고 도덕적 추론의 타당성 입증을 주된 목표로 하는 윤리학이고, 기술 윤리학은 도덕적 풍습 또는 관습에 대한 묘사나 객관적 기술(記述)을 주된 목표로 하는 윤리학이다.

정답 ①

2 현대 사회의 특징과 실천 윤리학

1. 실천 윤리학의 등장 배경

(1) 이론 윤리학의 한계 : 구체적 삶의 문제를 해결하지 못한다.

(2) 과학 기술의 발달과 삶의 변화

① 과학 기술의 급속한 발전으로 기존의 윤리가 과학 기술의 발전 속도를 따라가지 못한다. ➜ 윤리적 공백* 발생

② 과학 기술로 인한 새로운 윤리적 문제 대두

(3) 다른 학문과의 협력 요구 : 삶의 다양한 영역에서 새로운 윤리 문제 제기 ➜ 윤리 문제에 대한 학제적 접근의 필요성 증가

알/아/두/기 요나스의 책임 윤리

요나스는 과학 기술의 발전으로 인해 인간의 힘이 점점 증대되고 있으며, 이러한 힘의 행사에 대한 이성적인 통찰이 필요하다고 주장한다. 또한 현 세대는 물론 미래 세대와 인간 이외의 존재까지 고려하는 새로운 윤리학이 필요하다고 주장한다. 이렇게 등장한 새로운 윤리학은 대체로 실천 윤리학의 성격을 띤다.

2. 실천 윤리학의 성격과 특징

(1) 학제적* 성격 : 삶의 다양한 영역에서 발생하는 문제를 해결하기 위해 인접 학문과 연계

(2) 이론 윤리학의 적용 : 이론 윤리학에서 도출된 도덕 원리를 토대로 구체적 삶의 문제 해결

윤리적 공백

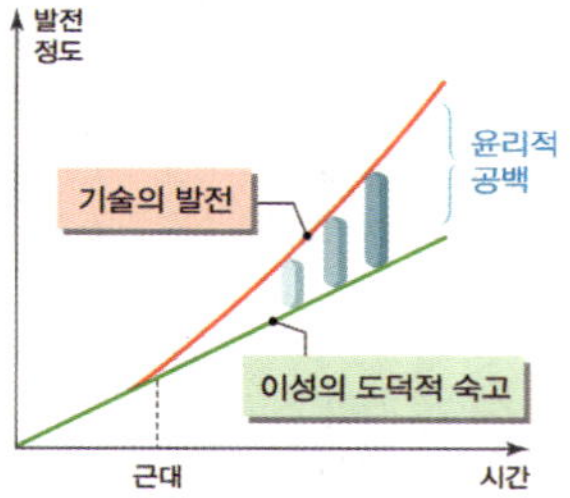

과학 기술의 발전 속도와 과학 기술의 영향에 대한 이성의 도덕적 숙고가 충분히 반영되지 못해서 생기는 간격

학제적

서로 다른 여러 학문 분야가 복합적으로 연계하여 탐구하는 것

3. 실천 윤리학의 영역과 주제

선생님의 도움 Tip

실천 윤리학의 영역을 구분하는 문제가 자주 출제됩니다.
생명 윤리/정보 윤리/사회 윤리/과학 윤리

영역	관련 주제
생명 윤리	인공 임신 중절, 자살, 안락사, 뇌사, 생명 복제, 유전자 치료, 동물 실험 등
과학 윤리	과학자의 책임, 과학 기술의 가치 중립적 논쟁 등
환경 윤리	기후 변화 문제, 미래 세대에 대한 책임 문제, 생태계의 지속 가능성 문제 등
정보 윤리	사이버 공간의 표현의 자유 문제, 저작권 문제, 사생활 침해 문제 등
사회 윤리	공정한 분배, 소수자 우대 정책과 역차별 문제, 사형 제도의 허용 문제, 기업의 사회적 책임, 시민 불복종 등
문화 윤리	예술과 윤리의 관계, 외설, 종교, 의식주, 소비, 다문화 사회의 덕목 등
평화 윤리	세계화, 통일, 원조, 평화와 전쟁 등

로봇 윤리
로봇의 설계, 제작 및 사용 과정에서 제기되는 윤리 문제를 다루는 분야

신경 윤리
믿음, 자아, 자유 의지, 도덕성의 본질이 무엇인지를 신경과학적으로 탐구하고 설명하는 분야

실/전/맛/보/기

다음 쟁점들을 다루는 실천 윤리 분야로 가장 적절한 것은?

- 사회 참여는 시민의 의무인가?
- 사회적 가치의 공정한 분배 기준은 무엇인가?

① 생명 윤리 ② 사회 윤리
③ 과학 윤리 ④ 환경 윤리

실전 맛보기 해설 및 정답

사회 윤리와 관련된 주제에는 공정한 분배 기준, 우대 정책과 역차별 문제, 사형 제도의 존폐 문제 등이 있다.

정답 ②

필/수/개/념 TEST

01 다음에서 설명하는 윤리학을 쓰시오.

(1) (   )은 옳고 그름의 판단 기준인 도덕규범을 정립하고자 한다.

(2) (   )은 도덕 원리를 응용하여 구체적인 삶의 도덕 문제를 해결하고자 한다.

(3) (   )은 윤리학의 학문적 성립 가능성을 면밀히 검토한다.

(4) (   )은 도덕 현상을 가치 중립적으로 설명하고자 한다.

02 다음과 관련 있는 실천 윤리학의 영역을 쓰시오.
(단, 생명 윤리 / 사회 윤리 / 과학 윤리 / 정보 윤리 / 환경 윤리 / 문화 윤리 / 평화 윤리 중 고르시오.)

(1) 인공 임신 중절은 허용해야 하는가? (   )

(2) 사이버 공간에서 표현의 자유는 어디까지 허용될 수 있는가?
(   )

(3) 남북통일을 해야 하는 까닭은 무엇인가? (   )

(4) 의식주와 윤리는 어떤 관련성이 있는가? (   )

(5) 과학 기술을 가치 중립적인 것으로 보아야 하는가? (   )

(6) 소수자 우대 정책을 인정해야 하는가? (   )

(7) 뇌사, 안락사 등을 허용해야 하는가? (   )

(8) 사형 제도를 허용해야 하는가? (   )

(9) 인간 중심주의 윤리로 환경 문제를 해결할 수 있는가? (   )

(10) 현대 사회에서 윤리적 소비가 필요한 까닭은 무엇인가? (   )

03 다음 설명이 맞으면 ○표, 틀리면 ×표를 하시오.

(1) 이론 윤리학은 도덕적 행위를 정당화하는 규범적 근거를 제시한다. (   )

(2) 기술 윤리학은 도덕적 언어의 논리적 타당성과 그 의미를 분석한다. (   )

(3) 실천 윤리학은 실제 문제에 윤리적 원리를 적용하여 실천적 지침을 제공한다. (   )

(4) 실천 윤리학은 현대 사회의 윤리적 문제 해결에 관심이 없다. (   )

(5) 생명 윤리, 정보 윤리, 환경 윤리 등은 실천 윤리학에 해당한다. (   )

필수개념 TEST 정답

01 (1) 이론 윤리학
(2) 실천 윤리학
(3) 메타 윤리학
(4) 기술 윤리학

02 (1) 생명 윤리
(2) 정보 윤리
(3) 평화 윤리
(4) 문화 윤리
(5) 과학 윤리
(6) 사회 윤리
(7) 생명 윤리
(8) 사회 윤리
(9) 환경 윤리
(10) 문화 윤리

03 (1) ○
(2) ×
(3) ○
(4) ×
(5) ○

EBS 교육방송교재

02 현대 윤리 문제에 대한 접근

• 핵심키워드 : 동양 유교 · 불교 · 도교 윤리 특징, 서양 윤리 이론을 통한 현대 윤리 문제 접근

1 동양 윤리의 접근

선생님의 도움 Tip

동양 윤리의 특징을 통해 사상가를 구분하는 문제가 자주 출제됩니다.
공자/맹자/노자/장자

1. 유교 윤리

대표 학자	공자, 맹자, 순자
도덕적 세계관	인간을 도덕적 존재로 인식하고 도덕적인 행위를 실천하는 삶을 강조
인(仁)*	• 의미 : 진정한 인간다움, 타인에 대한 사랑 • 실천 – 충(忠) : 자신에 대한 성실 – 서(恕) : 내 마음을 미루어 타인을 배려함.
극기복례	인간은 도덕적 존재이지만 욕구로 인해 잘못을 저지를 수 있음. ➜ 지나친 욕구를 극복하고 예[禮]를 회복해야 함.
성인, 군자	수양을 통해 도덕성을 확충하고 실천하는 이상적 인간
대동사회	도덕과 예의로 백성들을 교화하며 백성들의 기본적 생활을 보장하는 가족 같은 도덕 공동체

실/전/맛/보/기

다음에 해당하는 윤리 사상가는?

• 인(仁)의 실천을 위하여 효(孝)를 강조함.
• 도덕적으로 실천하는 삶에 관심을 가짐.

① 공자 ② 원효
③ 싱어 ④ 플라톤

효제(孝悌)
부모에게 효도하고 형제자매 간에 우애 있게 지내는 것으로 인의 근본이다.

충서(忠恕)
속임이나 꾸밈없이 온 정성을 다하고 다른 사람의 마음을 헤아려 자기가 하고 싶지 않은 일을 남에게 시키지 않는 것으로, 인의 구체적인 실현 방법이다.

인(仁)
유교에서 강조하는 사랑의 정신으로 공자의 핵심 사상

맹자의 사단(四端)
모든 인간이 본래부터 가지고 있는 선천적인 것으로, 남을 불쌍히 여기는 마음[측은지심(惻隱之心)], 옳지 못한 일을 부끄러워하고 미워하는 마음[수오지심(羞惡之心)], 양보하고 공경하는 마음[사양지심(辭讓之心)], 옳고 그름을 구별하는 마음[시비지심(是非之心)]이다.

실전 맛보기 해설 및 정답

인(仁)은 유교에서 강조하는 사랑의 정신으로 공자의 핵심 사상이다.

정답 ①

맹자의 오륜(五倫)
- 부자유친(父子有親) : 어버이와 자식 사이에는 친함이 있어야 한다.
- 군신유의(君臣有義) : 임금과 신하 사이에는 의로움이 있어야 한다.
- 부부유별(夫婦有別) : 부부 사이에는 구별이 있어야 한다.
- 장유유서(長幼有序) : 어른과 아이 사이에는 차례와 질서가 있어야 한다.
- 붕우유신(朋友有信) : 친구 사이에는 믿음이 있어야 한다.

견리사의(見利思義)
공자는 의로움을 추구하는 군자와 이익을 보면 의를 먼저 생각해야 한다는 견리사의를 강조하였다.

자비(慈悲)
중생에게 즐거움을 주고 괴로움을 없게 한다.

번뇌(煩惱)
근본적으로 자신에 대한 집착으로 일어나는 마음의 갈등을 뜻한다.

해탈과 열반
불교에서 바라보는 이상적 경지로, 진리를 깨달아 고통에서 벗어난 상태를 말한다. 불교에서는 깨달음과 열반으로 이끄는 여덟 가지 방법으로 정견, 정사유, 정어, 정업, 정명, 정정진, 정념, 정정의 팔정도(八正道)를 제시한다.

실전 맛보기 해설 및 정답

자비는 남을 깊이 사랑하고 가엾게 여기는 마음으로 자기가 소중하듯 남도 소중하다는 불교의 정신을 말한다.

정답 ③

2. 불교 윤리

평등한 세계관	살아 있는 모든 존재는 불성(부처가 될 가능성)을 가지고 있으므로 모두 평등함.
연기설	모든 존재와 현상은 다양한 원인[因]과 조건[緣], 즉 인연에 의해 생겨난다는 뜻 ➜ 모든 존재는 다른 존재와 상호 의존적 관계
공[空]	모든 존재는 인연에 의해 생멸(生滅)함. ➜ 스스로 존재하는 고정된 실체가 없음.
자비*	자신에 얽매이지 않고 모든 생명을 차별하지 않는 사랑을 의미함.
보살	위로는 진리를 구하고, 아래로는 중생을 구제하는 이상적 인간
부처	진리를 깨달은 사람
열반(涅槃)	고통을 유발하는 집착에서 벗어나 진리에 대한 깨달음을 얻은 이상적 단계

실/전/맛/보/기

다음에서 강조하는 불교의 기본 정신은?

- 모든 중생을 불쌍히 여기는 마음
- 남이 기뻐하면 함께 기뻐하고, 슬퍼하면 함께 슬퍼한다.

① 인의(仁義)　② 무위(無爲)
③ 자비(慈悲)　④ 청렴(淸廉)

3. 도교 윤리

대표 학자	노자, 장자
도[道]	우주의 근원, 만물의 변화 법칙
상대적 세계관	도(道)의 측면에서는 모두가 평등하므로 귀천, 선악, 미추, 시비 등을 구별해서는 안 됨. ➜ 만물을 도의 관점에서 있는 그대로 바라볼 때 편견과 차별이 사라짐.
무위자연	인위적인 것에서 벗어나 자연과 조화를 이루는 삶의 태도
지인, 진인	• 도를 깨달아 인위적인 것에서 벗어나 어린아이와 같은 소박함과 순수함을 가진 이상적 인간 • 수양 방법 : 심재(心齋)*와 좌망(坐忘)* ➜ 소요유*의 정신 실현
제물(齊物)*	만물과 나 사이의 구별이 없는 만물과 하나가 되는 경지
소국과민	영토가 작고 인구가 적은 나라로, 무위의 다스림이 이루어지는 이상 사회

실/전/맛/보/기

(가)에 들어갈 윤리적 용어는?

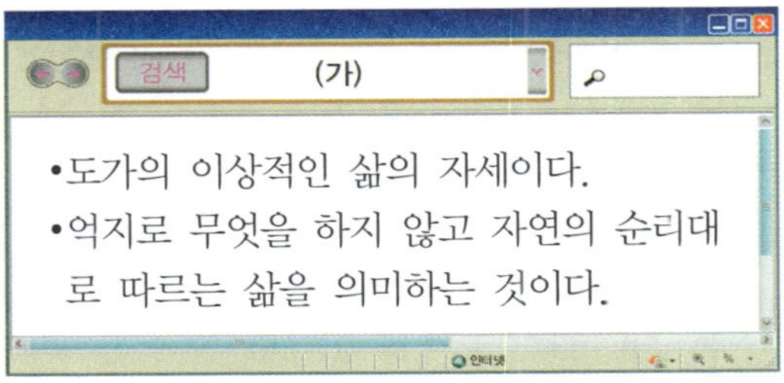
검색
(가)
•도가의 이상적인 삶의 자세이다.
•억지로 무엇을 하지 않고 자연의 순리대로 따르는 삶을 의미하는 것이다.

① 정명(正名)
② 연기설(緣起說)
③ 무위자연(無爲自然)
④ 홍익인간(弘益人間)

심재(心齋)
마음을 깨끗이 비워 가지런히 한다.

좌망(坐忘)
조용히 앉아서 시비 분별을 잊는다.

소요유(逍遙遊)
도덕적 가치와 사회 제도에 얽매이지 않고 바라는 것 없이 노닐 듯이 자유롭게 살아가는 것

제물(齊物)
도(道)의 관점에서 만물을 평등하게 바라본다는 의미

실전 맛보기 해설 및 정답

① 유교, ② 불교, ③ 도교, ④ 고조선 건국 이념

정답 ③

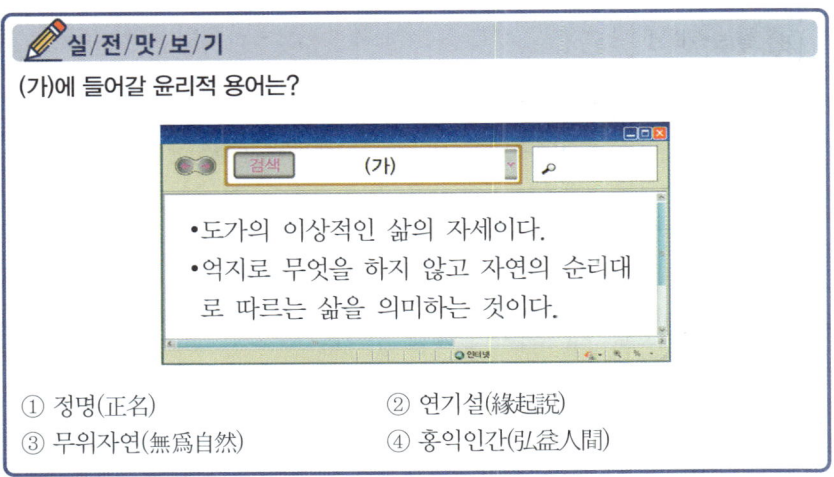

필/수/개/념 TEST

01 다음과 관련 있는 동양 윤리(유교/불교/도교)를 쓰시오.

(1) 인간의 본성을 선하게 바꾸기 위해 극기복례(克己復禮)에 힘쓴다.
( )

(2) 집착에서 벗어나 무욕에 이르는 소박한 삶을 추구한다.
( )

(3) 인간의 선천적 본성을 회복하기 위해 예(禮)에 따르는 삶을 추구한다.
( )

(4) 모든 존재와 현상은 다양한 원인과 조건에 의해 생겨난다.
( )

(5) 인간은 하늘로부터 도덕성을 부여받은 존재이다.
( )

(6) 도(道)의 관점에서 선악·미추를 구별하지 않아야 한다.
( )

(7) 인위적인 것에서 벗어나 자연과 조화를 이루는 삶의 태도를 강조한다.
( )

02 다음 괄호에 들어갈 용어를 쓰시오.

(1) 공자는 이상 사회의 모습으로 ( )을/를 제시한다.

(2) 불교에서는 집착을 버리고 고통에서 벗어난 이상적인 경지를 ( ) (이)라고 한다.

(3) 도교는 자연 그대로의 질서를 따르는 ( )의 삶을 추구한다.

(4) 도교는 영토가 작고 인구가 적은 이상 사회로 ( )을/를 제시한다.

(5) 불교에서는 모든 생명을 차별하지 않는 ( )의 실천을 강조한다.

03 다음 설명이 맞으면 ○표, 틀리면 ×표를 하시오.

(1) 불교에서는 인간을 다른 존재와 구별된 독립된 존재로 본다. ( )

(2) 유교는 수행을 통해 고통에서 벗어나 열반의 경지에 이를 수 있다고 본다.
( )

(3) 유교의 인(仁)은 자신의 이기심을 극복하고 예(禮)로 돌아가는 것이다.
( )

(4) 유교의 이상적 인간상으로 진인(眞人)과 군자(君子)가 있다. ( )

(5) 도교는 수양 방법으로 심재(心齋)와 좌망(坐忘)을 제시한다. ( )

필수개념 TEST 정답

01 (1) 유교
(2) 도교
(3) 유교
(4) 불교
(5) 유교
(6) 도교
(7) 도교

02 (1) 대동사회
(2) 열반
(3) 무위자연
(4) 소국과민
(5) 자비

03 (1) ×
(2) ×
(3) ○
(4) ×
(5) ○

2 서양 윤리의 접근

선생님의 도움 Tip

서양 윤리의 의무론, 공리주의는 꼭 나오는 주제입니다.
사상가와 특징을 잘 정리해 주세요.

1. 의무론적 접근

(1) 특징

① 행위 자체의 도덕성에 주목 ➜ 도덕적 의무 강조

② 도덕적 행동을 해야 하는 이유는 그것이 도덕적 의무이기 때문

(2) 자연법 윤리

자연법*	• 모든 인간에게 자연적으로 주어진 보편적인 법 • 이성이나 직관을 통해 자연법 인식 ➜ 자연법 원리에서 도출되는 도덕적 의무를 준수해야 함.
아퀴나스*	• 자연법의 기본 원리 : 선을 추구하고 악을 피하라. • 인간의 세 가지 자연적 성향 : 자기 보존, 종족 보존, 진리 추구

(3) 칸트의 의무론적 윤리

동기 중시	의무 의식과 선의지에서 나온 행위만이 도덕적 가치를 지님.
도덕 법칙*	무조건 따라야 하는 정언 명령* "네 의지의 준칙이 항상 동시에 보편적 입법의 원리가 될 수 있도록 행위하라." "너 자신의 인격에서나 다른 모든 사람의 인격에서 인간을 단지 수단으로만 대우하지 말고 항상 동시에 목적으로 대우하라."
선의지	이성에 의해 도덕 법칙을 파악하고 이를 순수하게 따르려는 의지

자연법
보편타당하고 영구불변하며, 인간의 이성으로 인식 가능한 법

아퀴나스
그리스도 신학자이며 자연법 사상가이다. 자연법을 인식하고 그것을 따를 것을 강조하고, 자연의 질서에 어긋나는 행위는 비도덕적인 행위로 간주한다.

도덕 법칙과 정언 명령 : 칸트에 따르면 도덕 법칙은 '만약 ~하려면 ~하라.'는 가언 명령(假言命令)이 아니라 무조건적으로 따라야 하는 정언 명령(定言命令)으로 '~하라.'의 형식이어야 한다.

실/전/맛/보/기

다음에서 소개하는 윤리 사상가는?

〈인물카드〉

◈ 핵심 주장 내용 ◈

- 도덕 판단 시 행위의 동기를 중시
- 도덕의 보편성과 인간 존엄성 강조
- 도덕 법칙을 정언 명령의 형식으로 제시

① 밀　　② 칸트
③ 벤담　　④ 베이컨

2. 공리주의적 접근

(1) 특징

① 행위의 결과에 초점 ➜ 쾌락과 행복을 가져다주는 행위를 옳은 행위로 간주

② 유용성(공리)의 원리*에 따라 윤리적 규칙 도출

③ 최대 다수의 최대 행복을 도덕과 입법의 원리로 제시

(2) 행위 공리주의와 규칙 공리주의

행위 공리주의	• 벤담* : 양적 공리주의 ➜ 모든 쾌락은 질적으로 동일하여 양적 차이만 있으므로 쾌락의 양을 계산 가능 • 밀* : 질적 공리주의 ➜ 쾌락의 양뿐만 아니라 질적 차이 인정, 정상적 인간은 질적으로 높고 고상한 쾌락 추구
규칙 공리주의	• 행위 공리주의의 문제점*에 대한 대안 • 최대 행복을 가져오는 행위의 규칙 준수 ➜ 어떤 규칙이 최대의 유용성을 가져오는가?

실/전/맛/보/기

다음에서 설명하는 사상가는?

- '최대 다수의 최대 행복'이라는 도덕 원리를 제시하였다.
- 모든 쾌락은 질적으로 동일하며 양적인 차이만 있다고 보았다.

① 밀　　② 벤담
③ 칸트　　④ 베버

유용성의 원리
쾌락이나 행복을 가져다주는 행위는 옳고, 고통이나 불행을 가져다주는 행위는 그르다고 본다.

벤담(Bentham, J., 1748~1832)
영국의 법률학자이자 윤리학자로, 모든 쾌락은 질적으로 동일하며 계산이 가능하다고 보는 양적 공리주의자이다.

밀(Mill, J. S., 1806~1873)
영국의 사상가로, "배부른 돼지보다는 배고픈 인간이 낫고, 만족한 바보보다는 불만족스러운 소크라테스가 낫다."라고 하여 쾌락의 질적 차이를 강조한 질적 공리주의자이다.

행위 공리주의의 문제점
- 최대 행복을 낳는 행위가 상식적 도덕과 상반될 수 있다.
- 각 상황마다 행위의 결과를 계산하기 어렵다.

실전 맛보기 해설 및 정답

칸트는 도덕 법칙을 무조건 따라야 하는 정언 명령의 형태로 제시하고 보편 윤리를 확립해 도덕 판단의 근거를 제공하였다.

정답 ②

실전 맛보기 해설 및 정답

최대 다수의 최대 행복이라는 공리(유용성)의 원리에 따라 행위의 옳고 그름을 판단하고 양적 공리주의를 주장한 대표적인 사상가는 벤담이다.

정답 ②

3. 현대 윤리학적 접근

덕 윤리	• 행위 중심 윤리가 아닌 행위자 중심 윤리 • 행위자의 덕성 : 바람직한 인간관계, 공동체의 전통과 역사, 구체적 · 맥락적 사고 중시 • 매킨타이어* : 개인의 자유와 선택보다 공동체의 전통과 역사를 중시
배려 윤리	• 타인을 보살피고 배려하는 공동체적 관계 중시 • 수용성, 관계성, 응답성에 근거한 고성적 배려
도덕 과학적 접근	• 신경 윤리학 : 도덕의 근원인 감정, 이성의 역할과 상호 관계를 과학적 방법으로 측정 • 진화 윤리학 : 도덕성을 진화의 산물로 인식

실/전/맛/보/기

덕 윤리가 강조하는 것을 〈보기〉에서 고른 것은?

보 기

ㄱ. 행위자의 성품
ㄴ. 감각적 쾌락의 추구
ㄷ. 선한 행위의 습관화
ㄹ. 최대 다수의 최대 행복의 원리

① ㄱ, ㄴ
② ㄱ, ㄷ
③ ㄴ, ㄹ
④ ㄷ, ㄹ

덕 윤리의 기원
덕 윤리는 아리스토텔레스의 덕 윤리에 기원을 두고 있다. 아리스토텔레스는 덕을 갖추기 위해 꾸준한 실천으로 올바른 습관을 형성해야 한다고 주장하였다.

매킨타이어(MacIntyre, A., 1929~)
스코틀랜드의 철학자로 덕을 상실한 현대의 윤리적 상황에 대한 철학적 진단을 통해 덕 윤리의 부활을 주장했다. 대표적 저서로 『덕의 상실』이 있다.

실전 맛보기 해설 및 정답

덕 윤리는 인간의 품성을 닦아 덕성을 함양하고 꾸준한 실천으로 올바른 습관을 형성해야 한다고 주장하였다.

정답 ②

필/수/개/념 TEST

01 다음에서 설명하는 용어를 쓰시오.

(1) 마땅히 해야 할 행위를 지시하는 명령으로, 명령 그 자체가 목적이 된다. (　　　　　)

(2) 모든 인간에게 자연적으로 주어진 보편적인 법 (　　　　　)

(3) 이성에 의해 도덕 법칙을 파악하고 이를 순수하게 따르려는 의지 (　　　　　)

(4) 모든 쾌락은 질적으로 동일하여 양적 차이만 있다. (　　　　　)

(5) 행위자의 성품과 덕성을 강조하며, 행위 중심의 윤리에서 행위자 중심의 윤리로 변화를 추구한다. (　　　　　)

02 다음 괄호에 들어갈 용어를 쓰시오.

(1) 칸트는 의무 의식과 (　　　　　)에서 나온 행위만이 도덕적 가치를 지닌다고 주장한다.

(2) (　　　　　)은/는 쾌락과 행복을 가져다주는 행위를 옳은 행위로 간주한다.

(3) 칸트는 행위의 옳고 그름은 (　　　　　)와 관계없이 그 행위가 도덕적 의무에 부합하는지에 따라 결정된다고 보았다.

(4) (　　　　　)은/는 개인의 자유와 선택보다 공동체의 전통과 역사를 중시한다.

(5) (　　　　　)은/는 남성 중심적 정의 윤리를 비판하고 모성적 배려와 공동체적 관계에 주목한다.

03 다음 설명이 맞으면 ○표, 틀리면 ×표를 하시오.

(1) 공리주의는 옳은 행위의 판단 기준으로 결과보다 동기를 중시한다. (　　)

(2) 칸트는 유용성의 증대를 도덕 판단을 위한 일반 원리로 본다. (　　)

(3) 의무론적 윤리는 가언 명령에 따르는 행위의 실천을 중시해야 한다고 주장한다. (　　)

(4) 덕 윤리는 행위보다는 행위자의 성품이나 덕성을 중시하는 행위자 중심의 윤리이다. (　　)

필수개념 TEST 정답

01 (1) 정언 명령
(2) 자연법
(3) 선의지
(4) 양적 공리주의
(5) 덕 윤리

02 (1) 선의지
(2) 공리주의
(3) 결과
(4) 매킨타이어
(5) 배려 윤리

03 (1) ×
(2) ×
(3) ×
(4) ○

03 윤리 문제에 대한 탐구와 성찰

• 핵심키워드 : 도덕적 탐구와 윤리적 성찰 중요성, 일상 윤리 문제에서의 적용과 실천

1 도덕적 탐구의 방법

1. 윤리 문제와 도덕적 탐구

(1) 도덕적 탐구의 의미와 특징

의미	도덕 문제의 해결 방안을 찾기 위해 도덕 원리와 사실 판단을 분석, 평가하여 타당한 결론을 내리는 것
특징	• 현실의 윤리 문제를 해결할 때 당위적 차원에 주목함. • 대체로 윤리적 딜레마를 활용한 도덕적 추론으로 이어짐. • 이성적 사고의 과정을 중시함과 동시에 정서적 측면도 고려함.
필요성	도덕 판단의 근거가 부적절한 경우, 주관적인 주장에 머무르게 됨.

실/전/맛/보/기

도덕적 탐구에 대한 설명으로 옳지 않은 것은?

① 도덕 판단이나 행위의 정당화에 중점을 둔다.
② 도덕적 사고를 통해 이루어지는 지적 활동이다.
③ 도덕적 탐구에는 도덕적 추론 능력이 필요하다.
④ 도덕적 탐구 과정에서는 정서적 측면을 배제해야 한다.

(2) 도덕적 탐구의 과정

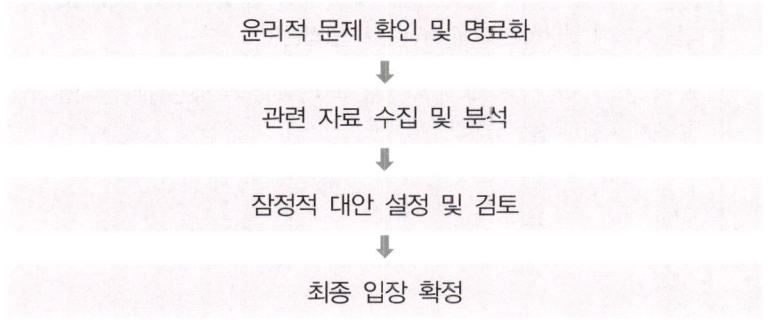

윤리적 문제 확인 및 명료화
⬇
관련 자료 수집 및 분석
⬇
잠정적 대안 설정 및 검토
⬇
최종 입장 확정

이성적 사고의 종류
• 비판적 사고 : 주장의 근거와 그 적절성을 따져 보는 것
• 논리적 사고 : 전제로부터 결론 혹은 주장을 타당하게 도출하는지 사고하는 것
• 합리적 사고 : 자신의 사고와 행위가 참된 근거와 원칙에 따르고 있는지 사고하는 것

딜레마
선택해야 할 길은 두 가지 가운데 하나로 정해져 있는데, 그 어느 쪽을 선택하여도 바람직하지 못한 결과가 나오게 되는 곤란한 상황

실전 맛보기 해설 및 정답

도덕적 탐구는 도덕적 가치와 규범을 토대로 도덕 판단이나 행위의 정당화에 초점을 둔다. 도덕적 탐구는 논리적 사고, 합리적 사고, 비판적 사고와 같은 이성적 사고와 공감, 배려 등의 정서적 측면이 함께 고려되어야 한다.

정답 ④

2. 도덕적 추론과 도덕 판단

(1) 도덕적 추론 : 이유나 근거를 제시하면서 도덕 판단을 이끌어내는 과정

(2) 도덕 판단

도덕 원리*	옳고 그름을 판단하는 원리 예 다른 사람을 돕는 행위는 옳다.
사실 판단*	참과 거짓을 구분하는 판단 예 세계 빈민에게 원조하는 것은 다른 사람을 돕는 행위이다.
도덕 판단*	다양한 윤리 문제에 대한 바람직한 판단 예 세계 빈민에게 원조하는 것은 옳다.

(3) 도덕 원리의 타당성 검토

선생님의 도움 Tip

도덕 원리 검토 방법 중 역할 교환 검사와 보편화 결과 검사가 자주 출제됩니다.

역할 교환 검사	도덕 원리를 자신에게 적용했을 때도 받아들일 수 있는지 확인하는 방법 "도덕 원리가 다른 사람의 처지에서도 받아들여질 수 있는지 다른 사람의 입장을 취해보고 검토하는 것이다."
반증 사례 검사	도덕 원리가 적용되지 않는 사례는 없는지 확인하는 방법
보편화 결과 검사	도덕 원리를 모든 사람에게 적용했을 때 나타나는 결과에 문제가 없는지 확인하는 방법

실/전/맛/보/기

다음 설명에 해당하는 도덕 원리 검사 방법은?

도덕 원리가 다른 사람의 처지에서도 받아들여질 수 있는지 다른 사람의 입장을 취해보고 검토하는 것이다.

① 포섭 검사　　② 역할 교환 검사
③ 반증 사례 검사　　④ 사실 판단 검사

역지사지(易地思之)
상대편의 처지나 입장에서 먼저 생각해 보고 이해하라는 뜻

도덕적 추론 과정

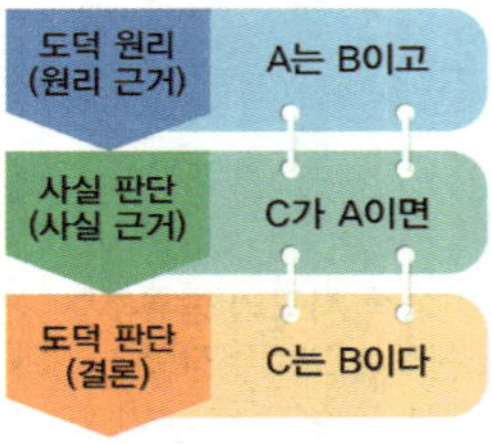

도덕 원리 (원리 근거)
A는 B이고
사실 판단 (사실 근거)
C가 A이면
도덕 판단 (결론)
C는 B이다

도덕적 추론은 옳고 그름을 판단하는 '도덕 원리'와 참과 거짓을 구분하는 '사실 판단'을 근거로 하여 논리적으로 '도덕 판단'을 내리는 사고 과정이다.

올바른 도덕 판단을 위해 필요한 능력
- 비판적 사고 : 사실 판단과 도덕 원리에 대해 주장의 근거와 그 적절성을 따져 보는 것
- 도덕적 상상력 : 딜레마 상황에서 그것이 윤리 문제인지 지각하고, 문제 상황이 어떻게 전개될 것인지 고려하는 능력
- 배려적 사고 : 도덕적 민감성과 공감 능력을 근거로 타인의 욕구나 필요에 관심을 두고 그의 처지에서 생각하는 태도

실전 맛보기 해설 및 정답

제시문은 도덕 원리를 자신에게 적용했을 때도 받아들일 수 있는지 확인하는 역할 교환 검사 방법이다.

정답 ②

2 윤리적 성찰과 실천

1. 윤리적 성찰의 의미와 중요성

(1) 의미 : 자신의 도덕적 경험을 바탕으로 반성적 사고를 하고, 도덕적 삶의 실천 방향을 결정하는 활동

(2) 윤리적 성찰과 도덕적 탐구의 차이점
① 도덕적 탐구 : 윤리 문제에 대한 이해와 분석 중점
② 윤리적 성찰 : 도덕적 주체의 도덕성에 중점

2. 윤리적 성찰의 방법

선생님의 도움 Tip

증자의 일일삼성과 소크라테스의 성찰 방법이 자주 출제됩니다.

유교	• 거경(居敬) : 마음을 한 곳으로 모아 흐트러짐이 없게 하는 것 예 신독(愼獨) : 홀로 있을 때도 도리에 어긋나지 않도록 몸과 마음을 바르게 하고 언행을 신중하게 하는 것 • 일일삼성(一日三省)* : 하루에 세 번 반성하는 것
불교	• 참선 : 인간의 참된 삶과 맑은 본성을 깨닫기 위한 수행법
소크라테스*	• 성찰하는 삶의 중요성 강조 • "반성하지 않는 삶은 살 가치가 없다."
아리스토텔레스	• 행위와 태도를 성찰하는 방법 제시 → 중용 • "마땅한 때에, 마땅한 일에 대하여, 마땅한 사람에게, 마땅한 동기로"

실/전/맛/보/기

다음 두 사상가가 공통적으로 강조하는 개념은?

• 숙고하지 않는 삶은 살 가치가 없다.
– 소크라테스(Socrates) –

• 나는 매일 세 가지로 나 자신을 반성한다.
… (중략) … 스승에게 배운 것을 익히고 실천했는가?
– 증자(曾子) –

① 불관용 ② 사실 판단
③ 인권 존중 ④ 윤리적 성찰

일일삼성(一日三省)의 세 가지 물음
• 스승에게 배운 것을 잘 익혔는가?
• 남을 돕는 데 정성스럽게 하였는가?
• 친구와 교제하는 데 신의를 다하였는가?

소크라테스(Socrates, B. C. 470?~B. C. 399)
고대 그리스의 철학자로 성찰을 통해 무지를 자각하고 자신의 내면에 있는 참된 앎을 깨우칠 것을 강조하였다.

윤리적 성찰의 중요성
• 자신의 불완전함을 지속적으로 보완하며 올바른 가치관과 인격 형성
• 좀 더 나은 삶을 살기 위한 삶의 의미와 방향의 재정립

실전 맛보기 해설 및 정답

윤리적 성찰을 통해 인격을 함양하고 윤리적 실천을 통한 발전된 삶을 살아갈 수 있다.

정답 ④

필/수/개/념 TEST

01 다음에서 설명하는 용어를 쓰시오.

(1) 주장의 근거와 그 적절성을 따져 보는 것 (   )

(2) 도덕적 사고를 통해 윤리 문제 해결을 위한 최선의 대안을 끌어내는 과정 (   )

(3) 윤리 문제에 대해 '좋거나 나쁨' 혹은 '옳거나 그름'을 진술하는 가치 기준 (   )

(4) 자신의 도덕적 경험을 바탕으로 반성적 사고를 하고, 도덕적 삶의 실천 방향을 결정하는 활동 (   )

(5) 도덕 원리를 자신에게 적용했을 때도 받아들일 수 있는지 확인하는 방법 (   )

02 다음 괄호에 들어갈 용어를 쓰시오.

(1) 도덕 판단은 (   )와/과 사실 판단을 분석, 평가하여 타당한 결론을 내리는 것이다.

(2) (   )은/는 도덕 원리를 모든 사람에게 적용했을 때 나타나는 결과에 문제가 없는지 확인하는 방법이다.

(3) (   )은/는 딜레마 상황에서 그것이 윤리 문제인지 지각하고, 문제 상황이 어떻게 전개될 것인지 고려하는 능력이다.

(4) 유교의 성찰 방법 중 (   )은/는 마음을 한 곳으로 모아 흐트러짐이 없게 하는 것이다.

(5) (   )은/는 성찰의 방법으로 중용을 제시하였다.

03 다음 설명이 맞으면 ○표, 틀리면 ×표를 하시오.

(1) 도덕 판단 과정에서 옳고 그름을 판단하는 원리는 사실 판단이다. (   )

(2) 도덕 문제를 해결하기 위해서는 비판적 사고와 배려적 사고가 모두 필요하다. (   )

(3) 증자는 세 가지 질문을 통해 하루의 삶을 반성하는 거경을 주장하였다. (   )

(4) 도덕적 탐구와 윤리적 성찰은 서로 관련이 없다. (   )

필수개념 TEST 정답

01 (1) 비판적 사고
(2) 도덕적 탐구
(3) 도덕 원리
(4) 윤리적 성찰
(5) 역할 교환 검사

02 (1) 도덕 원리
(2) 보편화 결과 검사
(3) 도덕적 상상력
(4) 거경(居敬)
(5) 아리스토텔레스

03 (1) ×
(2) ○
(3) ×
(4) ×

PART 01

적중예상문제

정답 및 해설 별책 2p

01 윤리학에 대한 설명으로 적절하지 않은 것은?

① 가치 있는 삶의 방향을 안내한다.
② 도덕적 행위의 실천과는 관련이 없다.
③ 인간의 행위에 관해 연구하는 학문이다.
④ 도덕적 행위를 정당화하는 근거를 제시한다.

02 다음 사례에서 발생한 윤리적 문제는?

과학 기술의 영향으로 파생되는 여러 문제에 대한 윤리적 논의가 빠르게 발전하는 과학 기술의 속도를 따라가지 못해 생기는 현상

① 익명성 ② 정보 격차
③ 윤리적 공백 ④ 가치관의 변화

03 다음 내용과 관련된 실천 윤리로 옳은 것은?

저작물을 표절하거나 무단 복제, 불법 다운로드하는 행위는 창작 활동의 동기를 약화시키고 국가 경제에 큰 손실을 가져올 수도 있다.

① 생명 윤리 ② 가족 윤리
③ 사회 윤리 ④ 정보 윤리

04 생명 공학 발달로 인한 윤리적 문제에 해당하지 않는 것은?

① 생명 가치의 상품화
② 인간의 존엄성 훼손
③ 난치병 치료제의 개발
④ 동물 실험과 동물의 권리

05 다음 내용과 관련 있는 윤리학으로 옳은 것은?

"'옳다'와 '그르다'의 표현의 의미와 용법은 무엇인가?" 등과 같이 도덕적 언어의 의미를 주로 분석하는 학문이다.

① 덕 윤리 ② 기술 윤리학
③ 규범 윤리학 ④ 메타 윤리학

06 실천 윤리학의 특징으로 옳지 않은 것은?

① 학제적 성격을 지닌다.
② 의무론, 공리주의 등이 있다.
③ 윤리 문제의 해결책을 찾고자 한다.
④ 도덕 원리를 구체적인 삶의 문제에 적용한다.

07 다음 설명에 해당하는 이상 사회는?

- 어려운 처지에 놓인 약자를 보호하며 조화롭게 사는 사회
- 재화를 공정하게 분배하고 모든 사람이 서로를 가족처럼 사랑하는 사회

① 대동사회 ② 미륵세계
③ 불국정토 ④ 소국과민

08 다음 설명과 관련된 이상적인 인간상으로 적절한 것은?

공자는 인간의 도덕성을 회복하고 안정된 사회를 실현하기 위해 인(仁) 사상을 제시하였다.

① 군자 ② 보살
③ 지인 ④ 철인

09 다음 설명에 해당하는 윤리적 접근 방법은?

- 무위(無爲)와 무욕(無慾)의 사회
- 인위적인 사회 제도와 질서를 거부

① 공리주의적 접근
② 불교 윤리적 접근
③ 도가 윤리적 접근
④ 유교 윤리적 접근

10 다음 주장과 관련 있는 사상가로 적절한 것은?

쾌락은 양뿐만 아니라 질적인 차이도 중요하고 감각적 쾌락보다 정신적 쾌락을 중시하였다.

① 밀 ② 벤담
③ 칸트 ④ 하버마스

11 다음 설명에 해당하는 것은?

맹자의 사단(四端)의 하나로, 옳지 못함을 부끄러워하고 착하지 못함을 미워하는 마음을 이른다.

① 측은지심(惻隱之心)
② 수오지심(羞惡之心)
③ 사양지심(辭讓之心)
④ 시비지심(是非之心)

12 ㉠에 들어갈 사상가는?

(㉠)은/는 과도하거나 부족하지도 않고, 어느 한쪽으로 치우치지 않는 중용을 강조하였다. 예를 들어, 긍지는 오만과 비굴의 중용이다.

① 벤담 ② 칸트
③ 맹자 ④ 아리스토텔레스

13 오륜(五倫)의 덕목 중 어른과 아이 간의 차례와 질서를 강조한 것은?

① 부자유친(父子有親)
② 군신유의(君臣有義)
③ 부부유별(夫婦有別)
④ 장유유서(長幼有序)

14 〈보기〉의 내용을 '도덕 원리 – 사실 판단 – 도덕 판단'의 순서대로 바르게 배열한 것은?

보기
ㄱ. 친구에게 상처를 주는 것은 옳지 않다. ㄴ. 철수가 친구에게 욕을 하는 것은 옳지 않다. ㄷ. 철수가 친구에게 욕을 하는 것은 친구에게 상처를 주는 것이다.

① ㄱ – ㄴ – ㄷ
② ㄱ – ㄷ – ㄴ
③ ㄴ – ㄷ – ㄱ
④ ㄷ – ㄴ – ㄱ

15 다음 (　　)에 들어갈 말로 옳은 것은?

> 인간은 불완전한 존재이기 때문에 오류를 저지를 가능성이 있다. 또한 사람들은 다양한 가치관을 가지고 살아가기 때문에 동일한 문제에 대해 각기 다른 판단을 내리기도 하는데, 이것은 갈등 상황을 불러일으키기도 한다. (　　)은 이러한 오류 가능성을 최소화하고, 다양성으로 인한 갈등을 해결하여 최선의 결과를 도출해 내는 과정이다.

① 성찰
② 대안
③ 토론
④ 쟁점

16 도덕적 탐구의 특징으로 옳지 않은 것은?

① 탐구의 옳고 그름을 밝혀 행위를 정당화한다.
② 도덕적 지식 체계를 무비판적으로 받아들인다.
③ 이성적 사고 과정과 정서적 측면 모두 중시한다.
④ 도덕적 딜레마를 활용한 도덕적 추론으로 이루어진다.

17 다음 상황과 관련 있는 도덕 원리 검사 방법은?

> 범죄자인 친구가 자신의 친구인 판사에게 자신의 형량을 줄여달라고 애원할 때, 판사는 모든 사람이 이 부탁을 들어줄 경우 사법 체계가 무너질 것을 고려한다.

① 포섭 검사
② 반증 사례 검사
③ 역할 교환 검사
④ 보편화 결과 검사

18 다음에서 설명하는 윤리적 성찰 방법으로 옳은 것은?

> "나는 매일 나 자신에 대하여 세 가지를 반성한다. 남을 위해 일을 함에 있어서 불충실하지 않았는가, 벗을 사귐에 있어 신의를 잃은 일은 없는가, 배운 것을 복습하지 않았는가."

① 경(敬)
② 중용(中庸)
③ 소요유(逍遙遊)
④ 일일삼성(一日三省)

19 다음의 윤리적 성찰 방법과 관련 있는 사상가는?

> 마음을 한 군데에 집중하여 잡념이 들지 않게 하고, 몸가짐을 단정히 하고 엄숙한 태도를 유지하고, 항상 깨어 있어서 또렷한 정신 상태를 유지해야 한다.

① 증자 ② 이황
③ 소크라테스 ④ 아리스토텔레스

20 ㉠에 들어갈 용어로 가장 적절한 것은?

> 도덕적 (㉠)(이)란 마음을 반성하고 살펴 말과 행동에 잘못이나 부족함이 없는지 돌아보는 것이다.

① 성찰 ② 실천
③ 당위 ④ 성품

PART 01

기출문제 체크

정답 및 해설 별책 4p

01 다음 설명에 해당하는 윤리학은?

> 도덕적 관습 또는 풍습에 대한 묘사나 객관적 서술을 주된 목표로 하는 윤리학

① 규범 윤리학 ② 기술 윤리학
③ 메타 윤리학 ④ 실천 윤리학

02 다음 설명에 해당하는 윤리학은?

> • 도덕 원리를 구체적 상황에 적용하여 도덕 문제에 대한 해결 방안을 제시하는 것을 주된 목표로 삼음.
> • 예 : 생명 윤리, 정보 윤리, 환경 윤리 등

① 기술 윤리학 ② 메타 윤리학
③ 실천 윤리학 ④ 진화 윤리학

03 다음 주제와 관련된 응용 윤리 영역은?

> • 사이버 따돌림 문제
> • 개인의 사생활 침해
> • 해킹, 악성 댓글, 온라인 사기

① 정보 윤리 ② 환경 윤리
③ 직업 윤리 ④ 생명 윤리

04 다음과 가장 관련 있는 응용 윤리의 분야는?

> • 낙태 • 유전자 복제
> • 생식 보조술

① 환경 윤리 ② 정보 윤리
③ 생명 윤리 ④ 직업 윤리

05 다음 문제와 관련된 응용 윤리학의 분야는?

> 급격한 산업화와 도시화로 토양 오염, 수질 오염, 대기 오염뿐만 아니라 지구 온난화와 기후 변화, 해수면 상승, 사막화 등 생태계 전반을 위협하는 문제가 등장하였다

① 환경 윤리 ② 문화 윤리
③ 직업 윤리 ④ 평화 윤리

06 다음 주제들을 다루는 응용 윤리 분야로 가장 적절한 것은?

> • 자연은 개발의 대상인가, 보전의 대상인가?
> • 탄소 배출 방안과 관련된 윤리적 쟁점은 무엇인가?

① 성 윤리 ② 환경 윤리
③ 정보 윤리 ④ 문화 윤리

07 다음 중 응용 윤리 분야에서 다루는 주제로 적절하지 않은 것은?

① 생명 윤리 – 자살, 안락사
② 문화 윤리 – 전쟁, 핵 문제
③ 환경 윤리 – 오존층의 파괴, 기후 변화
④ 사회 윤리 – 공정한 분배, 처벌의 문제

08 생명 윤리 영역의 윤리적 쟁점으로 가장 적절한 것은?

① 안락사를 허용해야 하는가?
② 예술과 도덕은 갈등할 수밖에 없는가?
③ 직업을 통해 어떻게 행복한 삶을 영위할 수 있는가?
④ 정보 사회에서 표현의 자유는 어디까지 허용해야 하는가?

09 다음에서 설명하는 사상은?

- 도덕적 인격 완성 강조
- 대동사회(大同社會)를 이상 사회로 제시
- 이상적 인간상으로 성인(聖人), 군자(君子)를 제시

① 유교　② 도가
③ 법가　④ 불교

10 다음에서 소개하는 윤리 사상가는?

◈ 도덕 인물 카드 ◈

- 중국 춘추 시대 사상가
- 도가 사상의 창시자로 무위자연을 강조함.
- 『도덕경』에 그의 사상이 잘 나타남.

① 묵자　② 노자
③ 순자　④ 맹자

11 다음에서 설명하는 사상으로 가장 적절한 것은?

- 무위자연(無爲自然)의 삶을 강조함.
- 이상적 인간으로 지인(至人), 진인(眞人) 등이 있음.

① 유교　② 불교
③ 도가　④ 법가

12 다음 설명에 해당하는 것은?

- 세상 모든 존재는 서로 의지한다는 불교의 근본 교리
- 모든 존재와 현상은 여러 가지 원인[因]과 조건[緣], 즉 인연에 의해 생겨남.

① 심재(心齋)　② 연기(緣起)
③ 오륜(五倫)　④ 정명(正名)

13 다음 설명에 해당하는 것은?

- 맹자가 주장한 것으로 모든 인간이 본래부터 가지고 있는 선한 마음
- 측은지심, 수오지심, 사양지심, 시비지심

① 사단(四端)　② 삼학(三學)
③ 정명(正名)　④ 삼독(三毒)

14 다음에서 소개하는 윤리 사상가는?

◈ 도덕 인물 카드 ◈

- 중국 춘추 시대 사상가로 유교를 체계화함.
- 도덕성 회복을 위해 인(仁)과 예(禮)의 실천을 강조함.
- 제자들이 엮은 『논어』에 그의 사상이 잘 나타남.

① 공자　② 장자
③ 순자　④ 묵자

15 다음 내용과 관련된 노자의 사상은?

- "으뜸이 되는 선(善)은 물과 같다."
- "도(道)는 자연을 본받아 어긋나지 않는다."

① 충서(忠恕)　② 무위(無爲)
③ 열반(涅槃)　④ 효제(孝弟)

16 다음 설명에 해당하는 것은?

- 유교에서 말하는 기본적인 인간관계에서 지켜야 할 다섯 가지 도덕 규범
- 부자유친, 군신유의, 부부유별, 장유유서, 붕우유신

① 오륜(五倫)　② 충서(忠恕)
③ 삼학(三學)　④ 좌망(坐忘)

17 ㉠에 들어갈 용어로 적절한 것은?

〈 ㉠ 〉 윤리

- 보편 타당한 도덕 법칙이 존재함.
- "선을 행하고 악을 피하라."라는 핵심 명제를 강조함.
- 자연의 원리에 의해 도출된 의무에 따르는 행위를 옳은 행위로 봄.

① 배려　② 담론
③ 자연법　④ 이기주의

18 칸트(Kant, I.)의 의무론에 대한 설명으로 옳은 것은?

① 가언 명령의 형식을 중시한다.
② 행위의 동기보다는 결과를 강조한다.
③ 공리의 원리에 따른 행동을 강조한다.
④ 보편적 윤리의 확립과 인간 존엄성을 중시한다.

19 (가)에 들어갈 윤리 사상가는?

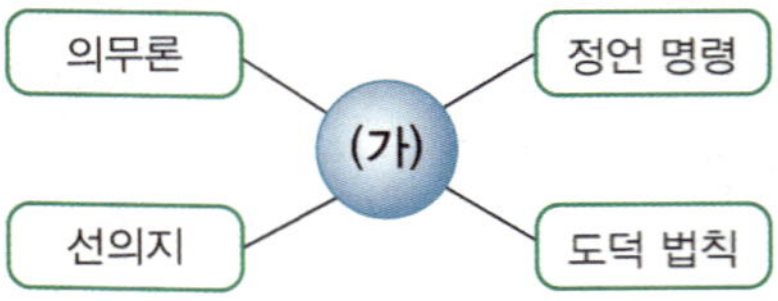

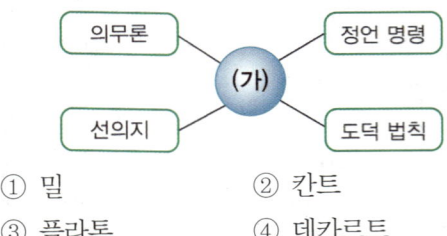

① 밀　　② 칸트
③ 플라톤　　④ 데카르트

20 칸트(Kant, I.)의 도덕 법칙에 대한 설명으로 옳은 것을 〈보기〉에서 고른 것은?

> 보기
> ㄱ. 보편화가 가능해야 한다.
> ㄴ. 정언 명령의 형식이어야 한다.
> ㄷ. 인간 존엄성과는 무관해야 한다.
> ㄹ. 행위의 동기보다 결과를 중시해야 한다.

① ㄱ, ㄴ　　② ㄱ, ㄷ
③ ㄴ, ㄹ　　④ ㄷ, ㄹ

21 ㉠에 들어갈 내용으로 가장 적절한 것은?

① 동기보다 결과가 중요하다.
② 쾌락을 가져다주는 행위가 선이다.
③ 인간은 인격보다 수단으로 대우해야 한다.
④ 도덕 법칙은 예외 없이 보편적으로 적용되어야 한다.

22 칸트(Kant, I.)의 의무론에 대한 설명으로 옳지 <u>않은</u> 것은?

① 도덕적 의무에 따른 행동 강조
② 행위의 동기보다는 결과를 중시
③ 정언 명령의 형식으로 도덕 법칙을 제시
④ 인간 존엄성과 보편적 윤리의 중요성 강조

23 ㉠에 들어갈 용어로 옳은 것은?

> 칸트(Kant, I.)는 도덕 법칙을 "너의 의지의 준칙이 언제나 동시에 보편적 법칙이 될 수 있도록 행위하라."라는 (㉠)의 형식으로 제시하였다.

① 가언 명령　　② 정언 명령
③ 연역 논리　　④ 귀납 논리

24 다음 내용에 해당하는 설명으로 옳지 <u>않은</u> 것은?

> "네 의지의 준칙이 언제나 동시에 보편적 입법의 원리가 되도록 행위하라."

① 의무론적 접근이다.
② 정언 명령의 형식으로 제시된다.
③ 칸트에 의해 제시된 도덕 법칙이다.
④ 관계와 상황의 특수한 맥락을 고려한다.

25 ㉠, ㉡에 들어갈 용어로 알맞은 것은?

〈칸트(Kant, I.)의 도덕 법칙〉
- 네 의지의 준칙이 언제나 동시에 (㉠) 입법의 원리가 되도록 행위하라.
- 너 자신이나 다른 사람의 인격을 언제나 동시에 (㉡)으로 대우하라.

	㉠	㉡
①	상대적	수단
②	보편적	목적
③	보편적	수단
④	상대적	목적

26 다음에 해당하는 윤리 사상가는?

- 도덕성을 판단할 때 행위의 결과보다 동기를 중시함.
- 도덕 법칙은 정언 명령의 형식으로 제시됨을 주장함.

① 벤담　② 칸트
③ 플라톤　④ 에피쿠로스

27 ㉠에 들어갈 도덕 원리는?

- 도덕 원리 : (㉠)
- 사실 판단 : 폭력은 타인의 인권을 침해하는 행위이다.
- 도덕 판단 : 폭력은 옳지 않다.

① 폭력은 필요에 따라 할 수도 있다.
② 폭력은 타인의 인권 침해와 상관이 없다.
③ 타인의 인권을 침해하는 행위는 옳지 않다.
④ 타인의 인권을 침해하는 학생은 나쁜 학생이다.

28 〈보기〉의 내용을 '도덕 원리 – 사실 판단 – 도덕 판단'의 순서대로 바르게 배열한 것은?

보기
ㄱ. 수업 중에 잡담을 하는 것은 옳지 않다.
ㄴ. 타인에게 피해를 주는 행동은 옳지 않다.
ㄷ. 수업 중에 잡담을 하는 것은 타인에게 피해를 주는 행동이다.

① ㄱ – ㄴ – ㄷ
② ㄱ – ㄷ – ㄴ
③ ㄴ – ㄷ – ㄱ
④ ㄷ – ㄴ – ㄱ

29 다음 내용에 해당하는 용어는?

- 자신의 도덕적 경험을 바탕으로 현재 자신의 삶을 반성적으로 사고함.
- 도덕적 삶의 실천 방향을 결정하는 활동임.

① 윤리적 성찰　② 도구적 인간
③ 논리적 오류　④ 도덕적 논쟁

30 다음에서 설명하는 것은?

자신의 도덕적 경험, 삶의 목적 및 이상에 대해 스스로 평가하고 반성하는 것으로 윤리적 실천력을 향상하는 것

① 이기적 실천　② 논리적 사고
③ 윤리적 성찰　④ 창의적 사고

31 (가)에 들어갈 개념은?

(가)
- 증자 : 일일삼성(一日三省)
- 소크라테스 : 반성하지 않는 삶은 살 가치가 없다.
- 실천 방법 : 일기 쓰기, 좌우명 만들기 등

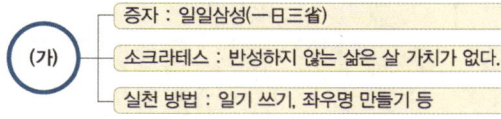

① 사실 판단　② 윤리적 성찰
③ 가치 전도　④ 쾌락의 역설

32 ㉠에 들어갈 내용으로 옳은 것은?

가치 있는 삶을 살기 위해 필요한 자세가 무엇일까?
(㉠)의 자세가 필요해.
그게 뭐야? 자세히 설명해 줄래?
생활 속에서 자신의 마음가짐과 행동을 윤리적 관점에서 깊이 있게 반성하고 살피는 거야.

① 가치 전도　② 특권 의식
③ 윤리적 성찰　④ 이기적 실천

33 다음에서 소개하는 윤리 사상가는?

도덕 인물 카드

- 고대 그리스의 철학자
- "너 자신을 알라."라는 말을 강조함.
- 반성적으로 검토하는 삶이 중요하다고 주장함.

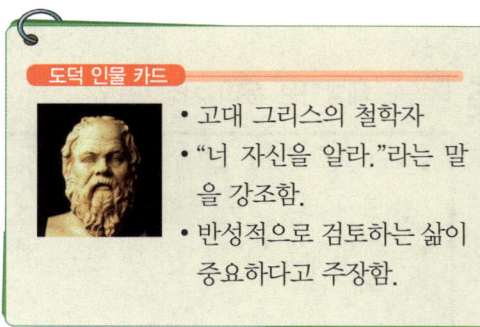

① 밀　② 베이컨
③ 데카르트　④ 소크라테스

34 ㉠에 들어갈 내용으로 옳지 <u>않은</u> 것은?

윤리적 성찰은 어떻게 하는 걸까?
자신의 정체성과 가치관 등을 도덕적 관점에서 깊이 있게 반성하고 살피는 거야.
구체적으로 예를 들어줄래?
(　　　　㉠　　　　)

① 남을 돕는 데 진심을 다했는지 살피는 거야.
② 마음을 흐트러짐이 없게 하고 몸가짐을 삼가는 거야.
③ 어른들의 말씀은 무조건 비판 없이 받아들이는 거야.
④ 끊임없는 질문을 통해 자신의 무지를 스스로 깨우치는 거야.

35 다음 설명에 해당하는 개념은?

> • **의미** : 자신의 인간관, 가치관, 세계관 등을 전체적으로 검토하고 반성하는 과정
> • **방법** : 증자의 일일삼성(一日三省), 이황의 경(敬) 등

① 인종 차별　　② 부패 의식
③ 윤리적 성찰　　④ 유전자 조작

36 다음에서 설명하는 사상은?

> • **사상가** : 노자, 장자
> • **삶의 자세** : 무위자연(無爲自然). 무엇을 억지로 하지 않고 자연의 순리를 따름.

① 유학　　② 불교
③ 도가　　④ 법가

37 (　　)에 공통으로 들어갈 유교의 핵심 사상은?

> • (　　) : 인간다움으로 다른 사람을 사랑하는 마음
> • (　　)의 실천 방법 : 남의 입장을 이해[恕], 극기복례

① 인(仁)
② 자비(慈悲)
③ 팔정도(八正道)
④ 무위자연(無爲自然)

38 도가(道家)의 자연관에 대한 설명으로 가장 적절한 것은?

① 생명을 존중하기 위해 인위적 규범을 따라야 한다고 본다.
② 모든 생명에 대해 인(仁)을 베풀어야 한다고 본다.
③ 연기설에 따라 자비를 실천해야 한다고 본다.
④ 무위자연(無爲自然)을 추구해야 한다고 본다.

39 (가)에 들어갈 사상은?

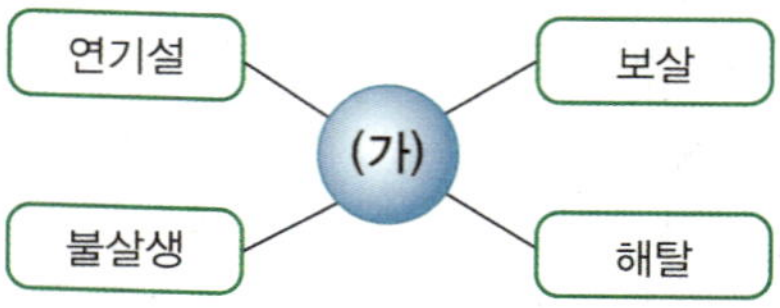

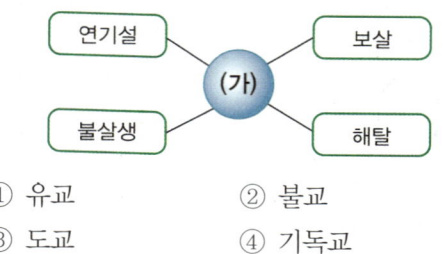

① 유교　　② 불교
③ 도교　　④ 기독교

40 다음 중 ㉠, ㉡에 들어갈 말을 짝지은 것으로 옳은 것은?

- 유교에서는 인간과 자연이 조화를 이루는 (㉠)의 경지를 추구하였다.
- 불교에서는 우주 만물이 (㉡)의 원리에 따라 생겨난다고 보았다.

	㉠	㉡
①	연기(緣起)	자비(慈悲)
②	자비(慈悲)	연기(緣起)
③	자비(慈悲)	천인합일(天人合一)
④	천인합일(天人合一)	연기(緣起)

41 (가)에 들어갈 윤리 사상가는?

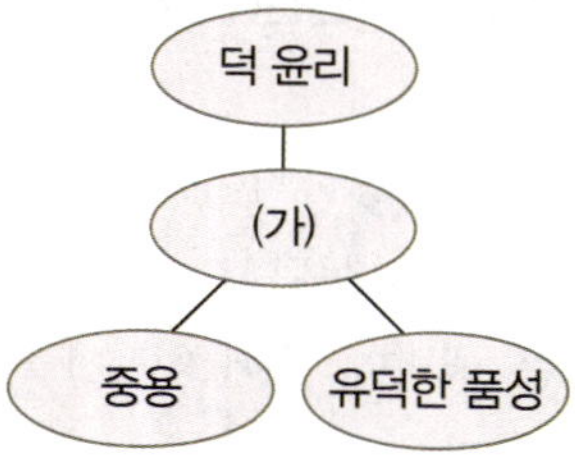

① 롤스　　② 하이데거
③ 소크라테스　　④ 아리스토텔레스

42 덕(德) 윤리에 대한 내용으로 옳은 것을 〈보기〉에서 고른 것은?

보기
ㄱ. 유덕한 성품 강조
ㄴ. 행위의 결과 중시
ㄷ. 공동체 구성원으로서의 삶 강조
ㄹ. 최대 다수의 최대 행복 원리 추구

① ㄱ, ㄴ　　② ㄱ, ㄷ
③ ㄴ, ㄹ　　④ ㄷ, ㄹ

43 덕 윤리의 특징으로 옳은 것을 〈보기〉에서 고른 것은?

보기
ㄱ. 도덕적 실천 가능성을 강조한다.
ㄴ. 공동체의 전통과 역사를 중시한다.
ㄷ. 인간의 감정과 인간관계를 무시한다.
ㄹ. 공리의 원칙에 따른 행위만을 중시한다.

① ㄱ, ㄴ　　② ㄱ, ㄷ
③ ㄴ, ㄹ　　④ ㄷ, ㄹ

44 다음 내용이 공통으로 설명하는 윤리적 접근은?

- 윤리적으로 옳고 선한 결정을 하려면 먼저 유덕한 품성을 길러야 한다고 주장한다.
- 공동체와 분리된 추상적 개인이 아니라 공동체 구성원으로서의 인간의 삶에 관심을 갖는다.

① 의무론적 접근　　② 덕 윤리적 접근
③ 공리주의적 접근　　④ 담론 윤리적 접근

45 다음에서 설명하는 응용 윤리학의 분류에 해당하지 않는 것은?

> 이론 윤리를 활용하여 현대인의 삶의 영역에서 제기되는 다양한 윤리 문제를 해결하는 것을 목표로 삼는 학문 분야이다.

① 덕 윤리 ② 평화 윤리
③ 문화 윤리 ④ 정보 윤리

46 ㉠, ㉡에 들어갈 말로 옳은 것은?

대표 사상가	칸트	벤담
행위의 옳고 그름의 기준	행위의 (㉠)	행위의 (㉡)

	㉠	㉡
①	동기	결과
②	욕망	동기
③	원인	과정
④	결과	절차

47 다음 사상가가 공통으로 주장하는 윤리적 접근 방법은?

> • 벤담(Bentham, J.) : 쾌락은 양적인 차이만 존재할 뿐이며, '최대 다수의 최대 행복'을 통해 사회 전체의 행복을 증진해야 한다.
> • 밀(Mill, J. S.) : 쾌락의 양뿐만 아니라 질적 차이도 고려해야 하며, 정신적 쾌락이 더 수준 높은 쾌락이다.

① 공리주의적 접근
② 책임 윤리적 접근
③ 배려 윤리적 접근
⑤ 담론 윤리적 접근

48 공리주의의 입장에 대한 설명으로 옳은 것을 〈보기〉에서 고른 것은?

> **보기**
> ㄱ. 행위의 옳고 그름은 그 결과에 따라 결정된다.
> ㄴ. '최대 다수 최대 행복'의 도덕 원리를 강조한다.
> ㄷ. 행위의 내면적 동기가 결과보다 더 중요하다.
> ㄹ. 인간은 오로지 의무 의식에 따라 행동해야 한다.

① ㄱ, ㄴ ② ㄱ, ㄷ
③ ㄴ, ㄹ ④ ㄷ, ㄹ

49 벤담(Bentham, J.)이 제시한 쾌락의 산출 기준이 아닌 것은?

① 인종 ② 순수성
③ 지속성 ④ 파급 범위

50 공리주의 관점으로 옳은 것을 〈보기〉에서 고른 것은?

> **보기**
> ㄱ. 행위의 동기 강조
> ㄴ. 유용성의 원리 강조
> ㄷ. 보편 타당한 도덕 법칙 추구
> ㄹ. 최대 다수의 최대 행복의 원리 추구

① ㄱ, ㄴ ② ㄱ, ㄷ
③ ㄴ, ㄹ ④ ㄷ, ㄹ

51 공리주의 관점에서 볼 때, 도덕적 행위로 옳지 않은 것은?

① 최대의 유용성을 가져오는 행위
② 사회 전체의 이익을 증대시키는 행위
③ 결과와 상관없이 무조건적 의무에 따르는 행위
④ 최대 다수의 최대 행복의 원리에 부합하는 행위

52 공리주의의 입장에 대한 설명으로 옳은 것은?

① 유용성의 원리에 따른 행위를 강조한다.
② 행위의 결과보다는 행위의 동기를 중시한다.
③ 행위의 효용보다 행위자 내면의 품성을 강조한다.
④ 사회 전체의 행복보다 개인의 행복 추구를 중시한다.

53 다음에서 소개하는 윤리 사상가는?

도덕 인물 카드

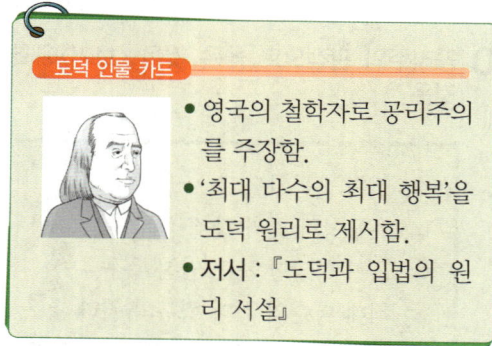

- 영국의 철학자로 공리주의를 주장함.
- '최대 다수의 최대 행복'을 도덕 원리로 제시함.
- 저서 : 『도덕과 입법의 원리 서설』

① 레건 ② 벤담
③ 아퀴나스 ④ 매킨타이어

54 ㉠에 들어갈 사상은?

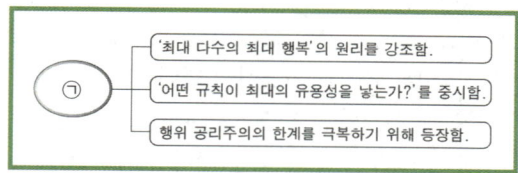

㉠
- '최대 다수의 최대 행복'의 원리를 강조함.
- '어떤 규칙이 최대의 유용성을 낳는가?'를 중시함.
- 행위 공리주의의 한계를 극복하기 위해 등장함.

① 의무론 ② 덕 윤리
③ 자연법 윤리 ④ 규칙 공리주의

55 다음 설명에 해당하는 것은?

- 보편적인 행위의 도덕 법칙
- 남에게 대접받고자 하는 대로 대접하라는 도덕 원리

① 황금률 ② 변증법
③ 기계론 ④ 가언명법

56 ㉠에 들어갈 용어로 적절한 것은?

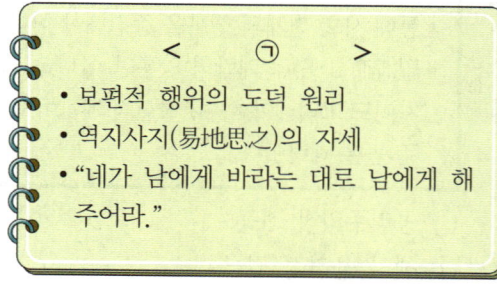

< ㉠ >
- 보편적 행위의 도덕 원리
- 역지사지(易地思之)의 자세
- "네가 남에게 바라는 대로 남에게 해 주어라."

① 황금률 ② 변증법
③ 이분법 ④ 유물론

57 대화와 관련이 있는 도덕 원리 검사 방법은?

> 갑 : 몸이 불편한 친구를 놀리는 것이 왜 나빠?
> 을 : 네가 다쳤을 때 친구가 너를 놀리면 네 기분이 어떨까?

① 포섭 검사
② 고증 사례 검사
③ 역할 교환 검사
④ 보편화 결과 검사

58 도덕적 판단 과정에서 비판적 사고의 순기능만을 〈보기〉에서 모두 고른 것은?

> 보기
> ㄱ. 성급한 결론의 예방
> ㄴ. 주관적 감정의 강조
> ㄷ. 합리적 사고를 통한 객관적 판단에 기여
> ㄹ. 자신의 주장이나 선택에 대한 오류의 검토

① ㄱ, ㄴ ② ㄴ, ㄹ
③ ㄱ, ㄷ, ㄹ ④ ㄴ, ㄷ, ㄹ

59 올바른 토론 방법으로 적절한 것은?

① 소수의 의견을 무시한다.
② 근거가 없는 반론을 제시한다.
③ 자신의 발언에 대해 책임지지 않는다.
④ 열린 마음으로 상대방의 비판을 수용한다.

60 배려적 사고의 중요 요소에 해당되지 않는 것은?

① 다른 사람의 생각을 공감하는 능력
② 타인의 감정을 고려할 줄 아는 능력
③ 정보의 사실과 의견을 판별하는 능력
④ 상대방의 처지와 입장을 이해하는 능력

EBS 교육방송교재

고졸 검정고시 도덕

PART

02

생명과 윤리

이 단원은 삶과 죽음의 윤리, 생명 윤리, 사랑과 성 윤리를 다루고 있으며, 이와 관련된 윤리적 문제들에 대해 다양한 윤리 이론을 적용하여 자신의 관점을 형성하고, 관련 윤리 문제를 비판적으로 성찰하여 생명 존중의 가치관을 함양하는 것을 목표로 한다. 따라서 인공 임신 중절, 자살, 안락사, 뇌사, 생명 복제, 유전자 치료와 관련된 윤리적 쟁점을 알아보고, 동물의 도덕적 지위와 권리에 대해서도 살펴본다. 그리고 성의 가치와 양성평등의 관점을 살펴보고 결혼과 가족의 윤리에 대한 이해를 통해 가족 해체 현상을 극복하기 위한 방안을 모색한다.

01 삶과 죽음의 윤리

• 핵심키워드 : 삶과 죽음의 다양한 윤리적 문제 인식, 죽음에 대한 윤리적 입장의 비교 · 분석, 윤리적 관점에서의 인공 임신 중절 · 뇌사 · 안락사 · 자살의 문제

1 출생의 윤리적 의미와 윤리적 쟁점

1. 출생과 생명의 윤리적 의미

(1) 출생의 의미 : 태아가 모체*로부터 분리되어 독립된 새로운 생명체가 되는 것

① 인간의 출생은 도덕적 주체로서 삶의 출발점

② 사회 구성원으로서 삶의 시작

(2) 생명의 의미 : 대체 불가능한 본래적 가치를 지닌 것

➜ 생명은 일회적이고, 고유하며, 유한하다.

2. 출생과 관련된 윤리적 쟁점

(1) 등장 배경 : 생명 의료 기술의 발달로 출생 과정에 의료 기술 개입

➜ 인공 임신 중절, 생명 복제, 생식 보조술 등과 관련된 윤리적 쟁점 등장

(2) 인공 임신 중절의 윤리적 쟁점

찬성 입장(선택 옹호론)	반대 입장(생명 옹호론)
• 여성의 선택권 > 태아의 생명권 • 태아는 여성 몸의 일부로 여성에게 소유권이 있음. • 여성은 태아를 생산하므로 태아에 대한 권리가 있음. • 여성은 자기 신체에 대해 자율적으로 선택할 권리가 있음. • 인간에게는 자기방어와 정당방위*의 권리가 있음.	• 여성의 선택권 < 태아의 생명권 • 태아는 인간으로 성장할 잠재성이 있음. • 태아는 인간이므로 태아의 생명도 존엄함. • 태아는 무고한 인간이므로 해쳐서는 안 됨.

모체(母體)
태아를 임신한 어머니의 몸을 뜻한다.

인공 임신 중절 관련 법률
우리나라 「형법」에서는 인공 임신 중절을 불법 행위로 간주하여 금지하지만, 「모자보건법」에서 제한적인 경우에 한해 허용하고 있다.

정당방위
자기 또는 남에게 가해지는 급박하고 부당한 침해를 막기 위해 침해자에게 어쩔 수 없이 취하는 가해 행위를 뜻한다.

실/전/맛/보/기

인공 임신 중절에 대한 반대 근거로 적절하지 않은 것은?

① 태아는 생명권을 지닌다.
② 태아는 생명이 있는 인간이다.
③ 태아에 대한 소유권은 임신한 여성에게 있다.
④ 태아는 인간으로 발달할 잠재성을 지니고 있다.

2 죽음에 대한 다양한 입장

1. 죽음의 윤리적 의미

(1) 윤리적 의미 : 인간만이 죽음을 미리 생각하고 삶을 어떻게 살아가야 할지 생각한다.

(2) 동양의 죽음관

공자	• 죽음보다는 현실적 삶에 충실할 것을 강조 • "삶도 모르는데 죽음을 어찌 알겠느냐"
장자	• 삶과 죽음은 사계절의 운행처럼 자연스러운 현상 • "삶은 기(氣)가 모이는 것이고, 죽음은 기가 흩어지는 것" • "삶을 기뻐할 필요도, 죽음을 슬퍼할 필요도 없음"
불교	• 고통 중 하나이며 다른 세계로 윤회*하는 계기 • 전생에 행한 행위에 따라 다음 생이 결정

(3) 서양의 죽음관

플라톤	• 영혼이 분리되어 이데아*의 세계로 들어가는 것 • 순수한 인식을 방해하는 육체의 감옥에서 해방하는 것
에피쿠로스	• 경험할 수 없으므로 두려워할 필요가 없음. • "살아 있으면 죽음이 없고, 죽으면 느끼는 내가 없으므로 죽음을 의식하거나 두려워할 필요가 없다."
하이데거	• 현존재가 삶의 의미와 자아를 성찰하는 계기

죽음의 특성
- 불가피성 : 사람은 죽음을 피할 수 없다.
- 평등성 : 모든 사람은 죽는다.
- 일회성 : 한 번 죽으면 다시 살아날 수 없다.
- 수동성 : 죽음은 원치 않아도 찾아온다.
- 불확실성 : 죽음은 언제 닥칠지 모른다.

윤회(輪廻)
생명이 있는 것은 번뇌와 업에 따라 죽은 뒤 다시 태어나고 생(生)이 반복된다고 하는 불교의 사상

이데아(Idea)
플라톤 철학의 중심 개념으로, 모든 존재와 인식의 근거가 되는 항구적이며 초월적인 실재를 뜻하는 말이다.

실전 맛보기 해설 및 정답

인공 임신 중절 반대의 근거
- 잠재성 근거 : 태아는 임신 순간부터 성인으로 발달할 잠재성이 있으므로 인간의 지위를 지닌다.
- 존엄성 근거 : 모든 인간의 생명은 존엄하기 때문에 태아의 생명도 존엄하다.
- 무고한 인간 신성불가침 근거: 잘못이 없는 인간을 해치는 행위는 도덕적으로 옳지 않다. 태아는 무고한 인간이므로 해쳐서는 안 된다.

정답 ③

실/전/맛/보/기

불교의 죽음관으로 가장 적절한 것은?

① 죽음 이후의 세계는 존재하지 않는다.
② 죽음을 통해 영혼은 이데아의 세계로 들어간다.
③ 죽음이란 다음 생으로 이어지는 윤회의 한 과정이다.
④ 죽음은 개별 원자로 흩어져 영원히 소멸되는 것이다.

2. 죽음과 관련된 윤리적 쟁점

(1) 자살 반대의 근거

유교	자신의 신체를 훼손하지 않는 것이 효의 시작 → 불감훼상*
불교	불살생의 계율에 근거해 생명을 해치는 것을 금함.
그리스도교	신으로부터 받은 생명을 스스로 끊어서는 안 됨.
아퀴나스	자살은 자연법 원리에 어긋나는 행위
칸트	자살은 고통에서 벗어나기 위해 자신을 수단으로 이용하는 것
쇼펜하우어	자살은 문제를 회피하고, 자신의 능력 발휘 가능성을 파괴하는 것

불감훼상
부모(父母)에서 받은 몸을 깨끗하고 온전(穩全)하게 하는 것

(2) 안락사에 대한 찬반 입장

선생님의 도움 Tip

안락사에 대한 찬성과 반대 입장을 구분하는 문제가 자주 출제됩니다.

안락사 찬성	안락사 반대
• 인간에게는 인간답게 죽을 권리가 있음. • 환자와 가족의 고통을 줄일 수 있음. • 의료 자원을 효율적으로 배분할 수 있음.	• 인간 생명을 목적이 아닌 수단으로 볼 수 있음. • 다른 목적으로 오·남용될 수 있음. • 생명 경시 풍조를 심화할 수 있음.

실전 맛보기 해설 및 정답

불교에서는 죽음을 또 다른 세계로 윤회하는 것이며, 윤회 과정에서 인간의 선행과 악행은 죽음 이후의 삶을 결정한다고 보았다.

정답 ③

실/전/맛/보/기

㉠에 들어갈 내용으로 가장 적절한 것은?

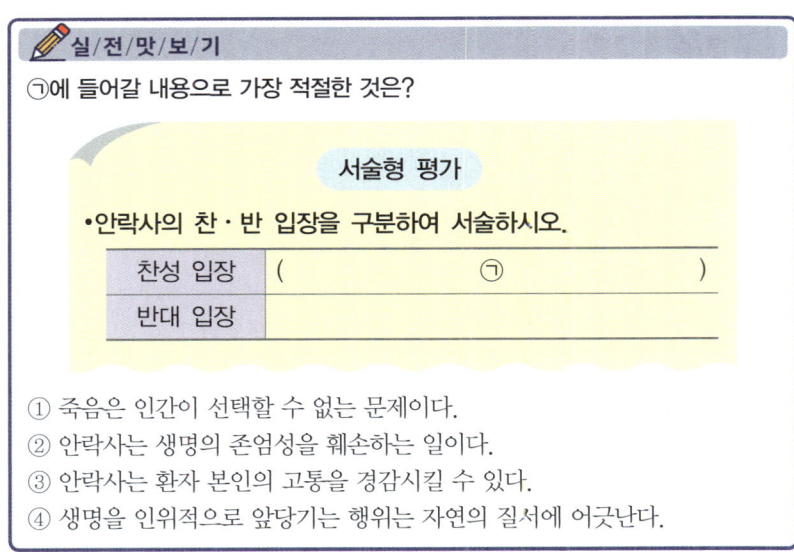

> **서술형 평가**
>
> •안락사의 찬·반 입장을 구분하여 서술하시오.

찬성 입장	(㉠)
반대 입장	

① 죽음은 인간이 선택할 수 없는 문제이다.
② 안락사는 생명의 존엄성을 훼손하는 일이다.
③ 안락사는 환자 본인의 고통을 경감시킬 수 있다.
④ 생명을 인위적으로 앞당기는 행위는 자연의 질서에 어긋난다.

뇌사와 심폐사
- 뇌사 : 뇌간을 포함한 뇌의 활동이 회복할 수 없을 정도로 정지된 상태가 되면 사망한 것으로 인정
- 심폐사 : 심장 박동이 멈추고 호흡이 정지해야 사망한 것으로 인정

(3) 뇌사에 대한 찬반 입장

뇌사 찬성	뇌사 반대
• 인간의 고유한 활동은 심장이 아닌 뇌에서 비롯됨. • 장기 이식을 통해 다른 생명을 살릴 수 있음. • 뇌사 상태에서의 생명 연장은 무의미함.	• 실용주의적 관점은 인간의 가치를 위협할 수 있고, 사회적으로 악용될 수 있음. • 인간의 생명을 수단으로 여기는 것 • 오진·오판의 가능성

실전 맛보기 해설 및 정답

안락사에 대한 찬성 입장 – 인간은 자신의 생명과 죽음에 대한 권리를 가지며, 불치병 환자의 연명 치료는 환자와 가족에게 고통을 주고 제한된 의료 자원의 효율적인 사용을 방해한다.

정답 ③

실/전/맛/보/기

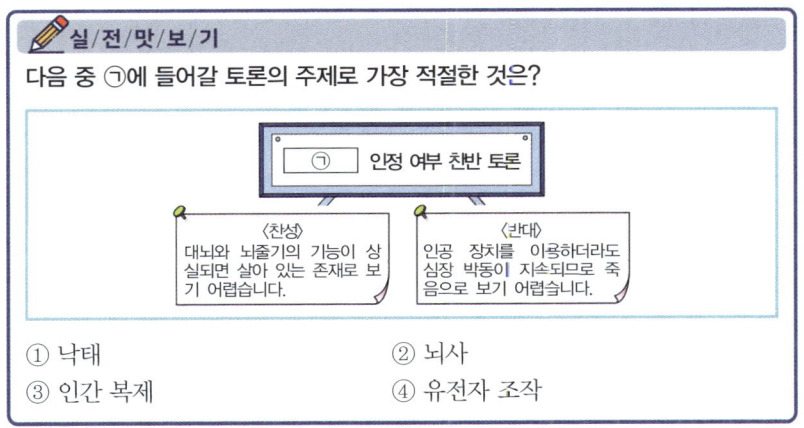

다음 중 ㉠에 들어갈 토론의 주제로 가장 적절한 것은?

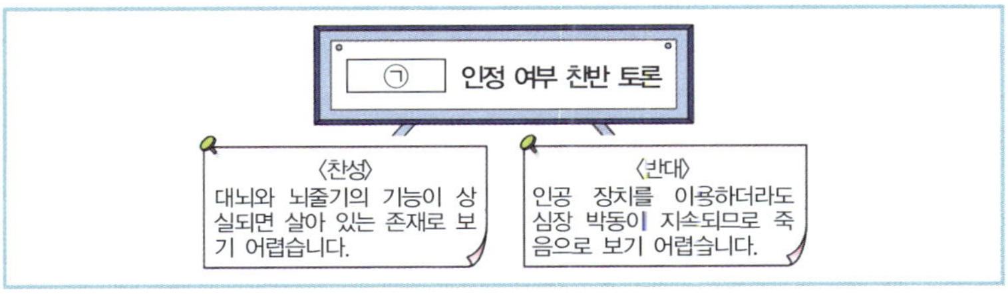

㉠ 인정 여부 찬반 토론
〈찬성〉
대뇌와 뇌줄기의 기능이 상실되면 살아 있는 존재로 보기 어렵습니다.
〈반대〉
인공 장치를 이용하더라도 심장 박동이 지속되므로 죽음으로 보기 어렵습니다.

① 낙태
② 뇌사
③ 인간 복제
④ 유전자 조작

실전 맛보기 해설 및 정답

뇌사란 심폐 기능이 정지되지 않았더라도 정신 기능을 주관하는 뇌 기능이 정지된 순간을 기준으로 사망을 판단하는 것으로 〈찬성〉은 뇌사를 지지하는 입장으로 뇌 기능이 정지하면 인간으로서의 고유한 활동을 더 이상 수행할 수 없기 때문에 뇌사를 인정하고, 〈반대〉의 입장은 뇌 기능이 정지했더라도 인공적으로 호흡하고 심장이 박동하므로 뇌사는 죽음이 아니라고 보는 심폐사를 지지하는 입장이다.

정답 ②

필/수/개/념 TEST

01 **인공 임신 중절에 대한 찬성의 입장에는 '찬', 반대의 입장에는 '반'이라고 쓰시오.**

(1) 태아는 인간으로 성장할 잠재성이 있다. (　　)

(2) 여성은 태아에 대한 권리가 있다. (　　)

(3) 무고한 인간을 해쳐서는 안 된다. (　　)

(4) 인간은 자기방어와 정당방위의 권리가 있다. (　　)

(5) 여성은 자기 신체에 대한 자율적인 선택 권리가 있다. (　　)

02 **죽음에 대한 견해와 관련된 사상가를 쓰시오.**

(1) 삶은 기(氣)가 모이는 것이고, 죽음은 기가 흩어지는 것
(　　　　　　)

(2) 영혼이 분리되어 이데아의 세계로 들어가는 것
(　　　　　　)

(3) 살아 있으면 죽음이 없고, 죽으면 느끼는 내가 없으므로 죽음을 의식하거나 두려워할 필요가 없다.
(　　　　　　)

(4) 삶도 모르는데 죽음을 어찌 알겠느냐
(　　　　　　)

03 **다음 설명이 맞으면 ○표, 틀리면 ×표를 하시오.**

(1) 유교에서는 도덕적인 가치를 위해서 자신의 생명을 희생할 수도 있다고 본다. (　　)

(2) 불교는 죽음을 고통 중 하나이며 다른 세계로 윤회하는 계기라고 본다.
(　　)

(3) 뇌사 반대론은 뇌사 인정이 인간 생명의 존엄성을 침해할 수 있다고 본다.
(　　)

(4) 칸트는 자살에 대해 인간을 목적이 아닌 수단으로 이용하는 것이라고 비판한다. (　　)

필수개념 TEST 정답

01 (1) 반
(2) 찬
(3) 반
(4) 찬
(5) 찬

02 (1) 장자
(2) 플라톤
(3) 에피쿠로스
(4) 공자

03 (1) ×
(2) ○
(3) ○
(4) ○

02 생명 윤리

• 핵심키워드 : 생명 존엄성과 동서양 윤리적 관점 비교, 생명 복제 · 유전자 치료 · 동물실험 문제

1 생명 복제와 유전자 치료 문제

1. 생명 복제의 윤리적 쟁점

(1) 생명 윤리 : 생명을 책임 있게 다루는 것과 관련된 모든 경우에 대한 윤리적 고려

(2) 배아 복제 찬반 입장

배아 복제 찬성	배아 복제 반대
• 배아는 인간이 될 가능성이 확정되지 않은 세포 덩어리 • 배아는 인간을 위한 수단으로 활용 가능함. • 배아 줄기세포* 추출을 통해 인간의 난치병을 치료할 수 있음.	• 배아는 인간으로서의 잠재 가능성을 가진 존엄한 존재 • 줄기세포 추출을 위해 배아를 수단으로 사용해서는 안 됨. • 배아 복제를 위해 사용되는 난자 채취를 위해 여성의 권리가 침해됨.

(3) 인간 개체 복제의 윤리적 쟁점

① 의미 : 복제 기술을 통해 새로운 인간 개체를 탄생시키는 것

예 클론(clone)

② 개체 복제 찬반 입장

개체 복제 찬성	개체 복제 반대
• 불임 부부에게 희망 • 기술 발전으로 부작용 해소 • 복제 인간도 독자적인 삶을 살아갈 수 있음.	• 인간의 존엄성 훼손 • 인간의 고유성 위협 • 가족 관계에 혼란

실/전/맛/보/기

다음 내용이 공통으로 비판하는 문제는?

• 인간의 존엄성과 고유성을 훼손한다.
• 인간의 자연스러운 출산의 과정에 어긋난다.

① 안락사 ② 동물 실험
③ 인간 복제 ④ 장기 매매

줄기세포
여러 종류의 신체 조직으로 분화할 수 있는 능력을 가진 세포이다.

배아와 태아
배아는 수정부터 8주까지의 발생 중인 개체를 말하며, 그 이후를 태아라고 한다.

인간 복제의 종류
• 배아 복제 : 질병 치료를 목적으로 배아 줄기세포를 얻기 위해 복제 과정을 거친 세포를 배아 단계까지만 성장시키는 것이다.
• 개체 복제 : 복제한 배아를 착상시켜 완전한 인간 개체를 태어나게 하는 것이다.

개체 복제 금지
유럽 연합은 2001년에 '인간 복제 금지 협약'을 맺었고, 국제 연합은 2005년 총회에서 '인간 복제 금지 선언문'을 채택하였으며, 우리나라도 「생명 윤리 및 안전에 관한 법률」에서 개체 복제를 금지하고 있다.

실전 맛보기 해설 및 정답

인간 복제를 반대하는 입장은 배아 복제가 생명을 수단화하는 것이고 생명의 존엄성을 훼손하는 것으로 인식한다.

정답 ③

2. 유전자 치료의 윤리적 쟁점

(1) 유전자 치료 : 원하는 유전자를 세포 안에 넣어 새로운 형질을 발현하게 하여 이상 유전자를 대신하거나 유전자를 바꾸어 유전적 질병을 치료하는 것

(2) 유전자 치료에 대한 찬반 입장

유전자 치료 찬성	유전자 치료 반대
• 다음 세대의 질병 예방 • 유전 질환을 물려주지 않으려는 부모의 선택 존중 • 의학적 효용 가치가 높아 사회적인 유용성 증진	• 유전자 치료로 인한 부작용 • 인간 성향을 개선하려는 우생학*으로 확대될 가능성이 있음. • 인간의 유전적 다양성 상실이 우려됨.

우생학
인류를 유전학적으로 개량하기 위해 여러 가지 조건과 인자를 연구하는 학문

2 동물 실험과 동물 권리의 문제

1. 동물 실험의 윤리적 쟁점

(1) 동물 실험의 의미 : 의학 및 생명 과학 연구 과정에서 살아 있는 동물을 대상으로 수행하는 실험

(2) 동물 실험에 대한 찬반 입장

선생님의 도움 Tip
동물 실험에 대한 찬성과 반대 의견을 묻는 문제가 자주 출제됩니다.

동물 실험 찬성	동물 실험 반대
• 동물과 인간은 유사하므로 동물 실험 결과를 인간에게 적용 가능 • 인체 실험으로 인한 위험성 제거 • 다양한 치료제나 치료법을 개발하여 인간의 질병 치료 • 인간과 동물은 근본적으로 존재 지위가 다름.	• 인간과 동물이 공유하는 질병이 적으며, 동물 실험 결과가 인간에게 적용되지 않을 수 있음. • 동물을 인간을 위한 수단으로만 사용하는 것 • 인간과 동물은 존재 지위에서 차이가 없음. • 동물 실험의 대안이 존재함.

동물 실험의 3R 원칙
- 감소(Reduction) : 유용한 목적에 활용하고, 통계적으로 믿을 만한 자료를 산출하는 데 동물을 최소한의 수만큼 사용해야 한다.
- 개선(Refinement) : 동물이 받는 고통이나 스트레스 등을 최소화하기 위해 실험 절차를 개선해야 한다.
- 대체(Replacement) : 동물 실험을 세포 또는 조직 배양, 수학적 모형으로 대체할 수 있다면 대체해야 한다.

동물 실험과 다른 임상 결과 사례
- 페니실린 : 동물 실험에서 쥐에게는 기형아 출산, 고양이에게는 사망을 일으켰지만, 인간에게는 아무런 부작용을 일으키지 않았다.
- 탈리도마이드 : 입덧 치료제인 이 약은 동물 실험에서는 안전한 약으로 판정받았지만, 이 약을 복용한 임산부는 기형아를 낳았다.

실/전/맛/보/기

다음에서 동물 실험을 반대하는 관점에만 '✔'를 표시한 학생은?

관점 \ 학생	A	B	C	D
• 동물 실험은 신약 개발을 위해 반드시 필요하다.	✔			✔
• 동물 실험 과정에서 동물이 부당하게 고통을 겪고 있다.		✔		✔
• 동물은 인간의 이익을 위해 사용되는 수단에 불과하다.			✔	

① A　② B
③ C　④ D

2. 동물 권리에 대한 다양한 입장

(1) 인간 중심주의 관점 : 동물은 도덕적으로 고려받을 권리를 가지지 않는다는 입장

데카르트	• 동물은 단순히 움직이는 기계이므로 인간의 필요에 의해 사용될 수 있음. • "동물은 움직이는 기계에 불과하다. 동물에게는 영혼이 없어서 쾌락이나 고통을 느낄 수 없기 때문이다."
칸트	• 동물은 인간의 목적을 위한 수단이지만, 인간성을 훼손하지 않기 위해 동물을 간접적으로 고려할 도덕적 의무가 있음. • "동물을 잔혹하게 대우하는 것을 반대하는 이유는 동물 자체를 위해서가 아니라 그것이 인간의 품위를 손상하는 행위이기 때문이다."

(2) 동물 중심주의적 관점 : 동물은 도덕적으로 고려받을 권리를 가진다는 입장

선생님의 도움 Tip

동물 실험에 대한 싱어의 입장을 묻는 문제가 자주 출제됩니다.

실전 맛보기 해설 및 정답

신약 개발을 위해 동물실험이 필요하다고 주장하는 것과 동물을 수단으로 바라보는 관점은 모두 찬성의 입장이다.

정답 ②

싱어의 동물 해방론

쾌고 감수 능력	즐거움과 고통을 느낄 수 있는 능력
이익 관심	이익에 대한 관심
종 차별주의	종이 다르다는 이유로 차별하는 태도

싱어	• 동물은 쾌고 감수 능력을 지니므로 동물의 이익 또한 인간의 이익처럼 평등하게 고려해야 함. → 인간과 동물을 차별하는 것은 종 차별주의임. • 동물 실험은 동물에게 고통을 유발하므로 부당함.
레건	• 삶의 주체인 동물은 인간과 동일하게 존중받을 권리가 있음. • 동물 실험은 동물의 권리를 존중하지 않고 단지 동물을 인간을 위한 수단으로 이용하는 것이므로 부당함. → 삶의 주체인 동물의 내재적 가치를 존중해야 함.

실/전/맛/보/기

다음에서 동물 중심주의 사상가인 싱어(Singer, P.)의 관점에만 '✔'를 표시한 학생은?

관점 \ 학생	A	B	C	D
• 인간은 도덕적 행위 능력을 지닌다.	✔		✔	✔
• 동물의 고통을 무시하는 행위는 '종 차별주의'이다.	✔	✔	✔	
• 생태계 전체가 도덕적으로 고려해야 하는 대상이다.	✔	✔		✔

① A ② B
③ C ④ D

실전 맛보기 해설 및 정답

동물 중심주의 사상가인 싱어는 공리주의에 근거하여 '동물 해방론'을 주장하였고 도덕적 고려의 기준은 쾌고 감수 능력으로 동물도 쾌락과 고통을 느끼므로 도덕적 고려의 대상이며, 고통에서 해방되어야 한다고 주장하였다. 또한 '이익 평등 고려의 원칙'에 근거해 인간을 차별하고 동물을 차별하는 태도를 종 차별주의라고 비판하였다.

정답 ③

필/수/개/념 TEST

01 인간 개체 복제에 대한 찬성의 입장에는 '찬', 반대의 입장에는 '반'이라고 쓰시오.

(1) 불임 부부에게 자녀를 가질 수 있는 희망이 된다. (　　)

(2) 복제 기술이 안정화되어 부작용이 거의 없다. (　　)

(3) 자연스러운 출산 과정에 어긋난다. (　　)

(4) 인간의 생명이 수단화되어 인간의 존엄성이 훼손될 수 있다. (　　)

(5) 인간 복제는 가족 관계에 혼란을 준다. (　　)

02 동물 실험에 대한 찬성의 입장에는 '찬', 반대의 입장에는 '반'이라고 쓰시오.

(1) 동물 실험의 결과의 적용으로 인간에게 부작용이 발생한다. (　　)

(2) 동물 실험 이외의 대안적 실험의 한계가 존재한다. (　　)

(3) 동물 실험의 결과가 인간에게도 유효하다. (　　)

(4) 동물 실험자에게 정서적 문제가 생길 수 있다. (　　)

03 동물 실험에 대한 견해를 통해 관련된 사상가를 쓰시오.

(1) 인간성을 훼손하지 않기 위해 동물을 간접적으로 고려할 도덕적 의무가 있다. (　　　　)

(2) 동물도 쾌고 감수 능력을 지니기 때문에 동물의 이익도 동등하게 고려해야 한다. (　　　　)

(3) 삶의 주체가 될 수 있는 동물은 그 자체로 목적으로 대우해야 한다. (　　　　)

(4) 동물은 단순한 기계이므로 고통과 쾌락을 경험하지 못한다. (　　　　)

필수개념 TEST 정답

01 (1) 찬 (2) 찬 (3) 반 (4) 반 (5) 반

02 (1) 반 (2) 찬 (3) 찬 (4) 반

03 (1) 칸트 (2) 싱어 (3) 레건 (4) 데카르트

03 사랑과 성 윤리

• 핵심키워드 : 사랑과 성 의미와 바람직한 관계, 성 관련 윤리 문제를 통한 바람직한 윤리관 정립

1 사랑과 성의 관계

1. 사랑과 성의 의미

(1) 사랑의 의미 : 인간의 근원적 감정으로, 어떤 사람이나 존재를 아끼고 소중히 여기는 마음

선생님의 도움 Tip

프롬의 사랑의 요소를 묻는 문제가 자주 출제됩니다.

(2) 프롬의 사랑의 요소 : 책임, 이해, 존경, 보호(관심)

(3) 성의 의미 : 사랑이 가지는 인격적 가치가 성을 통해 실현될 수 있다.

① 생식적 가치 : 종족 보존, 생명을 탄생시키는 원천

② 쾌락적 가치 : 인간의 감각적 욕구 충족

③ 인격적 가치 : 상호 간의 존중과 배려 실현

실/전/맛/보/기

프롬(Fromm, E.)이 주장하는 사랑의 기본 요소에 해당하지 않는 것은?

① 관심　　② 집착

③ 배려　　④ 존중

2. 사랑과 성의 관계에 대한 다양한 관점

선생님의 도움 Tip

사랑과 성의 관점을 묻는 문제가 자주 출제됩니다.

프롬(Fromm, E.)
독일의 정신 분석학자이고 인문주의 철학자이다. 저서로 『소유냐 존재냐』, 『사랑의 기술』 등이 있다.

사랑에 대한 프롬의 입장
- 책임 : 상대의 요구에 책임 있게 반응하는 것
- 이해 : 상대의 독특한 개성을 알며 그를 깊이 이해하는 것
- 존경 : 지배하고 소유하는 것이 아니라 상대를 있는 그대로 보는 것
- 보호, 관심 : 사랑하는 사람의 생명과 성장에 적극적 관심을 갖고 보호하는 것

감각적 쾌락과 쾌락의 역설
감각적 쾌락에 집착하여 그것만을 추구하다 보면 쾌락보다는 오히려 권태와 고통을 얻게 되는 '쾌락의 역설'이 발생할 수 있다.

실전 맛보기 해설 및 정답

프롬은 사랑의 요소로 책임, 이해, 존경, 보호를 주장하였다.

정답 ②

보수주의	• 결혼이라는 합법적 제도 안에서 출산, 양육에 대한 책임을 질 수 있는 성을 추구 • 결혼을 통한 성적 관계만을 인정함.
중도주의	• 보수주의와 자유주의의 관점을 절충 • 사랑 중심의 성 윤리를 제시함('사랑이 있는 성은 옳다.'). • 사랑이 동반된 성적 관계를 허용함.
자유주의	• 자발적 동의 중심의 성 윤리를 지시함. • 결혼, 사랑과 결부되지 않아도 성적 관계는 정당화될 수 있음. • 타인에게 해악을 주지 않는 범위 내에서 개인의 자유로운 선택에 따른 성적 자유를 허용함.

실/전/맛/보/기

(가)에 들어갈 성과 사랑의 관계에 대한 관점은?

(가)
- 성과 사랑은 결부할 필요가 없음.
- 결혼을 하지 않아도 성적 관계가 가능함.
- 성에 대한 개인의 자유로운 선택을 강조함.

① 자유주의 ② 보수주의
③ 도덕주의 ④ 중도주의

2 성과 관련된 윤리적 문제

성 차별	• 의미 : 여성 혹은 남성이라는 이유로 사회적·문화적·경제적으로 부당한 대우를 하는 것 • 남녀 간 차이 인정, 다양성과 개성을 인정하는 양성평등을 실현해야 함.
성적 자기결정권*	• 인간이 자신의 성적 행동을 스스로 결정할 수 있는 권리 • 외부의 부당한 압력, 타인의 강요 없이 스스로의 의지와 판단으로 자신의 성적 행동을 결정함.
성 상품화*	• 성을 상품처럼 사고팔거나, 다른 상품을 팔기 위해 성을 수단으로 이용하는 것 • 찬성 : 합법적으로 성을 상품화하여 이윤을 추구하는 것은 자본주의적 가치에 부합함. • 반대 : 인간을 목적이 아닌 수단으로만 대우하는 행위

사랑과 성에 대한 다양한 관점
보수주의는 성적 행위의 전제를 결혼에, 중도주의는 사랑에, 자유주의는 상호 간 동의에 둔다.

여성주의 윤리
여성이 남성과 동등한 지위와 권리를 갖고 직업과 생활양식을 스스로 결정할 수 있는 양성평등을 지향하는 윤리이다.

배려 윤리
보편성, 합리성에 치중한 남성 중심의 정의 윤리를 보완하기 위해 돌봄, 공감, 관계성 등 여성 중심의 덕목을 중시하는 윤리이다.

자기결정권
다른 사람의 권리를 침해하지 않는 한 자신에 관한 일을 스스로 결정하고 행동할 권리

성 상품화
광고, 영화, 공연 등에서 성적 이미지를 직·간접적으로 이용하여 이윤을 추구하는 것

실전 맛보기 해설 및 정답

자유주의 입장은 자발적인 동의 중심의 성 윤리를 제시한다. 이 입장은 성숙한 성인의 자발적 동의에 따라 이루어지는 성적 관계를 옹호하며, 성에 관한 개인의 자유로운 선택을 중시한다.

정답 ①

PART 02

실/전/맛/보/기

양성평등의 실현을 위한 방안으로 적절하지 않은 것은?

① 잘못된 성 차별 문화 개선
② 학교에서 양성평등 교육 강화
③ 남성 중심의 가부장적 문화 계승
④ 성 차별 극복을 위한 법과 제도의 개선

3 결혼과 가족의 윤리

1. 결혼과 부부윤리

(1) 결혼의 윤리적 의미

① 결혼 : 남녀가 정식으로 부부가 되는 것을 사회적으로 인정하는 제도

② 윤리적 의미 : 개인의 행복 증진, 사회의 유지・발전

(2) 부부간의 윤리

동양	• 음양론* : 부부는 상호 보완적이고 대등한 관계로 서로 공경해야 함. • 상경여빈* : 부부간의 공경을 중요한 덕목으로 강조함.
서양	• 개인의 자유와 주체성 강조 ➜ 부부간에 균형과 조화의 태도 지향 • 보부아르* : 부부는 각 주체로서 평등한 관계를 유지해야 함. • 길리건 : 부부는 서로 보살핌을 주고받는 관계가 되어야 함.
현대	• 부부간의 윤리는 양성평등의 관점에서 바라보아야 함. • 서로를 동등한 주체로 존중하고 평등한 관계를 유지해야 함. • 각자의 역할에 최선을 다하고 서로의 다름과 역할을 존중함.

실/전/맛/보/기

다음 설명에 해당하는 것은?

인간관계의 출발점인 가정을 구성하는 것으로 예로부터 인륜지대사(人倫之大事)라 일컬음.

① 우정　　② 결혼
③ 효도　　④ 공감

음양론(陰陽論)
음양론에 따르면 음과 양은 홀로 독립하여 존재할 수 없고, 서로를 필요로 하며, 서로를 존립 가능하게 하는 상호 의존 관계에 있다.

상경여빈(相敬如賓)
부부는 가장 친밀한 사이지만, 부부가 서로 공경하기를 손님같이 대한다는 의미

백년가약(百年佳約)
남녀가 부부가 되어 평생을 같이 지낼 것을 다짐하는 아름다운 언약을 뜻한다.

보부아르
"여성은 태어나는 것이 아니라 여성으로 만들어진다."라고 말하며 성 차별을 지적하였다.

실전 맛보기 해설 및 정답

성 차별을 극복하기 위해서는 남녀의 차이를 인정하면서도 고정된 성 역할을 강조하지 않으며 능력에 따라 평등하게 대우하는 양성 평등적 자세가 필요하다.

정답 ③

실전 맛보기 해설 및 정답

인륜지대사 : 인간이 살아가면서 하는 큰 일로 조선 시대의 유교 사상과 맞물려 일반적으로는 혼인을 의미한다.

정답 ②

2. 가족의 가치와 가족 윤리

(1) 가족의 의미와 역할

의미	혼인, 혈연, 입양 등으로 이루어지는 공동체
역할	• 개인을 안정되게 양육하는 토대 제공 • 사회의 규범과 예절을 습득할 수 있도록 사회화 • 바람직한 인격을 형성할 수 있는 기반 제공

(2) 가족 해체 현상

① 원인 : 사회 구조의 변화와 의학 기술의 발전 등으로 혼인율과 출산율 급격한 감소, 홀로 사는 노인층과 젊은층의 1인 가구 증가 등

② 전통적 가족 윤리

부모와 자녀 관계	• 부자유친(父子有親) : 부모와 자녀 간에는 친밀함이 있어야 함. • 부자자효(父慈子孝) : 부모는 자녀에게 자애를 실천하고, 자녀는 부모에게 효를 실천해야 함.
부부 관계	부부유별*, 부부상경*의 실천 ➜ 부부는 차별적 관계가 아닌 구별된 역할 속에서 서로의 인격을 존중해야 함.
형제 관계	• 형우제공(兄友弟恭) : 형은 동생에게 우애를 실천하고, 동생은 형을 공경해야 함. • 수족지의(手足之義) : 형제 관계는 손과 발처럼 세상에서 가장 가까운 사이

실/전/맛/보/기

부부간의 바람직한 윤리적 자세로 옳지 않은 것은?

① 부부는 서로 신의를 지켜야 한다.
② 부부는 동등한 존재임을 인식해야 한다.
③ 부부는 상대방을 존중하고 배려해야 한다.
④ 부부는 고정된 성 역할을 절대시해야 한다.

가화만사성(家和萬事成)
집안이 화목하면 모든 일이 잘 이루어진다는 뜻으로, 모든 일은 가정에서부터 비롯된다는 말이다. 예부터 가정의 화목은 가정을 다스리는 가장 핵심적인 요소이자 사회 생활의 근본으로 중시 되었다.

부부유별(夫婦有別)
남편과 아내의 역할에는 구별이 있다는 뜻

부부상경(夫婦相敬)
부부가 서로 공경해야 한다는 뜻

실전 맛보기 해설 및 정답

결혼이 지니는 윤리적 의미는 자연스럽게 부부간의 윤리와 연결된다. 현대 사회에서 부부간의 윤리는 양성평등의 관점에서 바라보아야 한다. 왜냐하면 부부간 사랑의 약속과 완전한 사랑의 연합은 서로를 동등하게 대우할 때 성립할 수 있기 때문이다.

정답 ④

PART 02

필/수/개/념 TEST

01 다음 괄호에 들어갈 용어를 쓰시오.

(1) 에리히 프롬의 사랑은 (　　　　　　　), 존경, 이해, 보호 등과 같은 인격적 가치가 내포되어야 한다.

(2) 성의 (　　　　　　　) 가치는 상호 간의 존중과 배려를 실천하고 자아실현과 인격 완성에 기여하는 것이다.

(3) 사랑과 성을 바라보는 관점 중 (　　　　　　　)은/는 결혼과 결부되지 않아도 사랑을 동반한 성적 관계는 허용된다.

(4) (　　　　　　　)은/는 여성 혹은 남성이라는 이유로 사회적・문화적・경제적으로 부당한 대우를 하는 것이다.

(5) 부부간의 윤리 중 (　　　　　　　)은/는 부부간에는 해야 할 역할이 구분되어 있으므로 상호 존중해야 함을 의미한다.

(6) 전통적 가족 윤리에서 (　　　　　　　)은/는 부모와 자녀 간에는 친밀함이 있어야 함을 의미한다.

(7) 전통적 가족 윤리에서 (　　　　　　　)은/는 형은 동생에게 우애를 실천하고, 동생은 형을 공경해야 함을 의미한다.

02 다음 설명이 맞으면 ○표, 틀리면 ×표를 하시오.

(1) 프롬의 입장에서 사랑은 자신을 희생하여 상대방이 원하는 것을 들어주는 것이다. (　　)

(2) 중도주의자는 자발적인 동의에 근거한 성적 관계는 항상 정당하다고 본다. (　　)

(3) 성에 대한 자유주의적 관점에서는 모든 성적 행위는 정당화될 수 있다고 본다. (　　)

(4) 남녀가 정식으로 부부가 되는 것을 인정하는 사회 제도를 결혼이라고 한다. (　　)

(5) 전통적 가족 윤리 중 부부상경은 부부가 서로 공경하기를 손님같이 대해야 함을 의미한다. (　　)

필수개념 TEST 정답

01 (1) 책임
(2) 인격적
(3) 중도주의
(4) 성 차별
(5) 부부유별
(6) 부자유친
(7) 형우제공

02 (1) ×
(2) ×
(3) ×
(4) ○
(5) ○

EBS 교육방송교재

PART 02

적중예상문제

정답 및 해설 별책 9p

01 출생과 관련된 윤리적 쟁점으로 옳지 않은 것은?

① 안락사
② 생명 복제
③ 생식 보조술
④ 인공 임신 중절

02 다음의 죽음의 견해와 관련 깊은 사상가는?

> 삶과 죽음은 기(氣)가 모였다가 흩어지는 것이며, 죽음은 사계절의 변화나 밤낮의 변화와 같이 자연적이고 필연적인 과정이다.

① 공자　② 장자
③ 플라톤　④ 하이데거

03 인공 임신 중절을 찬성하는 입장의 내용으로 옳은 것을 〈보기〉에서 고른 것은?

> 보기
> ㄱ. 태아는 아직 인간이 아니다.
> ㄴ. 태아는 임신부와 별개의 생명체이다.
> ㄷ. 여성은 자기 방어와 정당방위의 권리가 있다.
> ㄹ. 태아는 성장 상태와 상관없이 생명의 주체이다.

① ㄱ, ㄴ　② ㄱ, ㄷ
③ ㄴ, ㄹ　④ ㄷ, ㄹ

04 갑과 을의 주장과 관련된 동서양의 죽음관으로 바르게 연결된 것은?

> 갑 : 사람을 섬길 줄도 모르면서 어떻게 귀신을 섬길 수 있으며, 삶도 아직 모르면서 어떻게 죽음을 알겠는가?
> 을 : 전생에 뿌려진 씨앗은 이번 생에 받는 것이고, 다음 생에 거둘 열매는 이번 생에 행하는 바로 그것이다.

	갑	을
①	공자	불교
②	장자	플라톤
③	플라톤	공자
④	불교	장자

05 다음은 학생의 노트 필기 내용이다. ㉠~㉣ 중 옳지 않은 것은?

> **〈동서양 사상의 자살에 대한 입장〉**
>
> 1. 동양 사상의 입장
> - 유교 : 부모로부터 물려받은 육체를 함부로 훼손하지 않는 것이 효의 시작임. ……………… ㉠
> - 불교 : 불살생의 계율에 따라 모든 생명을 소중히 여기고 존중해야 함. ……………… ㉡
>
> 2. 서양 사상의 입장
> - 칸트 : 자살은 고통에서 벗어나기 위해 자기 인격을 수단으로 대우한 것임. ……………… ㉢
> - 아퀴나스 : 자살은 문제의 해결이 아니라 회피하는 것임. ……………… ㉣

① ㉠ ② ㉡
③ ㉢ ④ ㉣

06 밑줄 친 부분을 통해 알 수 있는 죽음과 관련된 윤리적 쟁점으로 옳은 것은?

> 어원상 그리스어 'eu'와 'thanatos'의 합성어로서 '좋은 죽음' 또는 '편안한 죽음'이라는 의미이다. <u>오늘날에는 치유될 수 없는 질병으로 죽음을 앞둔 사람의 고통을 덜어 주기 위해 그를 죽음에 이르게 하는 것</u>을 의미한다.

① 자살 ② 뇌사
③ 심폐사 ④ 안락사

07 뇌사를 죽음으로 인정하는 입장으로 옳지 <u>않은</u> 것은?

① 죽음을 판정하는 전통적인 기준을 따라야 한다.
② 뇌 기능이 정지하면 심장과 폐의 기능도 정지한다.
③ 뇌사 판정은 의료 자원의 효율적 이용에 도움이 된다.
④ 뇌 기능의 정지는 인간 고유의 기능을 수행할 수 없음을 의미한다.

08 다음과 관련된 장기 이식의 윤리적 문제는?

> 기증받은 장기가 부족한 상황에서 어느 환자에게 먼저 이식할 것인지에 대한 문제가 발생한다.

① 죽음의 판정 기준과 관련된 문제
② 장기 기증자의 자율성 보장 문제
③ 확보된 장기의 공정한 분배 문제
④ 장기 기증자에 대한 적절한 보상 문제

09 **동물 복제를 찬성하는 근거로 옳지 않은 것은?**

① 멸종 동물을 복원할 수 있다.
② 희귀 동물을 보존할 수 있다.
③ 종의 다양성을 훼손할 수 있다.
④ 우수한 품종 개발로 생명 과학을 발전시킬 수 있다.

10 **인간 배아 복제를 찬성하는 근거로 적절한 것만을 〈보기〉에서 모두 고른 것은?**

보기
ㄱ. 배아는 인간이라는 종(種)에 속한다.
ㄴ. 배아 세포는 나중에 성장할 존재와 도덕적 측면에서 동일하다.
ㄷ. 인간의 발달 과정은 비연속적이며, 선명한 경계선이 존재한다.
ㄹ. 여성의 건강권과 인권보다 배아의 경제적 효용 가치가 우선한다.

① ㄱ, ㄴ　② ㄱ, ㄹ
③ ㄴ, ㄷ　④ ㄷ, ㄹ

11 **다음에서 설명하는 윤리적 논쟁으로 옳은 것은?**

질병을 치료하기 위해 체세포 또는 생식 세포 안에 정상 유전자를 넣어 유전자의 기능을 바로잡거나 이상 유전자 자체를 바꾸는 치료법

① 동물 복제　② 인간 복제
③ 동물 실험　④ 유전자 치료

12 **다음에서 설명하는 원칙에 대한 설명으로 옳은 것은?**

동물 실험의 3아르(R) 원칙이란 감소(Reduction), 개선(Refinement), 대체(Replacement)의 원칙을 말한다. 즉, 다른 실험 대상이나 방법으로 대체할 수 있어야 하고, 동물의 고통을 최소화할 수 있도록 실험 절차를 개선해야 하며, 최소의 희생을 위해서 실험에 이용하는 동물의 수를 줄여야 한다는 것이다.

① 동물 실험을 원천적으로 중단해야 한다.
② 생명을 해치는 모든 행위를 중단해야 한다.
③ 동물의 생명을 존중하고 소중하게 다루어야 한다.
④ 동물 실험은 인간의 이익을 극대화하는 수단이 되어야 한다.

13 **㉠에 들어갈 내용으로 옳지 않은 것은?**

나는 동물 실험을 절대로 허용해서는 안 된다고 생각한다.
왜냐하면 (　　　　㉠　　　　)

① 동물의 내재적 가치를 존중해야 하기 때문이다.
② 인간은 동물과 근본적으로 다른 존재 지위를 가지고 있기 때문이다.
③ 동물의 도덕적 지위를 인간과 동일하게 인정해야 하기 때문이다.
④ 동물이 다른 목적을 위해 희생되거나 고통을 받아서는 안 되기 때문이다.

14 다음 내용과 관련된 서양 사상가로 옳은 것은?

> 만약 어떤 존재가 고통을 느낄 수 없거나 즐거움이나 행복을 누릴 수 없다면, 거기에서 고려할 바는 아무것도 없다. 따라서 쾌고 감수 능력은 다른 존재들의 이익에 관심을 가질지의 여부를 판가름하는, 우리가 옹호할 수 있는 유일한 경계가 되는 것이다.

① 싱어　② 칸트
③ 벤담　④ 데카르트

15 프롬이 제시한 사랑의 요소로 옳지 않은 것은?

① 보호　② 책임
③ 이해　④ 소유

16 다음 내용과 관련된 사랑과 성의 관계에 대한 입장으로 가장 적절한 것은?

> • 사랑 중심의 성 윤리
> • 성과 사랑을 결혼과 결부시키지 않음.
> • 사랑이 있는 성적 관계는 옳고, 사랑이 없는 성적 관계는 도덕적으로 옳지 않다는 입장

① 의무론　② 보수주의
③ 중도주의　④ 자유주의

17 ㉠에 들어갈 내용으로 가장 적절한 것은?

> 성적 이미지를 활용한 성의 상품화는 절대 허용되어서는 안 된다. 왜냐하면 성의 상품화는 (　　㉠　　).

① 성의 인격적 가치를 존중하는 것이기 때문이다.
② 성의 본래적 의미를 변질시킬 수 있기 때문이다.
③ 이윤 극대화를 추구하는 논리에 부합하기 때문이다.
④ 성적 취향의 다양성을 존중하는 논리이기 때문이다.

18 부모와 자녀 간의 윤리로 옳지 않은 것은?

① 부모는 자녀의 자율성을 존중해 주어야 한다.
② 자녀는 부모에게 물질적으로만 봉양해야 한다.
③ 자녀는 부모의 은혜에 보답하는 마음을 가져야 한다.
④ 부모는 자녀가 올바른 가치관을 형성하도록 도와야 한다.

19 **전통 사회에서 강조한 부부 윤리와 가족 윤리에 대한 설명으로 옳지 않은 것은?**

① 부부유별(夫婦有別) – 남편과 아내의 역할에는 구별이 없다.
② 부자유친(父子有親) – 부모와 자녀 사이에는 친애가 있어야 한다.
③ 형우제공(兄友弟恭) – 형은 아우를 사랑하고 아우는 형을 공경해야 한다.
④ 부부상경(夫婦相敬) – 부부가 서로 상대의 인격과 역할을 존중해야 한다.

20 **현대 부부간의 윤리에 대한 설명으로 옳은 것은?**

ㄱ. 부족한 점은 서로 보완한다.
ㄴ. 엄격한 위계 질서를 확립한다.
ㄷ. 성별에 따른 역할 차이를 구분한다.
ㄹ. 서로의 인격을 존중하고 동등하게 대우한다.

① ㄱ, ㄴ ② ㄱ, ㄹ
③ ㄴ, ㄷ ④ ㄷ, ㄹ

기출문제 체크

정답 및 해설 별책 11p

01 ㉠에 들어갈 토론의 주제로 가장 적절한 것은?

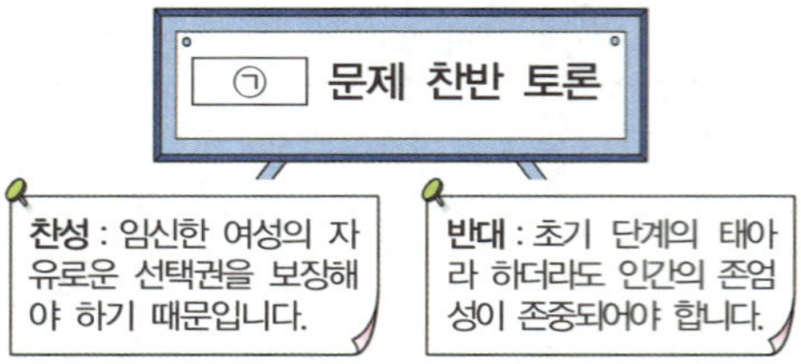

㉠ 문제 찬반 토론
찬성 : 임신한 여성의 자유로운 선택권을 보장해야 하기 때문입니다.
반대 : 초기 단계의 태아라 하더라도 인간의 존엄성이 존중되어야 합니다.

① 낙태 ② 인간 복제
③ 인체 실험 ④ 유전자 조작

02 다음 사상가가 삶과 죽음에 대해 강조하는 윤리적 태도로 가장 적절한 것은?

> 인간은 언제나 죽음과 함께 하고 있다. 죽음을 외면하지 말고 항상 죽음은 자기의 것이라는 사실을 인지하면서 살아가야 한다.
> – 하이데거(Heidegger, M.) –

① 죽음을 회피하고자 노력해야 한다.
② 감각적 쾌락을 추구하는 삶을 살아야 한다.
③ 죽음을 자각하고 삶을 더욱 의미 있게 살아야 한다.
④ 죽음 이후의 세계에 대해서는 관심을 갖지 말아야 한다.

03 ㉠, ㉡에 들어갈 말을 짝지은 것으로 옳은 것은?

> • 석가모니는 죽음을 수레바퀴가 구르는 것과 같이 다음 생으로 이어지는 (㉠)의 한 과정으로 본다.
> • 장자는 죽음을 (㉡)의 흩어짐으로 정의하여 생사를 사계절의 운행과 같은 자연의 순환 과정 중 하나로 본다.

	㉠	㉡
①	윤회(輪廻)	기(氣)
②	윤회(輪廻)	해탈(解脫)
③	해탈(解脫)	오륜(五倫)
④	오륜(五倫)	기(氣)

04 ㉠에 들어갈 내용으로 가장 적절한 것은?

> **도 덕 신 문** 2022년 ○월 ○일
>
> **___㉠___의 윤리적 쟁점**
>
> 불치병으로 극심한 고통을 겪고 있는 환자의 요구에 따라 인위적으로 생명을 단축하는 행위의 허용 문제는 논란이 될 수 있다. 왜냐하면 이 문제는 생명의 존엄성과 관련하여 심각한 윤리적 문제를 발생시킬 수 있기 때문이다.

① 안락사 ② 대리모
③ 장기 이식 ④ 배아 복제

05 다음 ㉠에 들어갈 토론 주제로 가장 적절한 것은?

(㉠)에 대한 의견을 말해 볼까요?
치유 불가능한 환자에게 과다한 경비를 사용하는 것은 환자와 가족에게 경제적으로 부담이 매우 큽니다.
환자의 삶을 인위적으로 중단시키는 행위는 자연의 질서에 어긋나며 생명 존엄성을 훼손하는 행위입니다.

① 안락사
② 인종 차별
③ 생명 복제
④ 유전자 변형 농산물

06 안락사에 반대하는 입장의 근거를 〈보기〉에서 고른 것은?

보기
ㄱ. 오진 가능성이 존재한다.
ㄴ. 안락사가 쉽게 남용될 수 있다.
ㄷ. 환자 본인의 고통을 경감시킬 수 있다.
ㄹ. 연명 치료에 들어가는 비용을 줄일 수 있다.

① ㄱ, ㄴ　② ㄱ, ㄷ
③ ㄴ, ㄷ　④ ㄷ, ㄹ

07 (가), (나)에 들어갈 내용으로 적절하지 않은 것은?

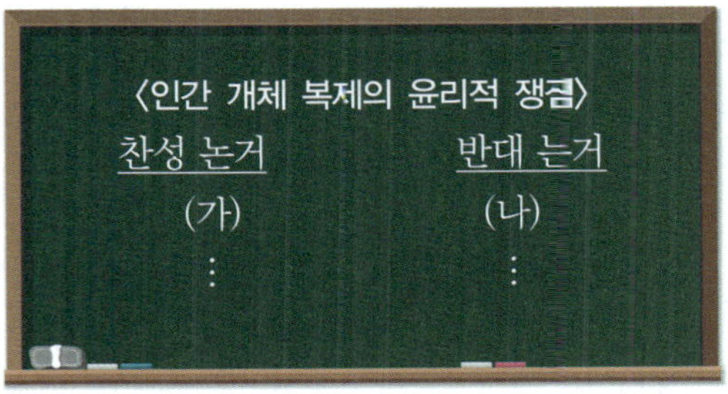

① (가) : 가족 관계를 명확하게 할 수 있다.
② (가) : 불임 부부의 고통을 해소할 수 있다.
③ (나) : 인간의 존엄성을 훼손할 수 있다.
④ (나) : 자연의 고유한 질서를 해칠 수 있다.

08 (가), (나)에 들어갈 내용으로 적절하지 않은 것은?

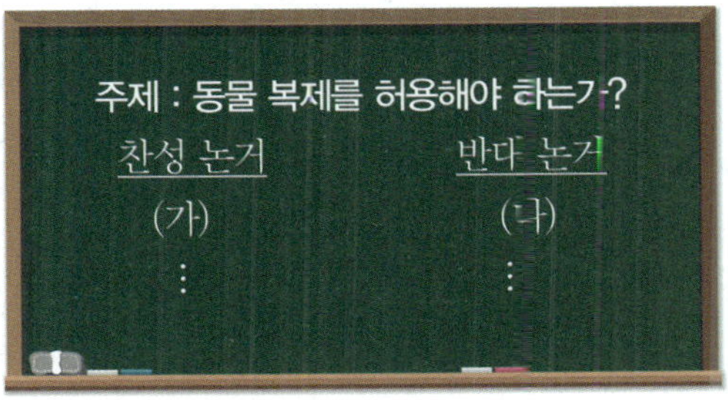

① (가) : 희귀 동물을 보호할 수 있다.
② (가) : 우수한 품종을 개발할 수 있다.
③ (나) : 자연의 고유한 질서에 어긋난다.
④ (나) : 동물 종의 다양성 보존에 기여한다.

09 다음 내용에 해당하는 현대 사회의 윤리적 문제점은?

- 장기 매매, 자살, 유괴, 동물 학대
- 인간 배아 복제, 대리모, 안락사 등의 논쟁

① 정보 남용　② 정치 갈등
③ 환경 파괴　④ 생명 경시

10 다음 신문 사설의 제목으로 ㉠에 들어갈 말은?

제○○호　도덕신문　2019년 ○월 ○일

___㉠___의 윤리적 쟁점

살아 있는 사람을 직접 실험과 연구의 대상으로 삼는 일은 신중해야 한다. 의료 기술을 발전시키기 위해서 인간을 대상으로 하는 실험이 불가피한 경우도 있지만, 실험 대상자의 선정이나 피해와 관련하여 윤리적 문제가 발생할 수 있기 때문이다.

① 동물 복제
② 식물 실험
③ 인체 실험
④ 동물 유전자 실험

11 그림의 ㉠에 들어갈 용어로 가장 적절한 것은?

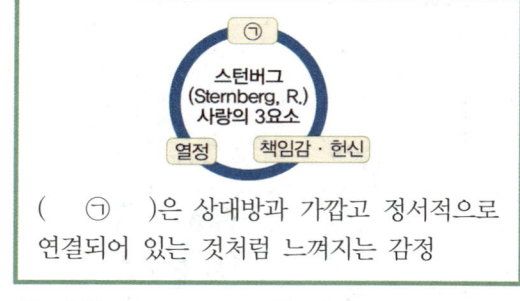

(㉠)은 상대방과 가깝고 정서적으로 연결되어 있는 것처럼 느껴지는 감정

① 집착　② 편견
③ 무관심　④ 친밀감

12 ㉠에 들어갈 용어로 적절한 것은?

■ 프롬(Fromm, E.) 사랑의 4요소 ■

㉠	책임	이해	보호

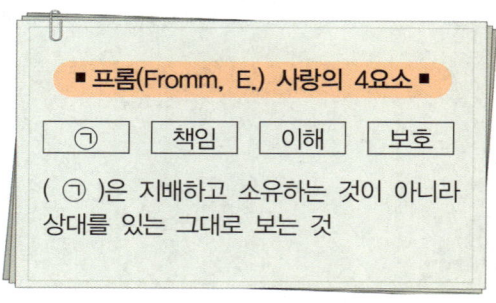

(㉠)은 지배하고 소유하는 것이 아니라 상대를 있는 그대로 보는 것

① 존경　② 집착
③ 단절　④ 금욕

13 ㉠에 들어갈 용어로 적절한 것은?

① 소유　② 집착
③ 책임　④ 무관심

14 다음 설명에 해당하는 개념은?

> 성(性) 문제에 있어 자신이 원하는 성적 행동을 할 수 있는 권리일 뿐 아니라 자신이 원치 않는 성적 행동을 거부할 수 있는 권리이다.

① 자아실현권　　② 지적재산권
③ 단체행동권　　④ 성의 자기결정권

15 ㉠에 들어갈 성(性)의 가치로 적절한 것은?

생식적 가치	성(性)은 새로운 생명을 탄생시키는 원천이다.
㉠	성(性)은 남녀 상호 간의 존중과 배려를 실현해 준다.

① 교환적 가치　　② 인격적 가치
③ 수단적 가치　　④ 물질적 가치

16 ㉠, ㉡에 들어갈 사랑과 성에 대한 관점으로 옳은 것은?

(㉠)	결혼이라는 합법적 테두리 내에서 이루어진 성적 관계만이 정당하다.
(㉡)	타인에게 피해를 주지 않고 성인이 자발적으로 동의한다면 사랑 없는 성적 관계도 가능하다.

	㉠	㉡
①	중도주의	보수주의
②	보수주의	자유주의
③	자유주의	중도주의
④	보수주의	중도주의

17 다음에 해당하는 사랑과 성의 관계에 대한 관점은?

> • 결혼을 통해 이루어지는 성적 관계만이 옳다.
> • 배우자가 아닌 다른 사람과의 성적 관계는 부도덕하다.

① 자유주의　　② 중도주의
③ 보수주의　　④ 공리주의

18 양성평등을 실현하기 위한 노력에 해당하는 것을 〈보기〉에서 고른 것은?

> 보기
> ㄱ. 성 차이 인정
> ㄴ. 상호 인격 존중
> ㄷ. 출산 휴가 제한
> ㄹ. 성 역할에 대한 고정 관념에 집착

① ㄱ, ㄴ　　② ㄱ, ㄷ
③ ㄴ, ㄷ　　④ ㄷ, ㄹ

19 (가)에 들어갈 용어로 적절한 것은?

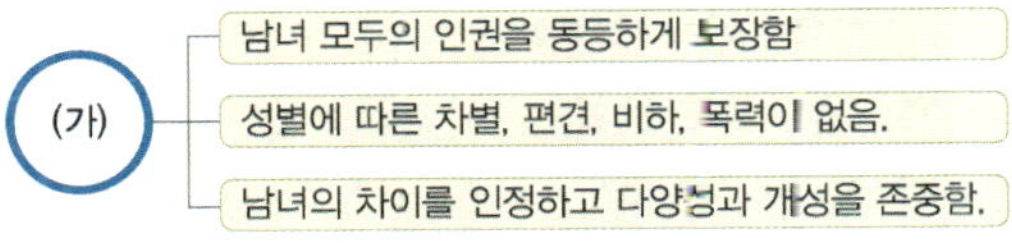
(가)
남녀 모두의 인권을 동등하게 보장함
성별에 따른 차별, 편견, 비하, 폭력이 없음.
남녀의 차이를 인정하고 다양성과 개성을 존중함.

① 성 차별　　② 성폭력
③ 양성평등　　④ 성 상품화

20 다음 (　　)에 들어갈 알맞은 말은?

• 체크리스트를 통해 자신의 (　　) 의식을 점검해 보자.

번호	항목	O	×
1	남자는 다른 사람 앞에서 울지 않는다.		
2	딸은 여성답게, 아들은 남성답게 키워야 한다.		
3	설거지를 하거나 식사 준비를 하는 남자는 한심하다.		
4	남성과 여성은 생물학적 차이가 뚜렷하기 때문에 맡아야 하는 사회적 역할이 다른 것은 당연하다.		

① 진로　　② 청렴
③ 평화통일　　④ 양성평등

21 다음과 같은 입장을 주장한 윤리적 문제 접근 방식은?

> 윤리적 결정을 내릴 때에는 보편적인 도덕 원리보다는 상황의 특수성과 인간 관계, 책임, 공감 등을 고려하여 판단할 것을 강조한다. 대표적인 학자는 길리건, 나딩스이다.

① 의무론　　② 공리주의
③ 금욕주의　　④ 배려 윤리

22 배려 윤리의 특징을 〈보기〉에서 고른 것은?

> 보기
>
> ㄱ. 공감 중심　　ㄴ. 자기 중심
> ㄷ. 관계 중시　　ㄹ. 이윤 중시

① ㄱ, ㄴ　　② ㄱ, ㄷ
③ ㄴ, ㄹ　　④ ㄷ, ㄹ

23 배려 윤리의 특징으로 거리가 먼 것은?

① 보편 타당한 의무를 강조한다.
② 사랑, 자비, 배려를 중요시한다.
③ 관계와 상황의 특수한 맥락을 고려한다.
④ 다른 사람의 고통을 공감하는 것에 주목한다.

24 다음 내용이 설명하는 효의 실천 방법은?

> 부모의 뜻을 헤아려 실천함으로써 부모를 기쁘게 해 드리는 것

① 불혹(不惑)　　② 양지(養志)
③ 이순(耳順)　　④ 맹목(盲目)

25 다음 내용이 공통으로 설명하는 것은?

> • 인간의 가장 기본적인 도리
> • 부모님을 공경하는 마음과 사랑
> • 노인 공경의 실천을 위한 도덕적 기초

① 효도　　② 평화
③ 자율　　④ 우애

26 화목한 가정생활을 위한 부부간의 윤리로 적절하지 않은 것은?

① 서로 인격을 존중해야 한다.
② 부족한 점을 서로 보완하지 말아야 한다.
③ 서로 공경하면서 분별 있게 행동해야 한다.
④ 성별로 인해 생기는 차이점을 이해해야 한다.

27 현대 부부간의 윤리에 대한 올바른 자세는?

① 아내의 일과 남편의 일을 성차별적으로 구분한다.
② 부부간에 엄격하게 고정된 위계질서가 있음을 인정한다.
③ 서로 부족한 점을 상호 보완하여 대등하게 대우한다.
④ 육아는 여성의 몫, 경제 활동은 남성의 몫이라고 생각한다.

28 부부간의 바람직한 윤리적 자세를 〈보기〉에서 고른 것은?

보기
ㄱ. 서로 존중하고 협력해야 한다.
ㄴ. 배려하며 부족함을 보완해야 한다.
ㄷ. 능력 차이를 인정하여 위계 질서를 세워야 한다.
ㄹ. 경제 활동은 남성이, 육아는 여성이 담당해야 한다.

① ㄱ, ㄴ　② ㄱ, ㄷ
③ ㄴ, ㄹ　④ ㄷ, ㄹ

29 다음에서 설명하는 형제간의 도리는?

형은 동생을 벗으로 대하고, 동생은 형을 공경하는 마음으로 대해야 한다.

① 형우제공(兄友弟恭)
② 교우이신(交友以信)
③ 죽마고우(竹馬故友)
④ 붕우유신(朋友有信)

EBS 교육방송교재

고졸 검정고시 도덕

PART

03

사회와 윤리

01 직업과 청렴의 윤리

02 사회 정의와 윤리

03 국가와 시민의 윤리

이 단원은 직업과 청렴의 윤리, 사회 정의와 윤리, 국가와 시민의 윤리를 다루고 있으며, 이와 관련된 여러 가지 윤리적 문제들을 개인의 행복과 공동체 번영의 관점에서 탐구하고, 행복한 삶과 정의로운 사회를 실현하기 위한 도덕적 공동체 의식을 함양하는 것을 목표로 한다. 따라서 직업 윤리의 의미와 청렴의 중요성을 알아보고, 사회 정의를 실현하기 위해 필요한 분배적 정의와 교정적 정의의 윤리적 쟁점에 대하여 살펴본다. 그리고 동서양 사상에 나타난 국가의 역할을 비교해 보고, 민주 시민의 참여 방법을 모색한다.

01 직업과 청렴의 윤리

• 핵심키워드 : 직업의 다양한 관점, 직업 윤리의 성격, 부패 방지와 청렴한 삶의 필요성

1 직업 생활과 행복한 삶

1. 직업과 행복한 삶

(1) 직업의 의미 : 생계를 유지하기 위해 자신의 적성과 능력에 따라 일정 기간 계속하여 종사하는 일

(2) 직업의 기능

개인적	• 경제적으로 안정된 삶을 영위하게 함. • 잠재력을 발휘함으로써 자아를 실현하게 함.
사회적	사회생활에 참여함으로써 사회 발전에 기여함.

동양에서 직업의 단어적 의미
직(職)은 사회적 지위나 역할, 업(業)은 생계 유지를 위한 노동(생업)을 의미한다.

2. 동서양의 직업관

(1) 동양의 직업관

선생님의 도움 Tip
공자와 맹자의 직업관에 대해 묻는 문제가 자주 출제됩니다.

공자	• 자신의 직분에 충실해야 한다는 정명(定名) 사상* 주장 • "임금은 임금답고, 신하는 신하답고, 아버지는 아버지답고, 자식은 자식다워야 한다."
맹자	• 일정한 생업[恒産(항산)]이 있어야 바른 마음[恒心(항심)]을 지닐 수 있음. • 통치자가 구성원의 생계 수단을 마련해 주어야 한다고 주장
정약용	• 직업을 신분적 질서가 아닌 사회 분업에 따라 직능적으로 파악 • 공동체의 필요에 따라 신분과 직능의 구분을 국가가 배정해야 한다고 봄.

정명 사상
'君君臣臣父父子子/군군신신부부자자'라는 글귀는 자기의 맡은 바 직분에 충실해야 함을 나타낸다.

실/전/맛/보/기

다음 내용과 관련된 공자의 사상은?

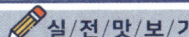

"임금은 임금다워야 하고, 신하는 신하다워야 하며, 부모는 부모다워야 하고, 자식은 자식다워야 한다."

① 겸애(兼愛) ② 정명(正名)
③ 무위(無爲) ④ 해탈(解脫)

(2) 서양의 직업관

선생님의 도움 Tip

칼뱅의 직업관에 대한 문제가 자주 출제됩니다.

플라톤	• 각 계층이 각자의 고유한 덕을 발휘하여 직분에 충실해야 함. • 통치자(지혜), 수호자(용기), 생산자(절제)
칼뱅	• 직업은 신이 부여한 소명(召命)임. • 직업적 성공으로 부를 축적하는 것은 신의 축복임.
마르크스	• 인간은 노동을 통해 자기 본질을 실현해야 함. • 자본주의 체제에서는 분업화된 노동으로 인해 노동자가 노동으로부터 소외됨.

실/전/맛/보/기

다음 내용을 주장한 사상가는?

모든 직업은 소명(召命)이며, 노동은 신과 이웃에 봉사하는 것이다.

① 칼뱅 ② 루소
③ 홉스 ④ 싱어

2 직업 윤리와 청렴

1. 직업 윤리의 의미와 필요성

(1) 직업 윤리의 의미 : 직업인이 직업 생활에서 지켜야 할 마땅한 도리

(2) 직업 윤리의 필요성 : 부정부패를 막고 개인의 자아실현과 공동체 발전에 기여

실전 맛보기 해설 및 정답

제시문은 공자의 정명 사상의 '君君(군군)臣臣(신신)父父(부부)子子(자자)'라는 글귀로 자기의 맡은 바 직분에 충실해야 함을 나타낸다.
① 겸애(묵자), ③ 무위(도가), ④ 해탈(불교)

정답 ②

실전 맛보기 해설 및 정답

프랑스의 종교 개혁자 칼뱅은 직업을 '신으로부터 부름을 받은 자기 몫의 일'이라고 주장하면서 자신의 직업에 충실히 종사하는 것이 바로 신의 명령에 따르는 것이라고 말했다.

정답 ①

장인 정신
자기 직업에 긍지를 가지고 사회적 책임을 이행하려는 직업 의식

전문직의 특성
- 전문성 : 고도의 전문적 훈련을 통해 전문 지식 습득
- 독점성 : 일정한 자격을 갖추어야 직무 수행 가능
- 자율성 : 자율적·독자적으로 직무 수행

봉공(奉公)
나라나 사회를 위하여 힘써 일한다.

노블레스 오블리주 (noblesse oblige)
사회 지도층에게 사회에 대한 책임이나 국민의 의무를 모범적으로 실천할 것을 요구하는 용어이다. 초기 로마 시대의 왕과 귀족이 보여준 투철한 도덕 의식과 솔선수범하는 공공 정신에서 유래한 말이다.

실전 맛보기 해설 및 정답

우리나라에서는 전통적으로 장인(匠人) 정신을 중요하게 여겨 왔다. 장인 정신이란 자기 일에 긍지를 가지고 전념하거나 한 가지 기술에 정통하려고 노력하는 것을 말한다. 최고의 물건을 만들기 위해 평생 한 가지 일에 헌신해 온 장인의 정신은 오늘날까지 강조되는 직업 윤리라고 할 수 있다.

정답 ①

실전 맛보기 해설 및 정답

전문직은 고도의 전문적 교육과 훈련을 거쳐서 일정한 자격 또는 면허를 취득해야만 종사할 수 있는 직업을 말한다. 이들의 직무는 대개 사회 공익적 성격을 띠며, 일반인이 모르는 지식이나 정보를 이용하여 쉽게 부당한 이익을 취할 수 있으므로 더욱 높은 수준의 직업 윤리가 요구된다.

정답 ①

(3) 동서양의 직업 윤리 : 정명 사상, 장인 정신*, 소명 의식

실/전/맛/보/기

다음 설명에 해당하는 직업 윤리는?

- 자신의 직업에 자부심을 가지고 사회적 책임을 다하려는 직업 의식
- 자기 일에 긍지를 가지고 평생 전념하거나 한 가지 기술에 정통하려고 노력하는 것

① 장인 정신　② 특권 의식
③ 비판 의식　④ 관용 정신

2. 다양한 직업윤리

(1) 전문직 윤리와 공직자 윤리

전문직 윤리	• 전문직은 고도의 전문적 교육을 거쳐서 일정한 자격 또는 면허를 취득해야만 종사할 수 있음. ➜ 직업적 양심과 수준 높은 책임 의식이 요구됨.
공직자 윤리	• 공직자는 국가 기관이나 정부의 예산에 의해 운영되는 공공 단체의 일을 맡아 보는 사람 ➜ 청렴, 봉공*, 봉사의 자세를 지녀야 함.

실/전/맛/보/기

전문직 종사자가 지녀야 할 윤리적 자세로 옳은 것은?

① 높은 수준의 직업적 양심과 책임 의식을 지녀야 한다.
② 직무의 공공성보다는 개인적 이익만을 중시해야 한다.
③ 전문성 함양보다 독점적 지위 보장을 우선시해야 한다.
④ 전문 지식을 통해 얻은 뇌물은 정당함을 알아야 한다.

(2) 기업가 윤리와 근로자 윤리

기업가 윤리	근로자의 권리를 존중하고 합법적인 이윤 추구와 동시에 기업의 사회적 책임을 다해야 함.
근로자 윤리	자신의 분야에서 최대의 잠재력을 발휘하고, 기업가와 협력을 추구해야 함.

실/전/맛/보/기

기자의 질문에서 ㉠에 들어갈 말로 가장 적절한 것은?

건전한 기업은 법을 지키면서 이윤을 극대화하도록 노력해야 합니다. 그 과정에서 사회적 해악을 끼쳐서는 안 됩니다. 또한 장애인 고용, 교육 사업 지원 등 적극적인 사회적 책무를 다해야 합니다.
기업의 (㉠)에 대해 말씀해 주세요.
시민
기자

① 내부 고발　　② 특권 의식
③ 장인 정신　　④ 사회적 책임

3. 부패 방지와 청렴 문화

(1) 부패*의 문제

개인적 측면	시민 의식 발달 저하, 개인 권리의 부당한 침해 등
사회적 측면	사회적 비용의 낭비, 공정한 경쟁의 틀 파괴, 국민 간 위화감 조성, 국가 신인도의 하락 등

(2) 청렴한 사회 실현

선생님의 도움 Tip

청렴의 의미에 대한 문제가 자주 출제됩니다.

① 청렴의 의미 : 뜻과 행동이 맑고[淸] 염치를 알아[廉] 탐욕을 부리지 않는다.

② 청렴의 자세 : 견리사의(見利思義)*, 멸사봉공(滅私奉公)*

③ 청렴한 사회를 위한 제도적 노력 : 투명성이 담보되는 절차 마련
예 내부 공익 신고 제도, 청렴도 측정 제도, 청렴 계약제, 시민 단체의 감시 활동, 청탁 금지법 등

실/전/맛/보/기

다음에서 설명하는 덕목은?

성품과 행실이 올바르고 탐욕이 없는 상태로, 바람직하고 깨끗한 공직자가 갖추어야 할 덕목이다.

① 청렴　　② 경쟁　　③ 복종　　④ 평등

기업가의 사회적 책임
- 법적 책임 : 법을 지키면서 기업을 경영해야 한다.
- 경제적 책임 : 제품 생산, 적절한 가격에 판매해야 한다.
- 자선적 책임 : 기부, 봉사, 문화 활동 등을 이행해야 한다.
- 윤리적 책임 : 사회가 요구하는 윤리를 준수해야 한다.

PART 03

부패
개인의 이익을 위해 자신의 직위를 이용하는 위법 행위

견리사의(見利思義)
이익을 접하면 먼저 의로움을 생각한다.

멸사봉공(滅私奉公)
사사로운 감정을 없애고 공공의 목적을 받든다.

실전 맛보기 해설 및 정답

기업은 합법적인 범위 내에서 건전하게 이윤을 추구하며 공익적 가치를 실현할 수 있도록 사회적 책임을 이행해야 한다.

정답 ④

실전 맛보기 해설 및 정답

청렴을 강조하는 전통 윤리로 청백리 정신을 들 수 있다. 청백리 정신은 청빈한 생활 태도를 유지하면서 국가의 일에 충심을 다하려는 정신이다.

정답 ①

필/수/개/념 TEST

01 다음 직업관과 관련된 사상가를 쓰시오.

(1) 임금은 임금답고, 신하는 신하답고, 아버지는 아버지답고, 자식은 자식다워야 한다. (   )

(2) 공동체의 필요에 따라 신분과 직능의 구분을 국가가 배정해야 한다.
(   )

(3) 직업은 신이 부여한 소명(김命)이다. (   )

(4) 백성이 도덕적 마음인 항산을 지니려면 직업이 필요하다.
(   )

(5) 직업을 통해 각자의 고유한 기능을 탁월하게 발휘해야 한다.
(   )

02 다음 괄호에 들어갈 용어를 쓰시오.

(1) (   )은/는 생계를 유지하지 위해 자신의 적성과 능력에 따라 일정 기간 계속하여 종사하는 일이다.

(2) 공자는 자신의 직분에 충실해야 한다는 (   ) 사상을 주장하였다.

(3) (   ) 정신은 자기 직업에 긍지를 가지고 사회적 책임을 이행하려는 직업 정신을 말한다.

(4) (   )의 자세는 이익을 접하면 먼저 의로움을 생각하는 것이다.

03 다음과 관련된 직업 윤리를 쓰시오.
(기업가 윤리, 근로자 윤리, 전문직 윤리, 공직자 윤리)

(1) 근로 계약 준수, 업무의 성실한 수행 (   )

(2) 공익 실현을 위한 노력, 국민에게 봉사하는 자세 (   )

(3) 노블레스 오블리주, 직업적 양심과 책임 의식 (   )

(4) 건전한 이윤 추구, 소비자와 근로자의 권리 존중 (   )

필수개념 TEST 정답

01 (1) 공자
(2) 정약용
(3) 칼뱅
(4) 맹자
(5) 플라톤

02 (1) 직업
(2) 정명
(3) 장인
(4) 견리사의

03 (1) 근로자 윤리
(2) 공직자 윤리
(3) 전문직 윤리
(4) 기업가 윤리

02 사회 정의와 윤리

• 핵심키워드 : 사회 정의 및 분배적 정의 의미, 소수자 우대 정책, 분배 정의 이론을 통한 역차별 문제 이해, 사형 제도의 윤리적 쟁점 및 교정적 정의의 관점 이해

1 분배 정의의 의미와 윤리적 쟁점들

1. 사회 윤리와 사회 정의

(1) 개인 윤리*와 사회 윤리*

개인 윤리	개인의 양심과 합리성 등의 회복을 통한 사회 문제 해결 강조
사회 윤리	개인의 도덕성뿐만 아니라 사회 구조와 제도의 개선을 통한 사회 문제 해결 주장

(2) 니부어*의 사회 윤리

선생님의 도움 Tip

니부어의 측면에서 사회 문제를 해결하는 방안에 대해 묻는 문제가 자주 출제됩니다.

① 사회 집단은 자연적 충동을 억제할 합리적 능력이 부족하다.
→ 개인보다 비도덕적
② 집단에 속한 개인은 이기적으로 행동하기 쉽다.
③ 사회 문제 해결을 위해 정치적인 강제력이 필요하다.

실/전/맛/보/기

다음 문제 상황을 니부어(Niebuhr, R.)의 사회 윤리적 관점에서 해결하는 가장 적절한 방법은?

사회적 약자들은 카드 빚, 실직, 부의 양극화 등과 같은 탈출구 없는 경제적 상황에 놓여 있다. 그래서 삶에 대한 분노와 절망을 죽음으로 해결할 수밖에 없는 처지에 직면해 있다.

① 경제적 분배 정의를 실현하는 법과 제도를 확대한다.
② 인간 생명의 소중함을 깨닫기 위해 종교 생활을 한다.
③ 삶의 의지를 고양할 수 있는 치유 프로그램에 참여한다.
④ 시민운동 차원에서 협력과 나눔의 문화 활동을 전개한다.

개인 윤리
개인적인 삶의 영역과 관련된 윤리로 정직, 성실, 절제 등의 도덕적 가치를 실현하기 위해 여러 가지 규범을 개인에게 준수할 것을 요구한다.

사회 윤리
도덕적 사회가 도덕적 인간을 만들 수 있다는 문제 의식에서 출발하여 공동체의 구성과 사회 정책의 결정에 있어서 좋거나 옳음, 당위 등의 문제를 다룬다.

니부어(Niebuhr, R., 1892~1971)
미국의 문명 비평가이자 프로테스탄트 신학자. 대표 저서로 『도덕적 인간과 비도덕적 사회』가 있다.

실전 맛보기 해설 및 정답

니부어는 개인의 도덕성 함양과 더불어 사회 구조와 제도가 정의로울 때 도덕적인 사회로 나아갈 수 있다고 보았다.

정답 ①

2. 사회 정의

(1) 의미 : 권리, 기회의 균등한 분배와 투명한 사회를 지향하는 것
➜ 대체로 사회적 재화의 분배와 관련된다.

분배적 정의	각자가 자신의 몫을 누리도록 하는 것 ➜ 기준(절대적 평등, 업적, 능력, 필요 등)
교정적 정의	잘못에 대한 처벌을 공정하게 하는 것 ➜ 법 집행으로 불법 행위·부정의 교정

실/전/맛/보/기

다음에서 적용하고 있는 공정한 분배의 기준은?

사회 구성원 간의 차이를 고려하지 않고 모든 사람에게 동일하게 분배하는 것

① 필요　② 능력
③ 업적　④ 평등

(2) 정의를 바라보는 동서양의 관점

공자	눈앞의 이익을 보거든 의리를 먼저 생각하라는 견리사의(見利思義)를 강조함.
맹자	옳고 그름을 분별하는 판단 기준으로 의로움[義]을 제시함.
소크라테스	정의를 질서가 잘 잡힌 영혼이 추구하는 본성으로 봄.
플라톤	정의는 지혜, 용기, 절제가 완전한 조화를 이룰 때 나타나는 최고의 덕목이라고 봄.
아리스토텔레스	공익 실현을 위해 일반적 정의와 특수적 정의가 필요하다고 봄.

실/전/맛/보/기

다음 내용과 관련 깊은 사상가는?

지혜의 덕을 지닌 철학자 계급, 용기의 덕을 지닌 수호자 계급, 절제의 덕을 지닌 생산자 계급이 각각 자신의 본분을 잘 발휘하여 조화를 이룰 때 정의로운 국가가 실현된다.

① 이황　② 원효
③ 플라톤　④ 앨빈 토플러

플라톤이 본 정의로운 국가

플라톤은 이성, 기개, 욕망으로 이루어진 인간 영혼의 세 부분이 각각 본분을 다할 때 이상적인 인간이 되듯이 국가도 통치자, 수호자, 생산자가 자기 본분을 다할 때 정의로운 국가가 된다고 보았다.

아리스토텔레스의 정의

〈일반적 정의〉
- 법을 준수하고 이웃과의 관계 속에서 완전한 미덕 또는 탁월성을 구현하는 것이다.

〈특수적 정의〉
- 시정적 정의 : 타인에게 해를 끼치면 그만큼 보상을 하며, 이익을 주었으면 그만큼 되돌려 받는 것이다.
- 분배적 정의 : 권력, 지위, 명예, 재화 등을 각자의 가치(공적)에 비례하여 분배받는 것이다.

실전 맛보기 해설 및 정답

분배적 정의의 기준은 절대적 평등, 업적, 능력, 필요 등이 있고, 모든 사람이 동일하게 분배받는 것을 절대적 평등이라고 한다.

정답 ④

실전 맛보기 해설 및 정답

플라톤은 정의를 지혜, 용기, 절제가 완전한 조화를 이룰 때 나타나는 최고의 덕목으로 이해하였다.

정답 ③

2 분배적 정의의 윤리적 쟁점

1. 현대 사회의 다양한 정의관

(1) 롤스*의 분배적 정의

선생님의 도움 Tip

롤스의 분배적 정의에 대해 묻는 문제가 자주 출제됩니다.

① 공정으로서의 정의 : 공정한 절차를 통해 합의된 것이라면 정의롭다고 본다.

② 원초적 입장

㉠ 정의의 원칙을 도출하기 위한 최초의 가상적 상황

㉡ 사람들은 타인의 이해관계에 무관심하고, 자신의 이익을 합리적으로 추구

㉢ 무지의 베일*을 쓴다. ➜ 자신이 불리한 상황에 놓일 가능성을 고려해 정의의 원칙 도출

③ 정의의 원칙

제1원칙	각 개인은 기본적 자유에서 평등한 권리를 가져야 한다(평등한 자유의 원칙).
제2원칙	사회적·경제적 불평등은 ㉠ 최소 수혜자에게 최대의 이익을 보장하도록 이루어져야 하고(차등의 원칙), ㉡ 공정한 기회 균등의 조건 아래 모든 사람에게 개방된 직책이나 직위와 결부되도록 배정되어야 한다(기회 균등의 원칙).

실/전/맛/보/기

다음 내용을 주장한 사상가는?

- 모든 사람은 동등한 기본적 자유를 최대한 누려야 한다.
- 사회적·경제적 불평등은 최소 수혜자에게 최대의 이익이 되도록 조정되어야 한다.

① 레건 ② 롤스
③ 소로 ④ 칸트

(2) 노직*의 분배적 정의

① 소유 권리로서의 정의

㉠ 모든 사람이 자신의 소유물에 대해 소유 권리를 가질 때가 정의로운 분배 ➜ 재화의 취득·이전·교정의 절차가 정당해야 한다.

롤스(Rawls, J. 1921~2002)
미국 정치 철학자로, 사회 계약론을 현대적으로 해석하여 새로운 정의론을 제시하였다.

무지의 베일
개인의 사회적 지위, 계층상의 위치, 소질과 능력, 지능, 체력, 심지어 가치관, 심리적 성향에 관해서도 모르게 하는 것으로, 자연적·사회적 우연성을 배제하기 위한 것이다.

기본적 자유
정치적 자유, 언론과 집회의 자유, 양심과 사상의 자유, 신체의 자유, 사유 재산을 가질 수 있는 자유, 자의적인 구속과 체포로부터의 자유 등이 있다.

소득 재분배에 관한 롤스의 입장
최대 수혜자 갑은 최소 수혜자 을과 도덕적 비대칭성의 관계에 있다. 즉, 갑을 위한 을의 희생과 을을 위한 갑의 희생은 동등한 것이 아니다. 재능, 지위와 같은 도덕적으로 임의적인 요소들의 작용으로 최대 수혜자가 된 갑은 최소 수혜자인 을의 삶을 개선하기 위한 일정한 희생을 감내해야 한다.

노직(Nozick, R., 1938~2002)
미국의 정치 철학자로, 자유 지상주의 입장에서 '소유권리로서의 정의'와 최소 국가론을 주장하였다.

실전 맛보기 해설 및 정답

제시된 내용은 롤스의 정의의 원칙으로 제1원칙의 평등한 자유의 원칙과 제2원칙의 차등의 원칙을 의미한다.

정답 ②

PART 03

소득 재분배에 관한 노직의 입장
노직은 롤스의 최소 수혜자를 배려하는 분배 방식은 개인의 정당한 소유권을 침해한다고 본다.

절차적 정의
- 등장 배경 : 기준에 대한 합의 곤란
- 분배의 결과 아닌 공정한 절차 강조(롤스, 노직)

우대 정책의 사례
지역 균형 선발 제도, 장애인 의무 고용 제도, 농어촌 특별 전형 제도, 여성 고용 할당 제도 등

실전 맛보기 해설 및 정답

절차적 정의는 공정한 분배를 위한 절차를 강조하는 입장이다. 이 입장에서는 절차나 과정이 공정하면 결과의 공정성도 보장된다고 보고, 분배 방식을 결정할 때 특정한 분배의 기준이 아니라 논의의 절차와 과정이 합리적으로 마련되고 준수되었느냐는 것을 중요하게 여긴다.

정답 ④

실전 맛보기 해설 및 정답

우대 정책은 특정 집단이 겪어 온 부당한 차별을 바로잡기 위해 평등을 위한 차별을 한시적으로 허용하는 정책을 말한다. ④는 우대 정책과는 관련이 없다.

정답 ④

ⓛ 개인의 권리를 보호·존중하는 것이 정의
→ 국가에 의한 재분배는 개인의 **소유권을 침해하므로 부당**(근로 소득에 대한 과세는 강제 노동과 같음)

ⓒ 개인의 소유 권리를 강도, 절도, 사기 등에서 보호하는 **최소 국가가 정당**

② 정의의 원칙

취득의 원칙	취득에서의 정의의 원리에 따라 소유물을 취득한 자는 그것의 소유 권리가 있다.
이전의 원칙	소유물에 대한 소유 권리가 있는 자로부터 이전에서의 정의의 원리에 따라 그 소유물을 취득한 자는 그것의 소유 권리가 있다.
교정의 원칙	취득과 양도 시 과오나 그릇된 절차에 의한 소유가 발생했을 때에는 이를 바로잡아야 한다.

실/전/맛/보/기

다음 설명에 해당하는 정의관으로 가장 적절한 것은?

- 공정한 과정을 통해 발생한 결과는 정당하다는 정의관
- 분배의 결과보다는 분배를 위한 공정한 순서나 방법을 강조하는 관점

① 결과적 정의　② 교정적 정의
③ 산술적 정의　④ 절차적 정의

2. 분배적 정의와 관련된 윤리적 쟁점

(1) **우대 정책** : 과거의 차별과 관련된 보상 대상과 주체의 부당성, 부당한 차별을 시정하기 위한 조치가 상대편을 차별하는 역차별 발생

(2) **부유세** : 재산권의 과도한 침해, 부자들에 대한 또 다른 차별

실/전/맛/보/기

우대 정책이 반영된 제도로 옳지 않은 것은?

① 지역 균형 선발 제도　② 장애인 의무 고용 제도
③ 농어촌 특별 전형 제도　④ 음식점 원산지 표시 제도

3 교정적 정의의 윤리적 쟁점

1. 교정적 정의와 공정한 처벌

(1) 의미 : 위법 행위로 인하여 피해자와 가해자 사이에 발생한 불균형을 처벌을 통해 바로잡는 것

(2) 교정적 정의의 관점

공리주의 (벤담)	• 처벌을 '최대 다수의 최대 행복'을 위해 사회가 도입한 '필요악'으로 이해함. • 처벌은 범죄자를 교화하고 범죄를 예방하는 것으로, 사회적 이익 증진을 목적으로 함.
응보주의 (칸트)	• 처벌은 범죄에 상응하여야 하며, 도덕적 형평성 회복을 목적으로 함. • 처벌이 위법 행위에 대한 '응분의 대가'로 시행될 때 사회 정의가 실현됨.

실/전/맛/보/기

다음 설명에 해당하는 형벌에 대한 관점은?

형벌의 목적은 범죄 예방을 통해 사회 전체의 이익을 증대시키는 것이다.

① 국수주의　② 공리주의
③ 이기주의　④ 신비주의

2. 사형 제도의 윤리적 쟁점

(1) 사형의 의미 : 국가가 범죄자의 생명을 인위적으로 박탈하는 형벌

(2) 사형 제도에 대한 다양한 입장

칸트	사형제 찬성 : 사형은 동등성의 원리에 근거한 것이며, 사형은 살인한 범죄자의 인격을 존중하는 것임.
루소	사형제 찬성 : 사회 계약에 따르면 계약자는 자신의 생명 보존을 위해 살인자의 사형에 동의한 것임.
베카리아	사형제 반대 : 사형은 공익에 이바지 하는 바가 적으며, 사형보다 종신 노역형*이 사회 이익에 부합함.

공리주의 관점
벤담 : 처벌로 얻는 선한 결과(범죄 예방, 범죄율 감소, 범죄자의 교화 등)가 처벌로 인해 발생하는 악(처벌로 인한 고통)보다 더 클 때에만 처벌이 정당화된다.

응보주의 관점
칸트 : 모든 인간은 이성적・자율적 존재로서 자신의 행위에 대해 책임을 져야 하므로, 범죄에 상응하는 처벌을 받아야 한다.

종신 노역형
일생을 다할 때까지 괴롭고 힘들게 일을 시키는 형벌이다.

실전 맛보기 해설 및 정답

공리주의적 관점에서 처벌은 고통을 가한다는 점에서 해악이며, 모든 형벌은 그 자체로 악이다. 하지만 처벌이 더욱 큰 악을 제거하거나 사회의 이익을 증진할 수 있다면 정당화될 수 있다.

정답 ②

사형 제도의 적합성 논쟁
사형 제도는 오랜 역사 동안 다양한 방식으로 유지되어 왔지만, 오늘날 처벌로서 적합한지에 대해 윤리적 쟁점이 되고 있다. 우리나라는 사형 제도를 인정하지만, 1997년 이후 한 건의 사형 집행도 이루어지지 않아 사실상 사형 폐지 국가라고 할 수 있다.

(3) 사형 제도에 관한 찬반 입장

사형 제도 찬성	사형 제도 반대
• 범죄 억제 효과가 매우 큼. • 국민의 법 감정은 사형제를 지지하고 있음. • 종신형 제도는 경제적인 부담이 크고 비인간적일 수 있음.	• 범죄 억제 효과가 미미함. • 사형제는 범죄자의 교화 가능성 부정, 오판 가능성 있음. • 정치적으로 악용될 가능성이 있음.

실/전/맛/보/기

사형 제도를 반대하는 주장의 논거로 적절한 것은?

① 사형은 범죄 억제 효과가 매우 크다.
② 흉악 범죄인의 생명을 박탈하는 것은 사회적 정의이다.
③ 사형은 근본적으로 인간의 존엄성을 훼손하는 것이다.
④ 사형에 의한 인과 응보적 처벌은 형벌의 목적에 부합한다.

실전 맛보기 해설 및 정답

사형 제도를 찬성하는 사람들은 살인과 같은 흉악 범죄자의 생명을 박탈하는 것이 국민의 법 감정에 부합하며, 사회 방위를 위해 흉악범을 완전히 격리해야 한다고 주장한다.

정답 ③

필/수/개/념 TEST

01 다음 설명과 관련 있는 사상가를 쓰시오.

(1) 사회 구조와 제도의 개선을 통한 사회 문제 해결 주장
( )

(2) 무지의 베일을 쓴 원초적 입장에서 도출된 정의의 두 원칙을 따라야 한다.
( )

(3) 재화의 취득, 양도 이전의 절차가 정당하면 절대적 소유 권리를 지닌다.
( )

(4) 사형은 살인한 범죄자의 인격을 존중하는 것이다.
( )

(5) 사형보다 종신 노역형이 사회 이익에 부합한다.
( )

02 다음 괄호에 들어갈 용어를 쓰시오.

(1) ( ) 정의는 공정한 분배의 기준을 마련하는 것이다.

(2) ( ) 정의는 분배의 결과가 아닌 공정한 절차를 강조하는 것이다.

(3) ( )은/는 이해 관계에 영향을 미칠 수 있는 자신의 상태를 모르는 것이다.

(4) ( ) 정의는 침해를 일으킨 사람에 대해 형벌을 가함으로써 공정함을 확보하는 것이다.

03 사형 제도에 관한 찬성 입장은 '찬' 반대 입장은 '반'이라 쓰시오.

(1) 국민의 법 감정은 사형제를 지지하고 있다. ( )

(2) 종신형 제도는 경제적인 부담이 크다. ( )

(3) 사형제의 범죄 억제 효과가 미미하다. ( )

(4) 정치적으로 악용될 가능성이 있다. ( )

(5) 사형제는 범죄자의 교화 가능성을 부정한다. ( )

필수개념 TEST 정답

01 (1) 니부어
(2) 롤스
(3) 노직
(4) 칸트
(5) 베카리아

02 (1) 분배적
(2) 절차적
(3) 무지의 베일
(4) 교정적

03 (1) 찬
(2) 찬
(3) 반
(4) 반
(5) 반

03 국가와 시민의 윤리

• 핵심키워드 : 다양한 윤리적 관점에서의 국가 권위와 의무, 시민의 권리와 의무, 민주 시민의 자세 실천, 참여의 필요성, 시민 불복종의 조건 및 정당성

1 국가의 권위와 시민에 대한 의무

1. 국가의 권위

(1) 의미 : 시민에게 권리를 규정하고 의무를 부과하는 힘

(2) 국가 권위의 정당화 근거

동의론	시민이 국가에 복종하기로 동의했기 때문에 국가에 복종해야 할 의무가 성립함.
혜택론	국가로부터 여러 가지 혜택을 받았기 때문에 국가에 복종해야 함.
계약론	자연 상태에서 제대로 보장받기 어려운 생명·재산·자유 등을 보장받고자 계약을 통해 국가를 수립 ➜ 동의론과 혜택론의 관점을 모두 포함

실/전/맛/보/기

다음의 국가 기원론을 주장한 사상가는?

> 인간은 이기적이기 때문에 자연 상태는 '만인의 만인에 대한 투쟁'과 같다. 따라서 생명과 안전을 확보하기 위해서는 계약을 통해 자신의 권리를 국가에 양도해야 한다.

① 루소 ② 홉스
③ 로크 ④ 싱어

헌법에 규정된 국가의 의무

제10조 국가는 개인이 가지는 불가침의 기본적 인권을 확인하고 이를 보장할 의무를 진다(인권 보장).
제34조 제2항 국가는 사회 보장과 사회 복지의 증진에 노력할 의무를 진다(사회 보장과 사회 복지 증진).
제34조 제6항 국가는 재해를 예방하고 그 위험으로부터 국민을 보호하기 위하여 노력하여야 한다(생명과 재산 보호).

실전 맛보기 해설 및 정답

홉스는 자연권이 침해될 수 있는 전쟁 상태인 자연 상태에서 벗어나 평화로운 질서를 유지하기 위해 국가가 등장하였다고 본다.

정답 ②

2. 시민에 대한 국가의 의무

(1) 동양의 관점

맹자	백성은 나라의 근본이니 백성이 튼튼해야 나라가 평안함. ➜ 민본주의*를 강조
묵자	타인을 사랑하며 자신과 타인의 이익을 서로 높이는 겸애(兼愛)를 실천해야 함.
한비자	군주는 이기적인 백성을 엄격한 법에 따라 적절한 상벌로 통제하여 질서를 유지해야 함.
정약용	백성들의 건강한 삶을 위해 통치자가 헌신하고 백성을 배려해야 함.

(2) 서양의 관점

소극적 국가관	시장에 대한 개입 최소화, 질서 유지의 역할만 강조 ➜ 빈부 격차 심화, 최소한의 인간다운 삶을 보장받지 못하는 시민 발생
적극적 국가관	시민의 기본 욕구 충족, 의료・주택・교육 등의 복지 제공 ➜ 국가 기능 비대화와 비효율성 초래, 복지 과잉으로 인한 도덕적 해이 현상 유발

실/전/맛/보/기

시민에 대한 국가의 의무로 옳지 않은 것은?

① 시민의 복지를 증진해야 한다.
② 시민의 인권을 보호해야 한다.
③ 시민의 인간다운 삶을 보장해야 한다.
④ 시민의 정당한 요구에 무관심해야 한다.

2 민주 시민의 참여와 시민 불복종

1. 민주 시민 참여

(1) 시민의 권리와 의무

권리	자유권, 평등권, 행복추구권, 생존권
의무	국방, 납세, 교육, 근로, 준법 등

(2) 시민 참여의 의미 : 시민의 권리를 행사할 기회를 제공하고, 시민으로서 정치적 의무를 수행하여 민주주의의 질을 높인다.

민본주의(民本主義)
백성이 나라의 근본이고, 백성이 튼튼해야 나라가 평안하다는 사상으로, 공자는 정치에서 중요한 경제, 군사, 백성의 신뢰 중 백성의 신뢰를 가장 중시한다.

사회 계약설(홉스, 로크, 루소)
자연 상태에서 안전하게 보장받기 어려운 생명, 재산, 자유 등을 보호

PART 03

실전 맛보기 해설 및 정답

국가는 시민의 자유와 권리를 보호하고 시민의 사회 보장과 복지 증진을 위해 노력해야 한다. 따라서 시민의 정당한 요구에 즉각 반응하여 권리를 보호하기 위해 노력해야 한다.

정답 ④

(3) 방법 : 선거, 주민 소환제, 주민 투표제, 주민 감사 청구제, 국민 참여 재판 등에 참여, 언론에 의견 보내기, 행정 기관에 건의하기, 시민 단체 활동 등

(4) 유의점 : 시민 참여는 사회의 공공선을 목적으로 할 때 사회 발전으로 이어질 수 있다.

실/전/맛/보/기

민주 시민으로서 권리와 의무에 대한 가장 바람직한 자세는?

① 처벌이 따르는 의무만 이행한다.
② 나에게 이익이 되는 의무만 이행한다.
③ 의무보다 권리만 우선적으로 중시한다.
④ 의무를 성실히 이행하면서 권리를 주장한다.

정치 참여 보장 제도

- 주민 소환제 : 지방자치단체의 행정 처분을 통제할 수 있도록 지방자치단체장, 지방의회 의원 등을 주민 투표를 통해 해직할 수 있는 제도
- 주민 발의제 : 지역 주민이 생활과 관련된 조례를 제정하는 제도
- 주민 참여 예산제 : 주민이 지방자치단체의 예산 편성에 직접 참여하는 제도
- 주민 감사 청구제 : 지역 행정이 공익을 현저히 침해할 때 주민이 감사를 청구할 수 있는 제도

2. 시민 불복종의 의미와 정당화 조건

선생님의 도움 Tip

시민 불복종의 정당화 조건에 대해 묻는 문제가 자주 출제됩니다.

(1) 의미 : 부당한 법이나 정부 정책을 변화시키려는 목적으로 행하는 의도적인 위법 행위

(2) 시민 불복종의 이론적 근거

드워킨	헌법 정신에 위배된 법률에 대하여 시민은 저항할 수 있음.
소로	헌법을 넘어선 개인의 양심이 저항의 최종 판단 근거임.
롤스	사회적 다수의 정의관이 저항의 기준이 되어야 함.

(3) 롤스의 시민 불복종 정당화 조건

사회 정의 실현	특정 집단의 이익이 아닌 사회 정의를 실현하기 위한 목적일 것
공개성, 비폭력성	공개적이며 비폭력적인 방법일 것
최후의 수단	개선을 위한 합법적 시도가 효과 없을 때 시행할 것
처벌 감수	위법 행위에 대한 처벌을 감수할 것

시민 불복종의 정당화 조건

- 비폭력성
- 최후의 수단
- 법 전체에 대한 항거 불가
- 처벌·제재의 감수
- 공개성
- 목적의 정당성
- 기본권 보호

시민 불복종 사례

- 여성의 참정권 운동
- 베트남 전쟁 반대 운동
- 간디의 소금법 폐지 행진
- 마틴 루서 킹의 흑인 민권 운동

실전 맛보기 해설 및 정답

시민은 국가의 정당한 권위를 존중하고 시민으로서 권리와 의무를 다해야 한다.

정답 ④

실/전/맛/보/기

시민 불복종의 정당화 조건에 대한 설명으로 옳지 않은 것은?

① 비폭력적이어야 한다.
② 최후의 수단이어야 한다.
③ 행위 목적이 정당해야 한다.
④ 자신에게 불리한 정책에 무조건 저항해야 한다.

필/수/개/념 TEST

01 다음과 관련된 국가 권위의 정당화 근거를 쓰시오.

(1) 국가로부터 여러 가지 혜택을 받았기 때문에 국가에 복종해야 한다. (　　　　　)

(2) 시민이 국가에 복종하기로 동의했기 때문에 국가에 복종해야 할 의무가 성립한다. (　　　　　)

(3) 자연 상태에서 제대로 보장받기 어려운 생명·재산·자유 등을 보장받고자 계약을 통해 국가를 수립한다. (　　　　　)

02 다음과 관련된 시민 불복종의 정당화 조건을 쓰시오.

(1) 시민 불복종은 개선을 위한 합법적 시도가 더는 효과가 없을 때 실시하는 것이다. (　　　　　)

(2) 시민 불복종은 법체계를 존중하기 때문에 위법 행위에 대한 결과를 감수해야 한다. (　　　　　)

(3) 시민 불복종은 다수의 공개적 활동으로 수행되어야 한다. (　　　　　)

(4) 시민 불복종은 공동선, 정의와 같은 정당한 목적을 추구해야 한다. (　　　　　)

(5) 시민 불복종은 폭력적 수단을 사용해서는 안 된다. (　　　　　)

실전 맛보기 해설 및 정답

시민 불복종은 특정 개인이나 집단의 이익이 아닌 보편적인 도덕 가치를 추구해야 한다.

정답 ④

필수개념 TEST 정답

01 (1) 혜택론
(2) 동의론
(3) 계약론

02 (1) 최후의 수단
(2) 처벌 감수
(3) 공개성
(4) 목적의 정당성
(5) 비폭력성

EBS 교육방송교재

PART 03

적중예상문제

정답 및 해설 별책 13p

01 ㉠에 대한 설명으로 옳지 않은 것은?

> (㉠)은/는 생계를 유지하기 위하여 자신의 적성과 능력에 따라 일정한 기간 계속하여 종사하는 일을 의미한다.

① 개인의 행복한 삶을 위한 토대이다.
② 기본적인 생계 유지를 위한 수단이다.
③ 개인이 사회에 참여하는 통로가 된다.
④ 경제적 대가 없이 이루어지는 사회 활동이다.

02 다음에서 알 수 있는 직업관을 주장한 사상가는?

> 임금은 임금다워야 하고 신하는 신하다워야 하며, 부모는 부모다워야 하고 자식은 자식다워야 한다.

① 공자 ② 맹자
③ 순자 ④ 정약용

03 다음과 같은 직업 윤리 의식을 주장한 사상가는?

> 일반 백성은 일정한 생업(恒産)이 없으면 도덕적 마음(恒心)을 지키기 어렵다.

① 공자 ② 맹자
③ 순자 ④ 정약용

04 직업 윤리에 대한 설명으로 옳지 않은 것은?

① 사회의 도덕성을 향상하는 데 이바지한다.
② 직업 생활에서 부패를 없애는 데 기여한다.
③ 개인의 행복과 공동체의 번영을 동시에 추구한다.
④ 직업 생활의 경제적 이익 추구의 수단으로 전락시킨다.

05 ㉠이 지닌 일반적인 특징으로 적절하지 않은 것은?

> (㉠)은/는 고도의 전문적인 교육과 훈련을 거쳐 일정한 자격을 취득함으로써 전문 지식과 기술을 사용하는 직업을 말한다.

① 전문성 ② 자율성
③ 배타성 ④ 독점성

06 다음 내용을 주장한 사상가는?

> 기업이 사회적 책임을 적극적으로 이행하면 소비자의 신뢰를 얻어 장기적으로 기업의 이윤 추구와 효율성 향상에 이바지할 수 있다.

① 벤담 ② 애로
③ 드러커 ④ 프리드먼

07 공직자가 지녀야 할 윤리적 덕목이 아닌 것은?

① 특권 의식　② 청렴 정신
③ 봉사 정신　④ 준법 의식

08 근로자의 윤리로 가장 적절한 것은?

① 돈, 명예, 권력 등의 외재적 가치를 추구한다.
② 기업가와 경쟁의식을 가지고 직무를 수행한다.
③ 기업의 이윤보다는 근로자의 권리를 중시한다.
④ 직업에 대한 책임 의식을 가지고 직무에 임한다.

09 ㉠에 들어갈 말로 가장 적절한 것은?

> 우리 사회는 부패를 멀리하고 맡은 바 직무를 성실하게 처리하는 공직자의 자세가 필요하다. (㉠)은/는 뜻과 행동이 맑고 염치를 알아 탐욕을 부리지 않는 상태로서 청백리 정신이라 할 수 있다. 공직자의 청백리 정신은 오늘날 일반 기업의 임직원에게도 필요한 덕목이다.

① 자율　② 관용
③ 청렴　④ 권면

10 니부어(Niebuhr, R.)의 사회 윤리적 관점을 모두 'O' 표시한 학생은?

학생 / 특징	갑	을	병	정
개인 윤리와 사회 윤리를 구별할 필요가 있다.	○		○	○
집단 간 갈등 해결을 위해 강제력이 필요하다.	○	○		○
집단 이기주의 문제는 대화로써 해결해야 한다.	○		○	

① 갑　② 을
③ 병　④ 정

11 롤스(Rawls, J.)의 정의의 원칙 중 ㉠의 내용에 해당하는 사례로 적절한 것은?

제2의 법칙	㉠ 최소 수혜자 우선 배려의 원칙 공정한 기회 균등의 원칙

① 선거 연령 하향 조정
② 국민 건강 보험 실시
③ 직업 선택의 자유 보장
④ 장애인 고용 촉진 정책 시행

12 다음 사상가의 입장으로 옳은 것을 〈보기〉에서 고른 것은?

> 우리가 어떤 것을 소유함으로써 타인의 처지를 악화시키지 않는 한 그 소유물을 취득할 응분의 권한을 가진다.

보기

ㄱ. 차등의 원칙을 강조한다.
ㄴ. 개인의 자유를 중요하게 생각한다.
ㄷ. 개인의 절대적 소유 권리를 강조한다.
ㄹ. 국가가 재화의 분배에 절대 개입하면 안 된다고 주장한다.

① ㄱ, ㄴ　② ㄱ, ㄷ
③ ㄴ, ㄷ　④ ㄷ, ㄹ

13 다음 설명에 해당하는 분배의 기준으로 가장 적절한 것은?

> • 재화를 모든 구성원에게 동등하게 분배한다.
> • 기회와 혜택이 균등하게 보장된다.
> • 생산 의욕과 효율성, 자유와 책임 의식이 저하되는 문제점이 있다.

① 시간　② 업적
③ 희생　④ 절대적 평등

14 교정적 정의에 대한 응보주의적 관점으로 옳지 <u>않은</u> 것은?

① 사회 전체의 행복을 최우선으로 한다.
② 범죄에 대한 대가로 응분의 처벌을 강조한다.
③ 처벌의 근거를 타인에 대한 해악으로 한정한다.
④ 범죄자의 교화에 대해서는 상대적으로 무관심하다.

15 다음의 주장과 관련 있는 사상가는?

> "사형은 한순간에 강렬한 인상만을 줄 뿐이다. 반면에 종신 노역형은 더 큰 공포를 안겨준다."

① 칸트　② 루소
③ 롤스　④ 베카리아

16 (가), (나)에 들어갈 내용으로 적절하지 <u>않은</u> 것은?

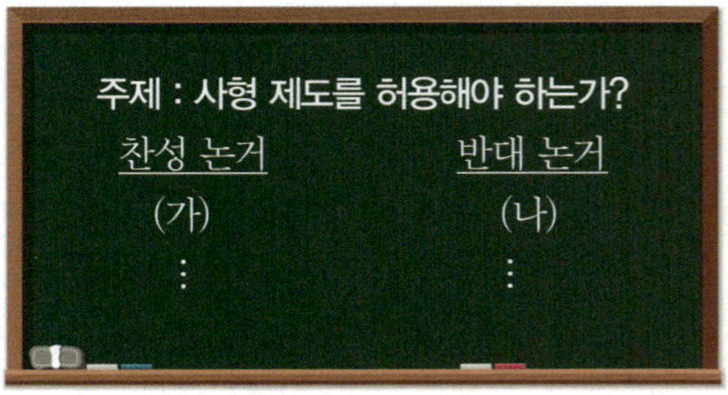

① (가) : 범죄 예방 효과가 크다.
② (가) : 생명은 절대적인 가치를 지닌다.
③ (나) : 인간의 존엄성과 가치를 훼손한다.
④ (나) : 정치적으로 악용될 가능성이 있다.

17 **다음 입장에서 추론할 수 있는 국가와 시민의 관계로 가장 적절한 것은?**

> 시민은 국가로부터 생명과 재산을 보장받고 다양한 물질적 · 비물질적 혜택을 받으며 살아갑니다. 동시에 국가는 납세나 국방 등 시민의 의무를 기반으로 운영됩니다. '시민 없는 국가'나 '국가 없는 시민'을 떠올린다는 것은 불가능합니다.

① 국가의 존재는 시민의 희생을 전제로 한다.
② 국가와 시민은 상호 의존적인 관계에 있다.
③ 국가에 대한 의무는 시민의 권리를 침해한다.
④ 시민은 국가의 지배로부터 자유로운 존재이다.

18 **밑줄 친 ㉠, ㉡의 입장으로 가장 적절한 것은?**

> 산업 혁명 이후 국가의 역할을 국방과 외교, 치안과 질서 유지에 국한시키고, 국가의 간섭이나 개입을 최소화해야 한다는 ㉠ 소극적 국가관이 나타났다. 한편, 20세기 이후 서구에서는 국가의 능동적인 역할을 강조하는 ㉡ 적극적 국가관이 등장하여 소극적 국가가 가진 한계를 극복하고자 하였다.

① ㉠ : 국가는 의료 복지 서비스를 제공해야 한다.
② ㉠ : 국가는 개인의 자유를 최대한 보장해야 한다.
③ ㉡ : 국가는 시장에 대한 개입을 최소화해야 한다.
④ ㉡ : 국가는 치안 유지와 같은 기본적 역할만 해야 한다.

19 **㉠에 들어갈 적절한 개념으로 옳은 것은?**

> 대한민국 헌법
>
> 제10조
> 모든 국민은 인간으로서의 존엄과 가치를 가지며, 행복을 추구할 (㉠)을/를 가진다. 국가는 개인이 가지는 불가침의 기본적 인권을 확인하고 이를 보장할 의무를 진다.
> 제34조 제1항
> 모든 국민은 인간다운 생활을 할 (㉠)을/를 가진다.

① 권리　　② 권력
③ 신념　　④ 의지

20 **시민 불복종의 정당화 요건으로 옳지 않은 것은?**

① 최후의 수단으로 시도되어야 한다.
② 비폭력적인 방법으로 전개해야 한다.
③ 참여한 사람은 처벌을 감수해야 한다.
④ 비공개적이고 평화적으로 이루어져야 한다.

EBS 교육방송교재

PART 03

기출문제 체크

정답 및 해설 별책 15p

01 밑줄 친 '이것'에 해당하는 공자의 사상은?

> 이것은 "임금은 임금다워야 하고, 신하는 신하다워야 한다."라는 뜻으로 사람들이 각자의 신분과 지위에 맞는 역할을 제대로 해야 한다는 의미를 갖는다.

① 정명(正名)　② 자비(慈悲)
③ 부쟁(不爭)　④ 겸애(兼愛)

02 다음 내용이 설명하는 직업 윤리 의식은?

> • 신으로부터 부름받은 자기 몫의 일에 충실함.
> • 개인의 위치에서 주어진 일에 최선을 다하려는 의식임.

① 소명 의식　② 특권 의식
③ 평등 의식　④ 경쟁 의식

03 다음 설명에 해당하는 직업 윤리는?

> • 자신의 직업에 자부심을 가지고 사회적 책임을 다하려는 직업 의식
> • 자기 일에 긍지를 가지고 평생 전념하거나 한 가지 기술에 정통하려고 노력하는 것

① 장인 정신　② 특권 의식
③ 비판 의식　④ 관용 정신

04 다음 내용과 관련된 직업의 의의로 가장 적절한 것은?

> 직업 생활을 하는 가운데 인생의 궁극적 목적으로서 자신의 잠재적 능력을 발휘하였다는 성취감을 느낀다.

① 생계 유지의 수단
② 자아실현에 기여
③ 자기 과시의 기회
④ 직업에 대한 귀천 의식

05 다음 퀴즈에 대한 정답으로 옳은 것은?

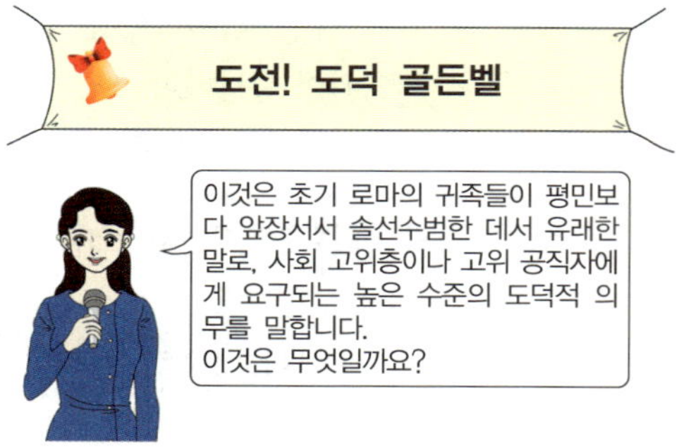

도전! 도덕 골든벨
이것은 초기 로마의 귀족들이 평민보다 앞장서서 솔선수범한 데서 유래한 말로, 사회 고위층이나 고위 공직자에게 요구되는 높은 수준의 도덕적 의무를 말합니다.
이것은 무엇일까요?

① 판옵티콘
② 톨레랑스
③ 뉘른베르크 강령
④ 노블레스 오블리주

06 직업인이 지녀야 할 윤리적 기본 자세에 해당하지 않는 것은?

① 전문성을 길러야 한다.
② 특권 의식을 지녀야 한다.
③ 소명 의식을 가져야 한다.
④ 공동체 의식을 지녀야 한다.

07 직업인이 지녀야 할 윤리적 자세를 〈보기〉에서 고른 것은?

보기	
ㄱ. 전문성	ㄴ. 소명 의식
ㄷ. 이기주의	ㄹ. 황금만능주의

① ㄱ, ㄴ　② ㄱ, ㄹ
③ ㄴ, ㄷ　④ ㄷ, ㄹ

08 기업가의 사회적 책임에 해당하지 않는 것은?

① 성실한 세금 납부
② 재무 회계의 투명성
③ 불공정한 이윤 창출
④ 신뢰성 있는 상품 생산

09 다음 중 기업가의 사회적 책임으로 적절하지 않은 것은?

① 건전한 이윤 추구
② 기업의 세습 경영
③ 근로자의 권리 존중
④ 기업 이윤의 사회적 환원

10 공직자가 지녀야 할 바람직한 자세로 옳은 것은?

① 공익보다 사익을 우선시해야 한다.
② 국민을 위한 봉사의 자세를 지녀야 한다.
③ 개인은 재산을 일절 소유하지 말아야 한다.
④ 친한 친구의 개인적인 청탁은 당연히 받아야 한다.

11 기업가가 지녀야 할 윤리적 자세로 적절하지 않은 것은?

① 경제적 이윤을 정당한 방식으로 추구해야 한다.
② 근로자의 정당한 권리를 훼손하지 말아야 한다.
③ 윤리 경영은 사회 발전과 무관함을 명심해야 한다.
④ 공익적 가치 실현을 위해 사회적 책임을 다해야 한다.

12 공직자가 지녀야 할 바람직한 자세로 적절하지 않은 것은?

① 공익을 실현하기 위해 노력해야 한다.
② 위임받은 권한을 남용하지 말아야 한다.
③ 국민을 위해 봉사하는 자세를 지녀야 한다.
④ 대가성 없는 뇌물은 온정으로 받아야 한다.

13 다음 중 부패의 문제점만을 〈보기〉에서 모두 고른 것은?

보기

ㄱ. 준법 의식 약화
ㄴ. 정의 사회 실현
ㄷ. 상대적 박탈감 조성
ㄹ. 국가 신인도 하락

① ㄱ, ㄴ　　② ㄴ, ㄷ
③ ㄱ, ㄷ, ㄹ　　④ ㄴ, ㄷ, ㄹ

14 (가)에 들어갈 용어로 가장 적절한 것은?

- 청백리(淸白吏) 정신
- 황희, 맹사성
- (가)
- 성품과 행실이 높고 맑아 탐욕이 없음.
- 공직자가 갖추어야 할 자세

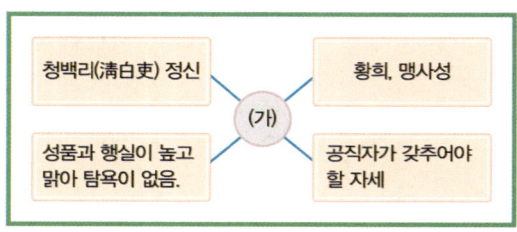

① 부정　　② 부패
③ 청렴　　④ 위선

15 ㉠에 들어갈 가장 적절한 말은?

• 체크 리스트를 통해 자신의 (㉠)을 점검해 보자.

번호	항목	O	X
1	지인에게 청탁하는 행동은 괜찮다.		
2	가족의 이익을 위해서는 직위를 남용해도 된다.		
3	성의 표시의 돈은 액수에 상관없이 받아도 된다.		

① 청렴 의식　　② 진로 의식
③ 선민 의식　　④ 양성평등 의식

16 다음에서 소개하는 인물은?

도덕 인물 카드

• '청렴은 수령의 본래 직무로 모든 선(善)의 원천이고 모든 덕(德)의 근본'이라고 말했다.
• 저서 : 『목민심서』

① 이이　　② 이황
③ 박지원　　④ 정약용

17 다음 사상가가 강조하는 덕목은?

백성을 사랑하는 근본은 검소함과 자신의 사사로운 이익은 추구하지 않음에 있다. 이는 목민관이 가장 먼저 힘써야 할 일이다.

— 정약용, 『목민심서』 —

① 욕망　　② 집착
③ 독선　　④ 청렴

18 다음 제도가 강조하는 덕목은?

• 부패 방지법
• 내부 공익 신고 제도
• 「부정청탁 및 금품등 수수의 금지에 관한 법률」

① 배려　　② 관용
③ 청렴　　④ 자선

19 청렴한 사회를 만들기 위한 노력으로 옳지 않은 것은?

① 사회 정의 의식을 강화한다.
② 부정부패의 감시 및 견제 방법을 마련한다.
③ 부정부패를 관대하게 여기는 풍토를 개선한다.
④ 혈연, 지연을 중시하는 사회적 관행을 형성한다.

20 다음 사상가의 관점에 해당하는 것은?

> 개인에 비해 집단은 충동을 억제할 수 있는 이성과 자기 극복 능력, 그리고 다른 사람들의 욕구를 수용하는 능력이 결여되어 있다. 게다가 집단을 구성하는 개인들이 개인적 관계에서 보여주는 것에 비해 더욱 심한 이기주의가 모든 집단에서 나타난다.
>
> – 니부어(Niebuhr, R.) –

① 개인의 이기심은 집단 속에서 약화된다.
② 개인의 도덕성이 집단의 도덕성을 결정한다.
③ 집단 간 갈등은 개인의 양심만으로 해결하기 어렵다.
④ 국가는 어떤 경우에도 강제력을 행사해서는 안 된다.

21 니부어(Niebuhr, R.)의 사회 윤리적 관점을 모두 'O' 표시한 학생은?

관점 \ 학생	갑	을	병	정
집단의 도덕성은 개인의 도덕성보다 높다.	○	○	○	
사회 문제를 해결하기 위해서는 제도의 개선이 필요하다.		○		○
개인의 도덕성만으로는 사회 문제를 해결하기가 어렵다.			○	○

① 갑　　② 을
③ 병　　④ 정

22 (가)의 관점에서 (나)의 ㉠에 들어갈 진술로 가장 적절한 것은?

(가)	개인의 도덕성만으로는 사회 집단의 비도덕성을 해결할 수 없다. – 니부어(Niebuhr, R.) –
(나)	____㉠____ 그러면 사회 정의가 실현될 것이다.

① 무한 경쟁의 원리를 도입하라.
② 획일화된 조직 문화를 확산하라.
③ 잘못된 사회 구조와 제도를 개선하라.
④ 개인의 양심 회복이 중요함을 깨달아라.

23 다음 사상가의 입장으로 가장 적절한 것은?

> 개인적 이기심은 개별적으로 점잖게 나타나지만, 집단적 이기심으로 나타날 때에는 더욱 이기적인 모습으로 나타난다.
>
> – 니부어(Niebuhr, R.) –

① 집단의 도덕성은 개인의 도덕성보다 항상 높다.
② 개인의 선한 의지만으로 사회 정의를 실현할 수 있다.
③ 사회 문제 해결을 위해 사회 제도의 개선이 필요하다.
④ 개인의 도덕성은 사회의 도덕성에 영향을 받지 않는다.

24 다음에서 소개하는 윤리 사상가는?

도덕 인물 카드

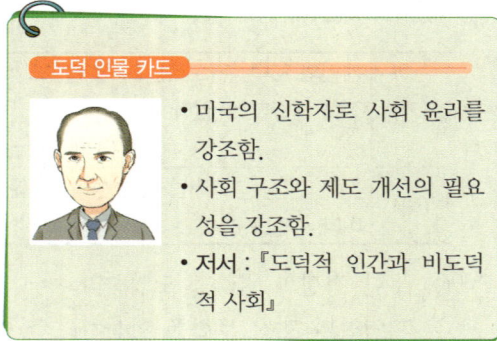

• 미국의 신학자로 사회 윤리를 강조함.
• 사회 구조와 제도 개선의 필요성을 강조함.
• 저서 : 『도덕적 인간과 비도덕적 사회』

① 노직　　② 벤담
③ 니부어　　④ 슈바이처

25 다음 내용이 공통적으로 강조하는 가장 적절한 덕목은?

> • 옳고 그름에 대한 기준
> • 사회적 재화의 정당한 분배 기준
> • 사회 제도가 갖추어야 할 가장 기본적인 덕목

① 절제　　② 정의
③ 책임　　④ 협력

26 정의로운 사회 구현을 위한 조건으로 옳은 것만을 〈보기〉에서 모두 고른 것은?

> 보기
>
> ㄱ. 기본권 보장
> ㄴ. 공권력의 남용
> ㄷ. 사회적 약자 배려
> ㄹ. 공정한 분배 실현

① ㄱ, ㄴ　　② ㄴ, ㄷ
③ ㄱ, ㄴ, ㄷ　　④ ㄱ, ㄷ, ㄹ

27 다음 설명에 해당하는 분배의 기준은?

> 자격증을 가지고 있는 사람이나 다양한 경력을 쌓아 탁월한 재주가 있는 사람이 그렇지 않은 사람보다 더 나은 우대와 보상을 받는 것이 공정하다.

① 필요　　② 자유
③ 능력　　④ 욕망

28 다음 설명에 해당하는 분배의 기준으로 가장 적절한 것은?

> • 사회 구성원 간의 차이를 고려하지 않고 모든 사람에게 동일하게 분배함.
> • 사회 구성원 모두에게 기회 및 혜택을 제공하는 장점을 지님.

① 시간　② 업적
③ 희생　④ 절대적 평등

29 다음 중 ㉠, ㉡에 들어갈 정의의 종류가 옳게 짝지어진 것은?

(㉠) 정의	사회적 이익과 부담을 공정하게 분담하는 것
(㉡) 정의	국가가 법 집행을 통하여 불법 행위나 부정의를 바로 잡는 것

	㉠	㉡
①	교정적	절차적
②	분배적	교정적
③	절차적	형식적
④	형식적	분배적

30 그림의 내용과 같은 주장을 한 철학자는?

무지의 베일이 드리워진 원초적 입장은 정의의 원칙을 도출할 수 있는 최초의 계약 상황, 즉 공정한 상황이다.
원초적 입장에 있는 관련 당사자들 모두 평등하고 자유롭고 자율적인 인간이다.

① 밀(Mill, J. S.)　② 롤스(Rawls, J.)
③ 레건(Regan, T.)　④ 나딩스(Noddings, N.)

31 롤스(Rawls, J.)의 정의론에 대한 설명으로 옳은 것만을 〈보기〉에서 모두 고른 것은?

> 보기
> ㄱ. 공동 생산과 공등 분배의 원리를 강조한다.
> ㄴ. 합의의 공정성을 바탕으로 절차적 정의를 주장한다.
> ㄷ. 모든 사람이 기본적인 자유를 평등하게 누려야 한다고 주장한다.
> ㄹ. 사회의 최소 수혜자에게 최대의 이익을 보장하는 '차등의 원칙'을 주장한다.

① ㄱ, ㄹ　② ㄴ, ㄷ
③ ㄱ, ㄴ, ㄷ　④ ㄴ, ㄷ, ㄹ

32 다음 서술형 모범 답안의 문항 제목으로 가장 적절한 것은?

> ___반 ___번 이름 : ________
>
> [서술형 1] ________________
>
> 정의로운 사회를 위해 사회적·경제적 불평등은 최소 수혜자에게 최대의 이익을 보장하도록 해야 한다. 즉, 사회적 약자에 대한 배려가 우선해야 한다는 것이다. 예를 들어 저소득자에게 생활비 보조금 지급, 공공시설에 장애인 전용 엘리베이터 설치, 빈곤 무주택자에게 임대 아파트 우선적 공급 등이 이에 해당된다.

① 칸트의 평등한 자유의 원칙에 대해 서술하시오.
② 홉스의 사회적 계약의 원칙에 대해 서술하시오.
③ 롤스의 정의론 중 차등의 원칙에 대해 서술하시오.
④ 아리스토텔레스의 정의와 우애의 원칙에 대해 서술하시오.

33 다음 롤스(Rawls, J.)의 주장에서 밑줄 친 ㉠에 해당하지 않는 것은?

> 원초적 입장에서 사람들은 ㉠ 정의의 원칙들에 합의할 것이다. 그 원칙들에 입각하여 기본적 자유가 보장되고, 최소 수혜자를 포함한 모든 구성원의 이익이 증대되어야 한다.

① 차등의 원칙
② 유용성의 원칙
③ 평등한 자유의 원칙
④ 공정한 기회 균등의 원칙

34 다음을 주장한 사상가의 입장으로 옳은 것은?

> 〈정의의 두 원칙〉
> - 제1원칙 : 평등한 자유의 원칙
>   모든 사람은 다른 사람과 유사한 자유와 양립할 수 있는 가장 광범위한 기본적 자유에 대하여 동등한 권리를 가져야 한다.
> - 제2원칙 : 공정한 기회 균등의 원칙, 차등의 원칙

① 개인의 기본적 자유를 보장해야 한다.
② 사회 구성원의 기본적 자유는 평등하지 않다.
③ 사회 전체의 이익을 위한 소수의 희생은 정당하다.
④ 부유층의 기본권이 빈곤층의 기본권보다 중요하다.

35 다음 사례와 관련 있는 롤스(Rawls, J.)의 정의의 원칙은?

> - 여성 고용 할당
> - 국가 유공자 특별 대우
> - 지역 균형 선발
> - 농어촌 자녀 특례 입학

① 차등의 원칙　② 교정의 원칙
③ 취득의 원칙　④ 경쟁의 원칙

36 다음에서 롤스(Rawls, J.)의 관점에만 '✔'를 표시한 학생은?

관점 \ 학생	A	B	C	D
• 분배 절차가 공정하면 분배 결과도 공정하다.		✔		✔
• 재산이 많을수록 기본적 자유를 더 많이 가져야 한다.	✔		✔	
• 사회적 약자에게 경제적 이익을 분배해서는 안 된다.		✔	✔	

① A　② B
③ C　④ D

37 사회적 약자에게 공정한 기회를 부여하기 위한 제도에 해당하는 것은?

① 인터넷 실명 제도
② 탄소 배출권 거래 제도
③ 기업 연봉 성과급 제도
④ 농어촌 자녀 특례 입학 제도

38 사형 제도의 찬성 근거로 가장 적절한 것은?

① 오판의 가능성이 있다.
② 정치적으로 악용될 수 있다.
③ 응보적 정의 실현을 위한 수단이다.
④ 생명권을 침해하는 비인도적인 제도이다.

39 사형 제도에 반대하는 윤리적 입장의 근거를 〈보기〉에서 고른 것은?

보기
ㄱ. 오판의 가능성이 있다.
ㄴ. 죄에 상응하는 벌을 받아야 한다.
ㄷ. 종신형은 경제적 부담이 너무 크다.
ㄹ. 사형 제도는 생명권을 근본적으로 부정하는 것이다.

① ㄱ, ㄷ　② ㄱ, ㄹ
③ ㄴ, ㄷ　④ ㄴ, ㄹ

40 (가), (나)에 들어갈 내용으로 적절하지 <u>않은</u> 것은?

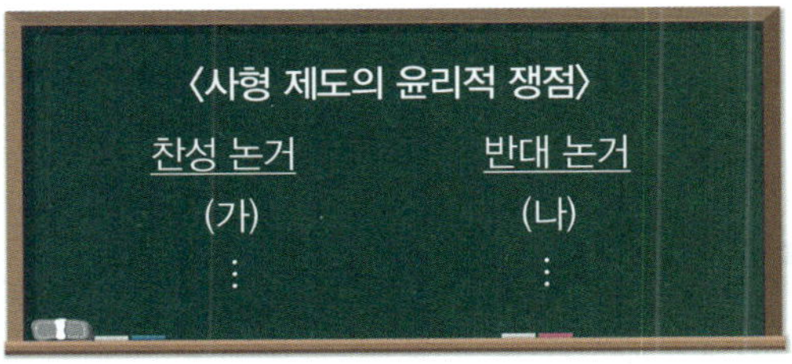

〈사형 제도의 윤리적 쟁점〉
찬성 논거
반대 논거
(가)
(나)
⋮
⋮

① (가) : 범죄 억제 효과가 있다.
② (가) : 사회 정의 실현에 기여할 수 있다.
③ (나) : 범죄자의 생명권을 침해할 수 있다.
④ (나) : 판결의 오류 가능성이 절대로 없다.

41 다음 설명에 해당하는 처벌에 대한 관점은?

> 처벌의 본질을 범죄 행위에 대해 응당한 보복을 가하는 것으로 본다.

① 예방주의　② 공리주의
③ 응보주의　④ 실용주의

42 다음의 국가 기원설을 주장한 사상가는?

> • 인간은 본성적으로 사회적 · 정치적 존재이므로 국가의 발생도 자연스러운 것이다.
> • 국가는 시민적 유대감과 행복한 삶을 위해 존재하는 것이다.

① 칸트　② 니체
③ 마르크스　④ 아리스토텔레스

43 다음과 같은 입장과 거리가 <u>먼</u> 것은?

> 국가는 외부의 침입이나 내부의 위협으로부터 개인을 보호하는 데 주력하고, 그 외의 일에 대해서는 간섭하지 않음으로써 개인이 자신의 자유를 추구할 수 있도록 해야 한다.

① 야경국가관
② 적극적인 국가관
③ 작은 정부
④ 자유방임주의 표방

44 다음 설명에 해당하는 국가관은?

> 국가의 간섭 없이도 '보이지 않는 손'이 국가 전체의 이익을 증대시키기 때문에 국가는 국방이나 치안, 사유 재산의 보호 등과 같은 최소한의 역할만을 수행해야 한다.

① 공산 국가 ② 야경 국가
③ 복지 국가 ④ 적극적 국가

45 다음 이론과 거리가 먼 사상가는?

> 국가가 없는 자연 상태는 위험하거나 불안정하다. 따라서 사람들은 생명과 안전, 재산을 보호하기 위해 자연권의 일부나 전부를 국가에 양도 혹은 위임하기로 서로 합의하여 국가를 만들었다.

① 로크 ② 프롬
③ 홉스 ④ 루소

46 민주 시민으로서 권리와 의무에 대한 가장 바람직한 자세는?

① 처벌이 따르는 의무만 이행한다.
② 나에게 이익이 되는 의무만 이행한다.
③ 의무보다 권리만 우선적으로 중시한다.
④ 의무를 성실히 이행하면서 권리를 주장한다.

47 시민의 권리와 책무 간의 조화를 위한 노력으로 적절하지 않은 것은?

① 타인의 권익 존중
② 충실한 의무 수행
③ 개인의 기본권 보장
④ 특정 계층의 이익 극대화

48 다음 설명에 해당하는 것은?

> 정의롭지 못한 법과 정책을 변화시키려는 목적을 가지고 의도적으로 법을 위반하는 행위

① 공정 무역 ② 시민 불복종
③ 합리적 소비 ④ 주민 투표제

49 시민 불복종의 사례를 〈보기〉에서 고른 것은?

> 보기
> ㄱ. 중세의 십자군 전쟁
> ㄴ. 나치의 유대인 집단 학살
> ㄷ. 소로의 세금 납부 거부
> ㄹ. 간디의 소금법 폐지 행진

① ㄱ, ㄴ ② ㄱ, ㄷ
③ ㄴ, ㄹ ④ ㄷ, ㄹ

50 시민 불복종의 특징으로 적절하지 않은 것은?

① 시민 불복종은 최후의 수단이어야 한다.
② 시민 불복종은 처벌을 감수하는 행위이다.
③ 시민 불복종은 개인의 이익만을 충족시켜야 한다.
④ 시민 불복종은 정의 실현을 위한 의도적 위법 행위이다.

51 ㉠에 들어갈 말로 적절한 것은?

> (㉠)은/는 정의롭지 못한 법이나 정부 정책을 의도적으로 거부하는 시민 저항 운동이다.

① 자아실현 ② 시민 불복종
③ 기본권 제한 ④ 윤리적 소비

52 시민 불복종에 대한 소로(Thoreau, H. D.)의 입장으로 옳은 것은?

① 폭력적인 수단이 정당화되는 유일한 방법이다.
② 소규모의 집단을 형성하여 비공개적으로 추진한다.
③ 자신에게만 불리한 법률이나 정책에 대한 불복종이다.
④ 사회 정의를 훼손하는 법이라면 양심에 따라 저항해야 한다.

53 (　　)에 들어갈 내용으로 적절하지 않은 것은?

> 주제 : 시민 불복종
> (가) 의미 : 정의롭지 못한 법이나 정부 정책을 변혁시키려는 목적으로 행해지는 의도적인 위법 행위
> (나) 정당화 요건 : (　　　　　　　　　　)

① 공동선을 추구해야 한다.
② 최후의 수단이어야 한다.
③ 항상 폭력적이어야 한다.
④ 행위의 목적이 정당해야 한다.

54 시민 참여의 올바른 자세로 적절하지 않은 것은?

① 공동체 이익에 기여해야 한다.
② 물질적 이해관계에만 적극 개입한다.
③ 주체적이고 자율적인 태도가 필요하다.
④ 사회적 약자에 대한 배려를 해야 한다.

55 국가 권력의 남용을 방지하기 위한 방법으로 가장 적절한 것은?

① 시민들의 수동적 참여
② 국가 정책에 대한 무관심
③ 부당한 국가 권력에 대한 감시
④ 국가의 시민에 대한 권리 침해

56 표에서 시민 불복종의 정당화 조건에만 '✔'를 표시한 학생은?

조건 \ 학생	A	B	C	D
공개적으로 저항	✔	✔		✔
비폭력적인 방법으로 전개	✔		✔	✔
온갖 수단과 방법을 동원하여 목적을 달성		✔	✔	✔

① A　　② B
③ C　　④ D

57 교사의 질문에 대한 대답으로 적절하지 않은 것은?

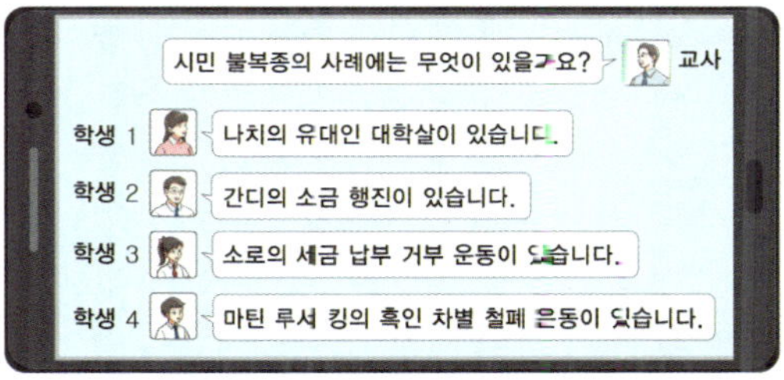
시민 불복종의 사례에는 무엇이 있을까요?
교사
학생 1
나치의 유대인 대학살이 있습니다.
학생 2
간디의 소금 행진이 있습니다.
학생 3
소로의 세금 납부 거부 운동이 있습니다.
학생 4
마틴 루서 킹의 흑인 차별 철폐 운동이 있습니다.

① 학생 1　　② 학생 2
③ 학생 3　　④ 학생 4

58 다음 중 시민 불복종의 정당화 조건으로 옳지 않은 것은?

① 처벌 감수　　② 공동선 추구
③ 최후의 수단　　④ 폭력적 방법 사용

EBS 교육방송교재

고졸 검정고시 도덕

PART

04

과학과 윤리

01 과학 기술과 윤리

02 정보 사회와 윤리

03 자연과 윤리

이 단원은 과학 기술과 윤리, 정보 사회와 윤리, 자연과 윤리를 다루고 있으며, 이와 관련된 윤리적 문제들을 비판적으로 성찰하여 바람직한 가치관을 함양하는 것을 목표로 한다. 따라서 이 단원에서는 먼저 과학 기술의 중립성, 정보 기술에 따른 다양한 윤리 문제, 매체 윤리에 관해 학습한다. 그리고 자연에 관한 동서양의 다양한 관점을 학습하고, 기후 변화 문제, 미래 세대의 문제 등 환경 문제와 관련한 쟁점과 이를 해결하기 위한 방안을 모색한다.

01 과학 기술과 윤리

• 핵심키워드 : 과학 기술의 다양한 관점, 과학 기술의 가치중립성 입장 비교 및 사회적 책임 문제

1 과학 기술 가치중립성 논쟁

1. 과학 기술의 성과와 한계

(1) 과학 기술의 성과 : 물질적 풍요와 편리한 삶, 건강 증진과 생명 연장, 환경적·시공간적 제약 극복 등

(2) 과학 기술의 한계

① 과학 기술 의존에 따른 주체성 약화와 비인간화 현상

예 인간 소외 현상*, 기술 지배 현상* 등

② 생명체 실험 증가에 따른 인간 존엄성 약화

예 생명 윤리 문제 등

③ 정보 통신 기술 발달에 따른 인권과 사생활 침해

예 판옵티콘*, 빅브라더* 등

④ 대량 생산과 소비에 따른 환경 문제

실/전/맛/보/기

과학 기술 발달에 따라 발생할 수 있는 윤리적 문제점은?

① 환경 파괴

② 식량 문제 해결

③ 생활수준의 향상

④ 비판적 사고능력 강화

2. 과학 기술을 바라보는 관점

(1) 과학 기술 지상주의와 과학 기술 혐오주의

선생님의 도움 Tip

과학 기술에 대한 입장을 묻는 문제가 자주 출제됩니다.

인간 소외 현상
과학 기술의 급속한 발달과 산업화로 인간이 인격체로 대우받지 못하고, 인간이 본질적으로 갖고 있는 인간성을 상실하여 비인간적 상태에 놓이는 것을 뜻한다.

기술 지배 현상(technocracy)
과학 기술이 인간의 선한 목적을 위해 통제되지 못하고 오히려 기계가 인간을 지배하는 상황이 발생하는 현상이다.

판옵티콘(panopticon)

영국 철학자 벤담이 죄수를 감시할 목적으로 제안한 원형 모양의 감옥 건축 양식이다. 이것은 감시자의 존재를 드러내지 않으면서 끊임없이 수용자를 감시할 수 있는 구조이다.

빅브라더(big brother)
정보를 독점하고 사회를 통제하는 권력을 일컫는 말로, 조지 오웰의 소설 『1984』에 처음 등장하였다. 빅브라더는 집안과 거리 곳곳에 설치된 '텔레스크린'으로 사람들의 행동을 감시하는 권력을 일컫는다.

실전 맛보기 해설 및 정답

과학 기술의 발달에 따른 대량 생산과 대량 소비로 발생하는 쓰레기의 증가는 대기 오염 등 환경을 심각하게 훼손하고 있으며, 동식물의 생명마저 위협하고 있다.

정답 ①

구분	과학 기술 지상(낙관)주의	과학 기술 혐오(비관)주의
의미	과학 기술이 사회의 모든 문제를 해결하고 무한한 부와 행복을 줄 것이라 믿는 태도 예 베이컨 『뉴 아틀란티스』	과학 기술의 부작용만을 염려하여 과학 기술 자체를 거부하는 태도 예 러다이트 운동*
한계	• 과학 기술의 부정적 측면(부작용) 간과 • 반성적 사고 능력 훼손	과학 기술의 긍정적 기능(혜택과 성과)까지 무시

(2) 과학 기술에 대한 반성과 비판적 성찰
① 과학 기술의 긍정적 측면과 부정적 측면을 모두 고려
② 비판적 자세를 가지고 과학 기술의 바람직한 발전을 위해 노력해야 한다.

실/전/맛/보/기

과학 기술 지상주의의 관점으로 가장 적절한 것은?

① 과학 기술의 발전을 비관적으로 본다.
② 과학 기술이 역기능만을 유발한다고 본다.
③ 과학 기술의 여러 혜택과 성과를 부정한다.
④ 과학 기술이 모든 문제를 해결할 수 있다고 본다.

3. 과학 기술의 가치중립성 논쟁

선생님의 도움 Tip

과학 기술의 가치 중립성에 대한 입장을 묻는 문제가 자주 출제됩니다.

가치중립성을 인정하는 입장 ➜ 윤리적 가치 개입 ×	가치중립성을 부정하는 입장 ➜ 윤리적 가치 개입 ○
• 과학 기술의 본질은 진리 탐구임. • 과학 기술에는 주관적 가치가 개입될 수 없음. • 과학 기술은 윤리적 평가의 대상이 아님. • 과학 기술자의 사회적 책임 부정	• 과학 기술도 가치 판단으로부터 자유로울 수 없으므로 윤리적 평가가 필요하다는 입장 • 연구 목적을 설정하거나 연구 결과를 현실에 적용할 때 윤리적 성찰이 필요함. • 과학 기술자의 사회적 책임 인정

과학 기술 낙관주의와 베이컨
베이컨이 주장한 "아는 것이 힘이다."라는 명제에서 '아는 것'은 과학을, '힘'은 기술을 가리킨다고 볼 수 있다. 그는 개개의 사례를 비교·관찰할 수 있다고 보았으며, 이와 같은 인식은 자연에 대한 인간의 태도를 변화시키는 중요한 단서가 되었다.

러다이트 운동
1811~1817년 영국에서 일어난 기계 파괴 운동이다. 당시 방직기가 노동자의 일거리를 줄인다고 생각하면서 노동자들이 기계를 파괴한 운동이다.

과학 기술의 가치 중립
과학 기술을 연구·검증할 때 특정 가치나 신념이 개입하지 않아야 한다는 것

과학자 하버 이야기
하버가 높은 압력과 촉매를 이용하여 암모니아 합성법을 개발하면서, 암모니아(질소와 수소의 화합물)의 생산이 가능해져 비료를 대량으로 만들게 되었다. 하버의 질소가 비료가 되어 인류를 굶주림에서 구한 것이다. 이러한 공로를 인정받아 하버는 1918년에 노벨 화학상을 받는다. 그런데 하버가 연구한 암모니아는 비료의 원료이기도 하지만 폭발물의 원료이기도 했다.

실전 맛보기 해설 및 정답

과학 기술이 모든 문제를 해결할 수 있다고 보는 과학 기술 지상주의의 관점은 과학 기술의 부정적 측면을 간과하고 인간의 반성적 사고능력을 훼손하는 한계를 지닌다.
①, ②, ③은 과학 기술 혐오(비관)주의에 대한 설명이다.

정답 ④

4. 과학 기술 발전을 위한 올바른 태도

(1) 이론적 정당화 과정 : 가치 중립적 태도가 필요하다.

(2) 과학 기술 연구 목적 설정 및 활용 과정 : 윤리적 가치 평가가 필요하다.

실/전/맛/보/기

갑, 을이 공통으로 지향하는 과학 기술에 대한 입장은?

과학 기술은 윤리적 관점에서 평가되어서는 안 돼.
과학 기술은 가치와 무관한 사실의 영역으로 보아야 해.
갑
을

① 과학 기술은 가치 중립적이어야 한다.
② 과학 기술에는 가치가 개입되어야 한다.
③ 과학 기술은 윤리적 책임이 따라야 한다.
④ 과학 기술은 도덕적 판단의 규제를 받아야 한다.

연구 부정 행위

위조	존재하지 않는 자료나 연구 결과 등을 허위로 만들어 내는 행위
변조	연구 재료・장비 등을 조작하거나 자료를 변형・삭제하여 연구 내용 및 결과를 왜곡하는 행위
표절	해당 분야의 일반 지식이 아닌 타인의 저작물을 출처 표기 없이 자기 것처럼 부당하게 사용하는 행위
부당한 저자 표기	연구에 공헌한 사람에게 저자 자격을 부여하지 않거나, 중요한 공헌을 하지 않은 사람에게 저자 자격을 부여하는 행위

실전 맛보기 해설 및 정답

갑과 을 모두 과학 기술에 대한 가치중립성을 인정하는 입장이다.

정답 ①

2 과학 기술의 윤리적 책임과 책임 윤리

1. 과학 기술의 윤리적 책임

(1) 과학 기술자 책임

내적 책임	• 연구 자체에 대한 과학 기술자의 책임 • 연구 윤리 준수, 연구의 참과 거짓 규명, 신뢰할 수 있는 검증 과정, 발견한 진리의 공표 및 검토 등
외적 책임	• 연구 결과가 사회에 미칠 영향에 대한 과학 기술자의 책임 • 사회적 책임 의식 : 인간의 존엄성 구현, 삶의 질 향상, 미래 세대의 존속 및 인간 생존 등

(2) 사회 제도적 차원의 노력

① 과학 기술의 윤리적 문제를 해결하기 위한 사회적 차원의 접근이 필요하다.

② 과학 기술의 연구 개발 과정과 결과를 평가・감시・통제할 수 있는 기관 및 윤리 위원회 활동 강화, 기술 영향 평가 제도* 시행 등

(3) 개인의 노력

① 과학 기술의 연구·개발과 관련된 사회적 토론과 합의 과정에 적극적·민주적으로 참여

② 과학 기술이 인권과 생명을 존중하고, 환경 친화적으로 발전할 수 있도록 노력

실/전/맛/보/기

다음 중 과학 기술자의 윤리적 자세로 옳지 않은 것은?

① 연구 과정에서 표절이나 위조를 해서는 안 된다.
② 연구 및 실험 대상을 윤리적으로 대우해야 한다.
③ 연구 과정에서 부당한 저자 표기를 해서는 안 된다.
④ 연구 결과를 자신의 이익만을 위해 공개해야 한다.

2. 요나스의 책임 윤리

선생님의 도움 Tip

요나스의 책임 윤리를 묻는 문제가 자주 출제됩니다.

(1) 책임의 범위 확대

① 책임의 범위를 현세대로 한정하는 기존의 전통적 윤리관은 과학 기술 시대에 발생하는 문제를 해결하는 데 한계가 있다.

② 인간뿐만 아니라 자연, 미래 세대까지 윤리적 책임의 범위를 확대해야 한다.

(2) 예견적 책임 강조

① 과학 기술의 발전이 먼 미래에 끼치게 될 결과를 예측하여 생명에 대한 도덕적 책임을 져야 한다.

② 미래 세대와 자연에 해악을 끼치는 과학 기술 연구는 중단해야 한다.

실/전/맛/보/기

요나스(Jonas, H.)의 책임 윤리에 대한 설명으로 옳은 것은?

① 과거 지향적인 인과적 책임만을 강조한다.
② 선한 동기만으로 도덕성을 평가해야 한다고 본다.
③ 책임의 범위를 생태계 전체까지 확대해야 한다고 본다.
④ 의도하지 않은 행위는 책임질 필요가 없다고 주장한다.

기술 영향 평가 제도
과학 기술이 사회 전반에 미치는 영향을 파악하여 과학 기술의 바람직한 발전 방향을 모색하고 그 부정적 영향을 최소화하려는 제도로, 전문가 중심의 평가와 시민 참여적 평가 등이 있다.

요나스
독일의 생태 철학자인 요나스는 과학 기술의 위협을 고찰하고 미래에 관한 책임 윤리를 제창하였다. 주요 저서로 『책임의 원칙』, 『생명의 원리』 등이 있다.

실전 맛보기 해설 및 정답

과학 기술자의 윤리적 책임에는 연구 과정에서 조작, 변조, 표절 등 비윤리적 행위를 해서는 안 되며 연구 윤리의 준수·연구 목적을 설정하거나 연구 결과를 적용할 때 윤리적 성찰이 필요하다. 또한 자신의 연구가 사회에 미칠 영향력을 인식하고 연구 결과에 대한 사회적 책임을 다해야 하며 사회적으로 해로운 결과가 예상되는 연구는 위험성을 알리고 연구를 중단해야 한다.

정답 ④

실전 맛보기 해설 및 정답

요나스(Jonas, H.)는 기존의 전통적 윤리관은 과학 기술 시대에 발생하는 문제를 해결하는 데 한계가 있음을 자각하고 인간뿐만 아니라 자연, 미래 세대까지 윤리적 책임의 범위를 확대해야 한다고 주장하였다. ② 칸트의 의무론, ④ 과학 기술 자체의 책임만 강조하는 오펜하이머와 관련 있다.

정답 ③

필/수/개/념 TEST

01 다음에서 괄호에 들어갈 용어를 쓰시오.

(1) 인간성을 상실하여 비인간적 상태에 놓이는 것을 (   ) 현상이라고 한다.

(2) 과학 기술이 통제되지 못해 기계가 인간을 지배하는 상황을 (   ) 현상이라고 한다.

(3) 과학 기술 (   )주의는 과학 기술이 모든 문제를 해결할 수 있다고 믿는다.

(4) (   )은/는 어떤 특정한 가치관이나 태도에 치우치지 않는 것을 뜻한다.

(5) (   ) 책임이란 앞으로 행해질 것의 결과에 대한 책임을 말한다.

02 과학 기술에 대한 가치중립성의 찬성 입장에는 '찬', 반대 입장에는 '반'이라고 쓰시오.

(1) 과학 기술 연구의 자유를 보장해야 한다. (   )

(2) 과학 기술도 가치 판단의 대상이다. (   )

(3) 윤리적 규제는 과학 기술의 발달을 저해한다. (   )

(4) 과학 기술 연구는 객관적인 진리를 탐구하는 학문일 뿐이다. (   )

03 다음 설명이 맞으면 ○표, 틀리면 ×표를 하시오.

(1) 과학 기술 혐오주의는 과학 기술의 긍정적 측면을 인정하지 않는다. (   )

(2) 과학 기술의 가치중립성을 강조하는 입장은 윤리적 검토와 통제가 필요하다고 본다. (   )

(3) 과학 기술의 개발과 활용에 신중한 접근과 윤리적 책임 의식이 필요하다. (   )

(4) 니부어는 과학 기술이 발전한 시대에 새로운 책임 윤리를 확립해야 한다고 주장한다. (   )

필수개념 TEST 정답

01 (1) 인간 소외
(2) 기술 지배
(3) 지상(낙관)
(4) 가치중립성
(5) 예견적

02 (1) 찬
(2) 반
(3) 찬
(4) 찬

03 (1) ○
(2) ×
(3) ○
(4) ×

02 정보 사회와 윤리

• 핵심키워드 : 정보 기술의 발전에 따른 사회 변화, 정보 기술과 매체의 발달에 따른 윤리적 문제 및 해결 방안, 정보 사회에서의 정보 윤리와 매체 윤리

1 정보 기술 발달과 정보 윤리

1. 정보 기술의 발달에 따른 변화

(1) 정보 사회의 장단점

① 장점 : 시·공간적 제약 극복, 삶의 편리성 증대, 수평적·다원적 사회 변화 등

② 단점 : 감시와 통제 가능성 증가, 기술 의존성 증가, 다양한 윤리적 문제 발생 등

(2) 정보 사회의 다양한 문제

> **선생님의 도움 Tip**
> 정보 사회의 윤리 문제 중 사생활 침해와 사이버 폭력에 대해 묻는 문제가 자주 출제됩니다.

① 저작권*(지적 재산권*) 문제

정보 사유론 (copyright)	• 창작자의 재산권 및 인격권을 보호해야 한다는 입장 • 정보 생산에 필요한 노력의 대가를 지불해야 한다고 주장 • 비판 : 정보의 자유로운 교류를 방해할 수 있음.
정보 공유론 (copyleft)	• 지적 창작물은 공공재이며, 사회적 산물인 정보에 대한 권리를 공유해야 한다는 입장 • 특정 개인이나 집단이 정보를 독점하면 정보 발전이 어렵다고 주장 • 비판 : 창작자의 노력을 충분히 고려하지 못함, 창작물의 질적 수준이 저하될 수 있음.

정보 통신 기술의 역기능
- 개인 정보와 사생활 침해
- 스팸 메일
- 불건전 정보 유통
- 컴퓨터 바이러스
- 정보 시스템 불법 침입과 파괴
- 소프트웨어 불법 복제와 지적 재산권 침해
- 전자 상거래 관련 피해
- 정보의 격차와 중독

저작권
지적 재산권 중에서 문학, 학술 또는 예술의 범위에 속하는 저작물에 대하여 창작자가 가지는 권리이다. 저작물에 대한 경제적 대가를 보호하는 재산적 측면과 저작권자의 의사를 존중하는 인격적 측면을 포함한다.

지적 재산권
지식, 정보, 기술 등 재산적 가치가 실현될 수 있는 지적 창작물에 부여된 재산에 대한 권리이다.

정보의 자기결정권
자신의 개인 정보를 누구에게 어떤 범위까지 얼마 동안 어떤 형식으로 공개할 것인가, 언제 폐기할 것인가 등에 관해 정보의 주인이 통제할 수 있는 권리이다.

잊힐 권리
개인의 사생활을 보호하기 위해 인터넷과 누리 소통망(SNS) 등에 노출된 각종 개인 정보의 삭제를 요구할 수 있는 권리

실/전/맛/보/기

정보 공유를 강조하는 입장으로 옳은 것을 〈보기〉에서 고른 것은?

보 기

ㄱ. 정보에 대한 자유로운 접근을 허용해야 한다.
ㄴ. 정보를 공동의 이익을 위해서 사용해야 한다.
ㄷ. 정보에 대한 사적 소유 권리를 강화해야 한다.
ㄹ. 정보 창작이 이루어지는 분야를 축소해야 한다.

① ㄱ, ㄴ ② ㄱ, ㄷ
③ ㄴ, ㄹ ④ ㄷ, ㄹ

② 사생활 침해
㉠ 사적인 정보의 유출로 개인 사생활이 침해당하거나 개인 정보가 범죄에 악용되는 문제 발생
㉡ 개인 정보 보호, 정보 자기결정권과 잊힐 권리*가 강조된다.

실/전/맛/보/기

다음 설명에 해당하는 권리는?

정보 주체가 온라인상에서 개인이 원하지 않는 자신의 정보에 대해 삭제 또는 확산 방지를 요구할 수 있는 권리를 의미한다.

① 알 권리 ② 공유 권리
③ 상속 권리 ④ 잊힐 권리

③ 사이버 폭력 : 악성 댓글, 허위 사실 유포, 사이버 스토킹, 사이버 따돌림(불링)* 등은 현실 세계의 폭력처럼 타인에게 고통을 주고 사회 혼란을 유발

실/전/맛/보/기

다음 설명에 해당하는 것은?

- 의미 : 온라인에서 이루어지는 폭력
- 종류 : 해킹, 바이러스 유포, 악성 댓글, 거짓 정보 등
- 특징 : 집단적으로 이루어지는 경우가 많아 책임을 전가하기 쉬움

① 아동 학대 ② 게임 중독
③ 지적 재산권 ④ 사이버 폭력

실전 맛보기 해설 및 정답

정보 공유론(copyleft)은 정보의 공공재적 성격을 중시하며, 더 많은 사람이 쉽게 사용하도록 정보를 공유해야 한다는 입장이다. ㄷ. 정보 사유론(copyright)에 대한 설명이다. ㄹ. 정보 공유론, 정보 사유론 모두 관련이 없다.

정답 ①

실전 맛보기 해설 및 정답

잊힐 권리(right to be forgotten)는 인터넷에서 생성・저장・유통되는 개인의 사진이나 거래 정보 또는 개인의 성향과 관련된 정보에 대해 소유권을 강화하고 이에 대해 유통 기한을 정하거나 이를 삭제, 수정, 영구적인 파기를 요청할 수 있는 권리 개념을 말한다.

정답 ④

실전 맛보기 해설 및 정답

사이버 공간에서 상대방이 원하지 않는 언어, 이미지 등을 이용 하여 정신적・심리적 피해를 주는 행위를 뜻한다. 사이버 폭력의 예로는 사이버 따돌림, 사이버 명예 훼손, 사이버 모욕, 사이버 스토킹, 사이버 성폭력 등이 있다.

정답 ④

2. 정보 사회의 정보 윤리

선생님의 도움 Tip

정보 윤리의 기본 원칙에 대해 묻는 문제가 자주 출제됩니다.

(1) 정보 분석 능력 함양 : 비판적 사고를 바탕으로 정보를 분석할 수 있는 능력 필요

(2) 윤리 원칙 준수

자율성의 원리	스스로 도덕 원칙을 수립하여 행동하고 타인의 자기 결정 능력을 존중해야 함.
해악 금지의 원리	남에게 해악을 끼치거나 상해를 입히는 일을 피해야 함.
선행의 원리	타인의 복지를 증진하는 방향으로 행동해야 함.
정의의 원리	공정한 기준에 따라 혜택이나 부담을 공정하게 배분해야 함.

(3) 윤리적 태도 함양 : 인간 존중의 태도, 사회적 책임, 공동체 의식 등 필요

실/전/맛/보/기

다음에 해당하는 정보 윤리의 기본 원칙은?

- 정보화 혜택의 차별 없는 분배
- 사이버 공간에서의 규칙과 법 준수

① 정의 ② 갈등
③ 익명성 ④ 무관심

사이버 불링
가상 공간을 뜻하는 사이버(cyber)와 집단 따돌림을 뜻하는 불링(bullying)에서 생겨난 신조어로 사이버상에서 특정인을 집단적으로 따돌리거나 집요하게 괴롭히는 행위를 말한다.

정보 격차
교육, 소득 수준, 성별, 지역 등의 차이로 정보에 대한 접근과 이용이 차별되고, 그 결과 경제적·사회적 불균형이 발생하는 현상을 뜻한다.

세버슨의 '정보 윤리학의 기본 원리'
- 지적 재산권 존중
- 사생활 존중
- 공정한 표현
- 해악 금지

스피넬로의 '사이버 윤리'
- 자율성
- 해악 금지
- 선행
- 정의

실전 맛보기 해설 및 정답

정보 윤리의 기본 원칙에는 인간 존중, 책임의식, 정의, 해악 금지 등이 있다.

정답 ①

2 정보 사회에서의 매체 윤리

1. 뉴 미디어*의 기능과 특징

(1) 의미 : 정보를 인터넷을 통해 가공, 전달, 소비하는 포괄적 융합 매체 예 인터넷 신문, 전자책, IPTV*, 위성 방송 등

(2) 뉴 미디어의 특징
① 정보 생산 주체와 소비 주체의 쌍방향적인 의사소통
② 시 · 공간적 제약에서 벗어나 광범위한 사회적 연결망의 형성
③ 정보를 수집 · 전달하는 속도가 신속
④ 누구나 정보의 생산 · 유통 · 소비 가능
⑤ 다수의 정보 이용자가 정보의 제공과 감시의 역할 수행

(3) 뉴 미디어의 문제점 : 객관성과 신뢰성 부족
➜ 허위 정보나 음란 정보 및 각종 유해 정보 전달

2. 뉴미디어 시대의 윤리적 문제

(1) 정보 생산 및 유통 과정의 필요 윤리
① **진실한 태도** : 정보의 왜곡 금지, 객관성과 공정성 유지
② **개인의 인격권 보호** : 알 권리를 충족하는 과정에서 특정 개인의 명예나 사생활, 인격권을 보호해야 한다.
③ **배려** : 가상 공간에서 상대를 배려하는 자세 필요

(2) 정보 소비 과정의 필요 윤리
① **미디어 리터러시(media literacy)* 함양** : 뉴 미디어 매체를 이해하고 활용하는 능력
② **정보화 시대의 시민 의식** : 매체 이용자에게 규범의 준수와 함께 사회적 참여, 시민 의식 확보
③ **정보의 비판적 · 능동적 수용** : 매체가 제공하는 정보의 진위와 진실성을 판단하여 수용

뉴 미디어
기존의 매체들이 제공하던 정보를 가공, 전달, 소비하는 포괄적 융합 매체를 말한다.

IPTV
초고속 인터넷망을 이용하여 제공되는 양방향 텔레비전 서비스로, 편리한 시간에 보고 싶은 프로그램을 골라 볼 수 있는 방식을 말한다.

허위 정보와 데이터 스모그(data smog)
인터넷의 급속한 발달로 쏟아져 나오는 많은 정보 중 필요 없는 정보나 허위 정보들이 마치 대기 오염의 주범인 스모그처럼 가상공간을 어지럽힌다는 뜻에서 유래된 용어이다.

미디어 리터러시
정보 사회에서 매체를 이해하고 활용하는 데 필요한 기본적인 읽기, 쓰기 능력을 말한다. 포괄적으로는 다양한 형태의 커뮤니케이션에 접근하고 분석 · 평가하고 발신하는 능력을 의미한다.

필/수/개/념 TEST

01 저작권 문제에 대한 입장을 정보 사유론은 '사' 정보 공유론은 '공'이라 쓰시오.

(1) 지적 창작물은 공공재이다. (　　)

(2) 정보 생산에 대한 노력은 보상이 필요하다. (　　)

(3) 정보의 자유로운 교류를 방해하는 문제점이 있다. (　　)

(4) 특정 집단의 정보 독점은 정보 발전을 어렵게 한다고 주장한다. (　　)

(5) 창작물의 질적 수준이 저하될 수 있다는 비판을 받는다. (　　)

02 다음 괄호에 들어갈 용어를 쓰시오.

(1) (　　　　　　)은/는 자신의 정보 유통 과정 전체를 결정하고 통제하는 권한이다.

(2) (　　　　　　)은/는 자신과 관련된 모든 정보에 대해 삭제 및 확산 방지를 요구할 수 있는 권리이다.

(3) (　　　　　　)은/는 정보를 인터넷을 통해 가공, 전달, 소비하는 포괄적 융합 매체를 의미한다.

(4) (　　　　　　)은/는 필요 없는 정보나 허위 정보들이 가상 공간을 어지럽힌다는 뜻이다.

(5) (　　　　　　)은/는 뉴 미디어 매체를 이해하고 활용하는 능력을 말한다.

필수개념 TEST 정답

01 (1) 공
(2) 사
(3) 사
(4) 공
(5) 공

02 (1) 정보 자기결정권
(2) 잊힐 권리
(3) 뉴 미디어
(4) 데이터 스모그
(5) 미디어 리터러시

03 자연과 윤리

• 핵심키워드 : 자연을 바라보는 동서양의 관점 비교, 기후 변화 관련 윤리 문제와 쟁점

1 인간과 자연의 관계에 대한 다양한 관점

선생님의 도움 Tip

인간 중심주의, 생태 중심주의 입장을 묻는 문제가 자주 출제됩니다.

1. 인간 중심주의

(1) 특징 : 인간만이 도덕적 가치를 지닌다. ➜ 도구적 자연관*

(2) 대표적 사상가

베이컨	• 자연 과학적 지식을 활용하여 자연을 정복하고 인간의 물질적 혜택과 복지를 증진해야 함. • "방황하고 있는 자연을 사냥해서 노예로 만들어 인간의 이익에 봉사하도록 해야 한다." • "아는 것이 힘이다."
데카르트	• 정신을 지닌 존엄한 인간이 의식이 없는 자연을 이용·정복하는 것은 정당함. • "동물과 식물은 살아 있긴 하지만, 기계 또는 '사고 없는 야수'일 뿐이다."
칸트	인간의 자연에 대한 간접적 의무(인간의 자연 보호)가 있지만, 인간 상호 간의 의무만이 인간에 대한 직접적 의무(인간 상호 간의 존중)에 해당함.

실/전/맛/보/기

다음 내용과 가장 관련이 깊은 것은?

- 인간만이 도덕적 권리를 행사할 수 있음.
- 사상가 : 베이컨(Bacon, F.), 데카르트(Descartes, R.) 등

① 동물 중심주의 ② 생명 중심주의
③ 인간 중심주의 ④ 생태 중심주의

도구적 자연관
자연을 인간의 이익과 욕구 충족의 수단으로 삼는 자연관

칸트의 인간 중심주의
칸트는 이성을 지닌 인간만이 자율적인 도덕적 삶이 가능하다고 주장하였다. 그러므로 이성이 결여된 동물은 도덕의 주체가 될 수 없고, 다만 우리의 간접적인 도덕적 의무의 대상일 뿐이라고 하였다.

실전 맛보기 해설 및 정답

제시문은 자연을 바라보는 서양의 관점 중에서 오직 인간만이 이성을 지닌 존재라는 점에서 도덕적 지위를 지닌다고 보는 인간 중심주의에 대한 설명이다. 인간 중심주의 관련 사상가들은 아리스토텔레스, 아퀴나스, 베이컨, 데카르트, 칸트 등이 있다.

정답 ③

2. 동물 중심주의

(1) 특징 : 인간과 동물까지 도덕적으로 고려한다.
→ 동물에 대한 의무를 직접적 의무로 본다.

(2) 대표적 사상가

싱어 (동물 해방론)	• 동물도 인간처럼 쾌고 감수 능력을 지니므로 고통에서 해방해야 함. • 이익 평등 고려의 원칙* : 동물의 이익과 인간의 이익을 평등하게 고려해야 함.
레건 (동물 권리론)	• 동물은 자기의 삶을 영위하는 삶의 주체임. • 동물을 수단으로 취급하는 행위가 비윤리적인 이유는 동물이 지닌 가치와 권리를 부정하기 때문(의무론)

실/전/맛/보/기

㉠에 들어갈 말로 가장 적절한 것은?

동물 중심주의 윤리의 대표학자는 싱어(Singer, P.)입니다.
그의 사상적 특징은 다음과 같습니다.
(㉠)

① 정복 지향적인 자연관을 가집니다.
② 동물을 도덕적 고려의 대상으로 봅니다.
③ 인간이 자연을 지배할 권리를 강조합니다.
④ 동물을 인간이 사용해야 하는 수단이라고 봅니다.

3. 생명 중심주의

(1) 특징 : 도덕적 고려의 범위를 모든 생명체로 확대해야 한다.

(2) 대표적 사상가

슈바이처	• 생명 외경(畏敬) : 생명의 신비를 두려워하고 존경하는 마음으로 생명을 소중히 여겨야 함. • 생명을 유지하고 고양하는 것은 선(善), 생명을 훼손하는 것은 악(惡)으로 파악함. • 생명의 동등성과 차등성*을 주장함. → 불가피하게 생명을 해쳐야 하는 선택 상황에서 도덕적 책임을 느껴야 함.
테일러	• 모든 생명체는 생존 · 성장 · 발전이라는 목적을 추구한다는 점에서 '목적론적 삶의 중심'이라고 봄. • 모든 생명체는 내재적 가치*를 지닌 존재이므로 도덕적으로 존중받아야 함.

이익 평등 고려의 원칙
쾌락과 고통을 느끼는 모든 존재의 이익을 평등하게 고려해야 한다는 원칙이다.

종 차별주의(종 이기주의)
인종 차별이나 성 차별이 도덕적으로 정당화될 수 없는 것처럼, 자기가 속한 종의 이익을 옹호하기 위해 다른 종의 이익을 배척하는 태도를 비판하는 용어이다.

슈바이처의 생명의 동등성과 차등성
• 생명의 동등성 : 모든 생명은 살고자 하는 의지가 있으며, 생명은 그 자체로 신성하다는 의미에서 모든 생명은 동등하다.
• 생명의 차등성 : 자기 존재를 유지하기 위해 불가피하게 다른 생명을 해쳐야 할 경우 생명의 차등성이 드러나지만, 그럼에도 모든 생명에 대해 무한한 책임을 지녀야 한다.

내재적 가치
다른 것의 수단으로서의 가치가 아니라 그 존재 자체가 지니는 가치이다.

실전 맛보기 해설 및 정답

동물 중심주의는 동물을 인간과 동등한 도덕적 고려의 대상으로 보아야 한다는 관점이다. ①, ③, ④는 모두 인간 중심주의에 대한 설명이다.

정답 ②

테일러의 생명체에 대한 네 가지 의무

- 성실의 의무 : 덫 놓기, 낚시 등 동물을 속이는 기만 행위를 하면 안 되는 의무
- 해치지 않을 의무 : 생명체에 해를 끼쳐서는 안 되는 의무(가장 기본적인 의무이나 불가피성 인정)
- 개입하지 않을 의무 : 개별 생명체의 자유를 간섭하거나 전체 생태계를 통제해서는 안 되는 의무
- 보상적 정의의 의무 : 해를 입히면 보상해야 하는 의무

전일론적 관점

전체로서의 자연환경, 종과 생태계의 보전에 초점을 맞추는 견해 이다. 생태 중심주의에서는 동물·생명 중심주의가 개별 생명체에 초점을 맞추는 개체론의 성격을 지닌다고 비판한다.

네스(Naess, A., 1912~2009)

노르웨이의 산악인이자 철학자로, 심층 생태론(Deep ecology)의 창시자이다.

실전 맛보기 해설 및 정답

슈바이처는 모든 생명은 살고자 하는 의지를 지니고 있으며, 그 자체로 신성하다는 생명 외경을 강조하였다.

정답 ②

실전 맛보기 해설 및 정답

제시문은 생태 중심주의 사상가 중 도덕 공동체의 범위를 식물, 동물, 토양과 물을 포함하는 대지까지 확장하자고 주장한 레오폴드의 대지 윤리에 대한 설명이다. 레오폴드는 인간은 자연의 지배자가 아니라 구성원에 불과하며, 생태계의 안정을 유지할 의무가 있어 생명 공동체의 온전성, 안정성, 아름다움에 기여하는 것이 바람직하다고 주장하였다.

정답 ①

실/전/맛/보/기

다음과 같이 주장한 윤리 사상가는?

윤리 역시 생명 외경 이외에 아무것도 아니다. 생명을 유지하고 증진하며 고양시키는 것은 선이며, 생명을 파괴하고 해를 끼치는 것은 악이다.

① 베이컨 ② 슈바이처
③ 데카르트 ④ 아리스토텔레스

4. 생태 중심주의

(1) 특징 : 생태계 전체를 도덕적 고려의 대상으로 삼는다.

→ 전일론(全一論)적 관점*

(2) 대표적 사상가

레오폴드	• 대지 윤리 : 도덕 공동체의 범위를 식물, 동물, 토양과 물을 포함하는 대지까지 확장함. • 인간은 자연의 지배자가 아니라 구성원에 불과하며, 생태계의 안정을 유지할 의무가 있음.
네스*	• 심층 생태주의 : 환경 위기 극복을 위해 인간 중심의 세계관을 바꾸어야 함. • 큰 자아실현 : 자아를 자연관의 상호 관련성을 통해 이해 • 생명 중심적 평등 : 모든 생명체는 상호 연결된 공동체의 평등한 구성원임.

실/전/맛/보/기

다음 설명에 해당하는 내용으로 가장 적절한 것은?

- 레오폴드(Leopold, A.)가 주장하였음.
- 토양, 물, 식물과 동물뿐만 아니라 생태계 전체를 도덕적으로 고려해야 할 대상으로 봄.

① 대지 윤리 ② 인간 윤리
③ 종교 윤리 ④ 평화 윤리

5. 동양의 자연관

유교	• 만물은 본래적 가치를 지님. • 천인합일(天人合一)*의 경지를 지향
불교	• 연기론* : 만물은 상호 의존 관계에 있음. • 생명을 소중히 여기며 자비를 베풀어야 함.
도교	• 자연은 무위의 체계로서 무목적의 질서임. • 인간의 자연에 대한 조작과 통제를 반대함.

실/전/맛/보/기

도가(道家)의 자연관에 대한 설명으로 가장 적절한 것은?

① 생명을 존중하기 위해 인위적 규범을 따라야 한다고 본다.
② 모든 생명에 대해 인(仁)을 베풀어야 한다고 본다.
③ 연기설에 따라 자비를 실천해야 한다고 본다.
④ 무위자연(無爲自然)을 추구해야 한다고 본다.

2 환경 문제에 대한 윤리적 쟁점

1. 환경 문제와 기후 변화

(1) 현대 환경 문제의 특징 : 지구의 자정 능력 초과, 초국가적 성격, 다양한 원인으로 발생하여 책임 소재의 불명확성

(2) 기후 변화와 기후 정의 문제

① 기후 변화 : 자연적 요인이나 인간 활동의 결과로 장기적으로 기후가 변하는 현상

② 기후 정의 문제 : 기후 변화의 책임은 선진국에 있지만 개발 도상국과 후진국이 피해를 주로 보고 해결을 위해 경제 성장 속도 조절을 요구받는다. ➜ 선진국의 보상·지원 필요

③ 국제적 노력 : 기후 변화 협약(1992), 교토 의정서(1997)*, 파리 협정(2015)*

천인합일(天人合一)
자연과 인간은 하나라는 사상. 인간과 자연이 하나임을 가리키는 개념으로, 인간과 자연을 유기적인 관계로 파악하고 이 둘의 조화를 추구하는 사상이다.

연기설(緣起說)
모든 현상은 무수한 원인인 '인(因)'과 무수한 조건인 '연(緣)'에 의해 생겨나며, 원인이 없으면 결과도 없다는 불교의 사상이다. 연기설에 따르면 모든 현상은 독립적으로 존재할 수 없으며 서로 영향을 주고받으며 변화와 생성을 거듭한다.

기후 변화의 문제
지구 온난화, 극지방 해빙과 해수면 상승으로 인한 저지대 침수, 이상 기후와 사막화 등으로 인한 질병 발생 증가와 곡물 수확량 감소

교토 의정서
선진국에 온실가스 배출 감축량을 설정하고 탄소 배출권 거래제를 도입하였다.

파리 협정
선진국뿐만 아니라 개발 도상국까지 탄소 배출 감축 의무를 확대하였다.

PART 04

실전 맛보기 해설 및 정답

도가는 인간은 자연의 한 부분으로서 자연에 순응하는 무위자연(無爲自然)을 강조하였고, 자연을 인위적으로 지배하려 해서는 안 되며, 인간과 자연이 함께 조화를 이루어야 한다고 주장하였다.
② 유교, ③ 불교

정답 ④

> **실/전/맛/보/기**
>
> **기후 변화에 따른 윤리적 문제에 해당하지 않는 것은?**
>
> ① 지구 생태계가 파괴된다.
> ② 인간의 삶이 위협받는다.
> ③ 국제 사회의 역할과 협력이 축소된다.
> ④ 저개발 국가에 더 큰 피해가 발생한다.

2. 미래 세대에 대한 책임과 생태적 지속 가능성

(1) 미래 세대에 대한 책임 : 현세대는 과거 세대로부터 이어받은 혜택을 미래 세대에게 전수해야 할 도덕적 책임을 지닌다.

(2) 요나스의 책임 윤리 : 인류가 지구상에 계속 존재해야 한다는 당위적인 요청에 근거해 현세대는 미래 세대의 존재를 보장하고 그들의 삶의 질을 배려할 책임이 있다.

㉠ "너의 행위의 결과가 미래에 지구상에서 인간이 살아갈 수 있는 가능성을 파괴하지 않도록 행위하라."

㉡ 현세대가 지녀야 할 덕목 제시(두려움, 겸손, 검소, 절제 등)

(3) 생태적 지속 가능성 : 인간과 자연의 상호 의존 관계를 지속할 수 있도록 자신의 행위에 책임을 져야 한다.

> **실/전/맛/보/기**
>
> **환경적으로 지속 가능한 발전의 실현 방안으로 적절하지 않은 것은?**
>
> ① 환경 친화적인 소비 생활
> ② 경제 성장과 환경 보전의 조화 추구
> ③ 환경 문제에 대한 국제 협력 체제 구축
> ④ 자연의 자정 능력을 넘어서는 무한 개발

탄소 배출권 거래 제도
교토 의정서 가입 국가와 해당 국가의 기업들이 목표보다 탄소 배출량을 줄이면 그렇지 못한 국가나 기업에 탄소 배출권을 판매할 수 있게 한 제도
- 장점 : 경제적 유인을 제공하여 온실가스를 효과적으로 감축할 수 있다.
- 단점 : 돈만 지불하면 온실가스를 배출해도 된다는 그릇된 인식을 지니게 할 우려가 있다.

생태적 지속 가능성 확보 노력
- 개인적 노력 : 환경 친화적인 생활 습관 기르기
- 사회적・국가적 노력 : 환경 보전을 위한 정책 및 제도 운용
- 국제적 노력 : 환경 문제에 대한 국제 공조 체제 마련

실전 맛보기 해설 및 정답

기후 변화에 따른 기후 정의 문제 해결을 위해 국제적 협력이 강화되어야 한다.

정답 ③

실전 맛보기 해설 및 정답

지속 가능한 발전은 인간과 자연의 공존을 전제하면서 경제 성장과 환경 보존의 조화와 균형을 추구한다.

정답 ④

필/수/개/념 TEST

01 다음과 관련된 자연관을 쓰시오.

(1) 자연은 인간의 이익과 욕구 충족을 위한 수단이다. (   )

(2) 인간을 비롯한 모든 존재들이 한데 어울려 살아가는 생명 공동체이다. (   )

(3) 생태계 전체를 도덕적 고려 대상으로 삼는다. (   )

(4) 동물과 인간을 동등하게 도덕적으로 고려한다. (   )

(5) 도덕적 고려의 범위를 모든 생명체로 확대해야 한다. (   )

(6) 연기론을 주장하며 만물의 상호 의존성을 강조한다. (   )

(7) 무위자연을 추구하며 인간의 의지나 욕구와 무관한 자연의 가치를 중시한다. (   )

(8) 만물은 본래적 가치를 지니며, 천인합일(天人合一)의 경지를 지향한다. (   )

02 다음과 관련된 자연관을 가진 사상가를 쓰시오.

(1) "아는 것이 힘이다."라고 하며 정복 지향적 자연관을 주장하였다. (   )

(2) 자연은 의식이 없는 단순한 물질이므로 기계와 같다. (   )

(3) 동물도 인간처럼 쾌고 감수 능력을 지니므로 고통에서 해방해야 한다. (   )

(4) 모든 생명은 살고자 하는 의지가 있으며, 그 자체로 신성하다. (   )

(5) 도덕 공동체의 범위를 토양, 물, 식물, 동물 등을 포함한 대지까지 확대하고자 하는 대지 윤리를 제시하였다. (   )

03 다음 괄호에 들어갈 용어를 쓰시오.

(1) 현대 환경 문제는 전 지구적으로 영향을 끼치는 (   ) 성격을 지닌다.

(2) (   )(1997)은/는 탄소 배출권 거래제를 인정한 환경 회의이다.

(3) 요나스는 현세대가 미래 세대에 대한 책임을 져야 한다는 (   ) 윤리를 제시하였다.

필수개념 TEST 정답

01 (1) 인간 중심주의
(2) 생태 중심주의
(3) 생태 중심주의
(4) 동물 중심주의
(5) 생명 중심주의
(6) 불교
(7) 도교
(8) 유교

02 (1) 베이컨
(2) 데카르트
(3) 싱어
(4) 슈바이처
(5) 레오폴드

03 (1) 초국가적
(2) 교토 의정서
(3) 책임

PART 04

적중예상문제

정답 및 해설 별책 21p

01 과학 기술 발달의 긍정적 성과로 옳지 않은 것은?

① 기술에 대한 종속 현상이 가속화되었다.
② 물질적으로 풍요로운 삶을 가능하게 하였다.
③ 인류의 건강을 증진시키고 생명을 연장하였다.
④ 인간관계에서의 시·공간적 제약을 어느 정도 극복할 수 있게 하였다.

02 다음에서 강조하는 내용으로 가장 적절한 것은?

> 과학 정보 통신 기술의 발전은 '판옵티콘' 사회나 '빅브라더'가 출현할지도 모른다는 우려를 낳고 있다.

① 과학 기술의 발전으로 생태계가 파괴될 것이다.
② 과학 기술의 발전은 전쟁의 발생 가능성을 높일 것이다.
③ 과학 기술의 발전은 인간 생명의 존엄성을 파괴할 것이다.
④ 과학 기술의 발전은 우리 사회를 감시 사회로 만들 것이다.

03 과학 기술 지상주의의 문제점을 〈보기〉에서 고른 것은?

> 보기
>
> ㄱ. 과학의 합리성을 의심한다.
> ㄴ. 과학 기술 발전에 따른 부작용을 간과한다.
> ㄷ. 과학 기술의 여러 가지 혜택과 성과를 전면 부정한다.
> ㄹ. 과학 기술의 힘으로 사회의 모든 문제를 해결할 수 있다고 본다.

① ㄱ, ㄷ ② ㄱ, ㄹ
③ ㄴ, ㄷ ④ ㄴ, ㄹ

04 다음 설명에 해당하는 것은?

> 러다이트 운동은 18~19세기에 노동자들이 산업 혁명의 결과 발명된 새로운 기계의 보급을 실업의 원인으로 파악하여 기계를 파괴한 운동이다.

① 판옵티콘
② 노블레스 오블리주
③ 과학 기술 혐오주의
④ 과학 기술 지상주의

05 다음에서 설명하는 사상가는?

> 독일의 철학자로서 과학 기술 시대에 걸맞은 책임 윤리를 새롭게 확립시켜야 한다고 주장하였다.

① 칸트　② 베이컨
③ 요나스　④ 슈바이처

06 책임 윤리의 내용에 해당하는 것을 〈보기〉에서 고른 것은?

> 보기
> ㄱ. 자연은 인간이 책임져야 할 대상이 아니다.
> ㄴ. 책임의 범위를 미래 세대로까지 확대하여야 한다.
> ㄷ. 인간보다 생태계를 우선하는 새로운 윤리 정립이 필요하다.
> ㄹ. 전통적 윤리로는 과학 기술 시대에 등장하는 문제를 해결할 수 없다.

① ㄱ, ㄴ　② ㄱ, ㄷ
③ ㄴ, ㄹ　④ ㄷ, ㄹ

07 정보 사회의 긍정적 영향으로 적절하지 않은 것은?

① 정책 결정 과정에 참여할 기회가 확대되었다.
② 세계의 다양한 문화를 경험할 수 있게 되었다.
③ 전문적인 정보에 대중의 접근이 더 어려워졌다.
④ 개인의 의견이 사회적으로 큰 영향을 끼칠 수 있게 되었다.

08 정보 기술 발달에 따른 부정적 측면을 지적한 것으로 옳지 않은 것은?

① 전자 판옵티콘이 재현될까 우려된다.
② 사이버 불링과 같이 각종 사이버 범죄가 발생할 가능성이 커졌다.
③ 정보를 독점한 권력가가 구성원들을 감시하고 통제할 가능성이 높아졌다.
④ 수평적이고 쌍방향적인 의사소통이 불가능하기 때문에 권위적인 사회 분위기가 형성된다.

09 정보 사회에 새롭게 등장한 윤리적 문제만을 〈보기〉에서 모두 고른 것은?

> 보기
> ㄱ. 악성 댓글을 통한 허위 사실 유포
> ㄴ. 타인을 신체적으로 직접 괴롭히는 폭력
> ㄷ. 누리 소통망(SNS)을 통한 개인의 사생활 침해
> ㄹ. 인터넷 검색을 통한 타인의 저작물 불법 표절

① ㄱ, ㄴ　② ㄴ, ㄷ
③ ㄱ, ㄷ, ㄹ　④ ㄴ, ㄷ, ㄹ

10 저작권 문제와 관련하여 다음과 같이 주장하는 입장의 명칭으로 옳은 것은?

> 창작자의 노력에 대한 경제적 이익을 보장함으로써 창작 의욕을 높여 정보의 질적 수준을 높이고 더 많은 지적 산물을 생산할 수 있다고 본다. 따라서 정보 생산에 필요한 시간과 노력, 비용에 대하여 대가를 지불해야 한다.

① 정보 격차　② 정보 사유론
③ 정보 공유론　④ 사이버 폭력

11 세버스의 정보 윤리학의 기본 원리에 해당하지 않는 것은?

① 해악 금지　② 공정한 표현
③ 알 권리 존중　④ 지적 재산권 존중

12 다음 중 스피넬로가 강조한 정보 윤리의 기본 원칙에 해당하지 않는 것은?

① 정의의 원리　② 독점의 원리
③ 선행의 원리　④ 자율성의 원리

13 다음 내용에 해당하는 용어는?

> • 정보 주체의 자기결정권 및 통제 권리
> • 온라인상에서 자신과 관련된 모든 정보에 대한 삭제 및 확산 방지를 요구할 수 있는 권리

① 알 권리　② 잊힐 권리
③ 표현의 자유　④ 미디어 리터러시

14 현대 사회에서 요구되는 매체 윤리의 내용으로 가장 적절한 것은?

① 표현의 자유를 무제한적으로 허용한다.
② 인격권보다 알 권리를 언제나 우선한다.
③ 사이버 공간을 순수한 사적 영역으로만 여기고 행동한다.
④ 정보의 생산뿐만 아니라 유통 및 소비의 과정에서도 책임 의식을 갖는다.

15 다음 글의 관점으로 가장 적절한 것은?

> 아는 것이 힘이다. 자연이 인간에게 이롭도록 지식을 활용해야 한다. 방황하고 있는 자연을 사냥해서 노예로 만들어 인간의 이익에 봉사하도록 해야 한다.

① 인간은 자연의 일부분이다.
② 인간은 자연에 대한 의무를 지닌다.
③ 자연은 그 자체로 존중받을 가치가 있다.
④ 이성을 지닌 인간만이 도덕적 지위를 지닌다.

16 인간 중심주의적 자연관의 문제점만을 〈보기〉에서 모두 고른 것은?

> 보기
> ㄱ. 자원 고갈, 환경 오염 등을 발생시킨다.
> ㄴ. 개별 생명 종의 이익을 고려하지 못한다.
> ㄷ. 인간의 문화 활동 자체를 인정하지 않는다.
> ㄹ. 인간과 동물의 이익이 충돌할 경우 누구의 이익을 우선할지 판단하기 어렵다.

① ㄱ, ㄴ　② ㄱ, ㄹ
③ ㄴ, ㄷ　④ ㄷ, ㄹ

17 빈칸에 들어갈 사상가의 이름으로 옳은 것은?

> (　　　)의 '쾌고 감수 능력'은 어떤 존재를 도덕적으로 고려할지를 결정하는 유일한 기준이다. 쾌고 감수 능력은 이익에 관심을 갖는 전제 조건이 된다.

① 칸트　② 레건
③ 싱어　④ 네스

18 다음과 같이 주장한 사상가의 견해로 가장 적절한 것은?

> 생각하는 존재인 인간은 모든 살려고 하는 의지에 자신에게 부여했던 생명에의 경외를 부여하지 않으면 안 된다고 느낀다.

① 어떠한 경우에도 생명을 해쳐서는 안 된다.
② 무생물을 포함한 생태계 전체를 배려해야 한다.
③ 인간과 동물의 생명이 식물의 생명보다 우월하다.
④ 생명의 신비를 두려워하고 존경하는 마음을 지녀야 한다.

19 다음에서 생태 중심주의 관점에만 '✔'를 표시한 학생은?

관점 \ 학생	A	B	C	D
인간과 자연은 구분되어야 한다.	✔		✔	
인간과 자연의 공존을 모색한다.		✔	✔	✔
도덕적 고려의 기준은 쾌고 감수 능력이다.	✔			✔

① A ② B
③ C ④ D

20 다음에서 설명하는 내용과 관련 없는 것은?

> 미래 세대도 현세대만큼 잘살 수 있게 하는 범위에서 경제 성장과 환경 보전의 조화를 추구하는 발전

① 자원 재활용 ② 대중 교통 확대
③ 대체 에너지 개발 ④ 자연 개발 확대

21 현대 환경 문제의 특징으로 옳지 않은 것은?

① 지구의 자정 능력을 넘어서 발생하는 경우가 많다.
② 전 지구적으로 영향을 끼치는 초국가적 성격을 지닌다.
③ 가해자와 피해자가 비교적 명확하게 나누어져서 책임 소재를 가리기 쉽다.
④ 다양한 원인으로 발생한 문제가 일정 시간이 흐른 후 불특정 다수에게 피해를 준다.

22 기후 변화에 대한 설명으로 옳지 않은 것은?

① 기후 변화 문제를 해결하기 위해서 국제적 협력이 필요하다.
② 기후 변화 문제는 선진국과 후진국 간의 기후 정의 문제를 야기한다.
③ 기후 변화 문제는 인류의 생존을 위협하고 지구 생태계를 파괴한다.
④ 기후 변화는 자연적 요인으로 발생하는 것이므로 지구의 자정 능력으로 해결 가능하다.

PART 04 기출문제 체크

정답 및 해설 별책 22p

01 다음 밑줄 친 현상의 원인으로 가장 알맞은 것은?

> 구석기 시대에는 기술의 발전 속도가 느려서 같은 형태의 도구가 오랜 시간에 걸쳐 세계에 전파되었다. 그러나 오늘날에는 <u>'거리의 파괴'</u> 덕분에 도구의 전파가 전 세계에 빠른 속도로 보급되고 있다.

① 민족주의의 확산
② 교통과 통신의 발달
③ 민간 외교의 축소
④ 문화의 다양성 실현

02 다음 퀴즈에 대한 정답으로 옳은 것은?

이것은 벤담(Bentham, J.)이 제안한 원형 감옥으로, 오늘날에는 통제하고 감시하는 컴퓨터 통신망과 데이터 베이스를 이것에 비유하기도 합니다. 무엇일까요?

① 인공지능　　② 톨레랑스
③ 판옵티콘　　④ 카피라이터

03 갑, 을이 공통으로 지향하는 과학 기술에 대한 입장은?

① 과학 기술은 가치 중립적이어야 한다.
② 과학 기술에는 가치가 개입되어야 한다.
③ 과학 기술은 윤리적 책임이 따라야 한다.
④ 과학 기술은 도덕적 판단의 규제를 받아야 한다.

04 교사의 질문에 대한 대답으로 적절하지 <u>않은</u> 것은?

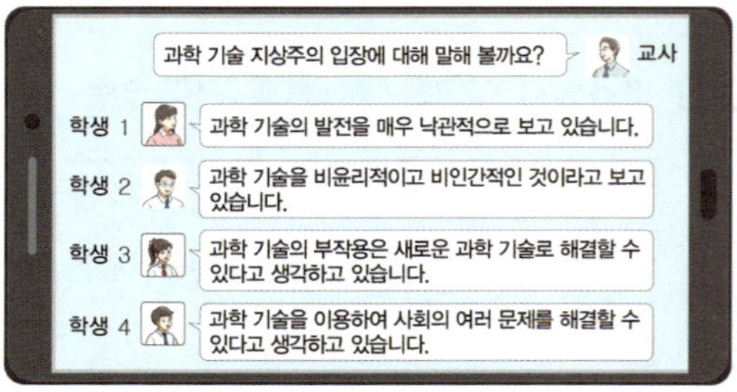

과학 기술 지상주의 입장에 대해 말해 볼까요?
교사
학생 1
과학 기술의 발전을 매우 낙관적으로 보고 있습니다.
학생 2
과학 기술을 비윤리적이고 비인간적인 것이라고 보고 있습니다.
학생 3
과학 기술의 부작용은 새로운 과학 기술로 해결할 수 있다고 생각하고 있습니다.
학생 4
과학 기술을 이용하여 사회의 여러 문제를 해결할 수 있다고 생각하고 있습니다.

① 학생 1　　② 학생 2
③ 학생 3　　④ 학생 4

05 신문 사설의 제목으로 가장 적절한 것은?

ㅇㅇ일보

제목:

…… 과학 기술이 발전함에 따라 컴퓨터와 같은 기계를 통한 간접적 만남이 많아지고 인간을 직접 대면하는 시간이 줄어들게 되었다. 이에 따라 인간은 사회로부터 소외감과 단절감을 더 크게 느끼게 되어 은둔형 외톨이, 게임 중독과 같은 유형의 사회적 문제가 발생하고 있다.

…(후략)…

① 도덕적 토론은 왜 복잡한가
② 국가 권력의 횡포는 막을 수 없는가
③ 정보 사회의 윤리적 문제는 무엇인가
④ 환경 보존과 개발은 양립할 수 있는가

06 다음은 서술형 평가 문제와 답안이다. 밑줄 친 ㉠~㉣ 중 옳지 않은 것은?

문제 : 과학 기술자의 사회적 책임에 대해 설명하시오.

〈답안〉

과학 기술자는 ㉠ 인류 복지 향상을 위해 사회적 책임을 다해야 한다. ㉡ 자신의 연구 결과가 사회에 미칠 영향력을 인식해야 하고, ㉢ 자신만의 이익을 위해 연구 결과를 조작해야 한다. 또한 ㉣ 연구 활동이 인간 존엄성을 해치지 않는지 항상 성찰해야 한다.

① ㉠　　② ㉡
③ ㉢　　④ ㉣

07 다음 중 ㉠에 들어갈 말로 가장 적절한 것은?

요나스(Jonas, H.)는 "네 행위의 결과가 미래에 지구상에서 인간이 살아갈 수 있는 가능성을 파괴하지 않도록 행위하라."라고 말하면서 미래 세대를 고려하는 (㉠) 윤리를 강조하였다.

① 책임　　② 진화
③ 논쟁　　④ 기술

PART 04

08 다음 설명에 해당하는 윤리적 관점은?

- 요나스(Jonas, H.)가 과학 기술 시대의 새로운 윤리적 관점으로 제시함.
- 인과적 책임뿐만 아니라 미래의 결과에 대한 책임까지 강조되어야 한다고 보는 관점임.

① 책임 윤리　　② 전통 윤리
③ 신경 윤리　　④ 가족 윤리

09 다음과 같은 정보화에 따른 윤리적 문제에 해당하는 것은?

- 사이버 폭력
- 개인 정보 유출
- 위치 추적 시스템의 남용

① 사생활 침해
② 인간 복지 향상
③ 환경 생태계 파괴
④ 정치 참여 기회 확대

10 다음 사례에서 발생한 지식 정보사회의 윤리적 문제는?

> 최근 사람들이 정식으로 음반을 구입하지 않고 불법으로 노래 파일을 내려 받기 때문에 이 노래의 작곡가가 경제적으로 손해를 보았다.

① 익명성　② 악성 댓글
③ 정보 격차　④ 저작권 침해

11 다음 판서 내용 중 잘못된 부분을 고른 것은?

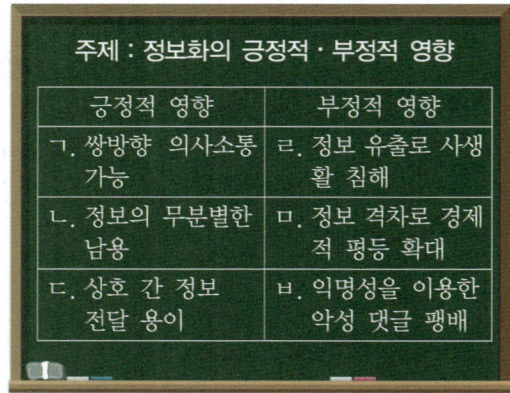

주제 : 정보화의 긍정적 · 부정적 영향

긍정적 영향	부정적 영향
ㄱ. 쌍방향 의사소통 가능	ㄹ. 정보 유출로 사생활 침해
ㄴ. 정보의 무분별한 남용	ㅁ. 정보 격차로 경제적 평등 확대
ㄷ. 상호 간 정보 전달 용이	ㅂ. 익명성을 이용한 악성 댓글 팽배

① ㄱ, ㄹ　② ㄴ, ㅁ
③ ㄷ, ㄹ　④ ㄷ, ㅂ

12 사이버 공간에서 실천해야 할 바람직한 행위는?

① 책임 회피하기
② 사생활 침해하기
③ 악성 댓글 달기
④ 바른 언어 사용하기

13 사이버 공간의 발달로 인한 윤리적 문제점에 해당하지 <u>않는</u> 것은?

① 사생활 침해
② 개인 정보 유출
③ 저작권 침해
④ 일의 효율성 극대화

14 교사의 질문에 대한 대답으로 적절하지 <u>않은</u> 것은?

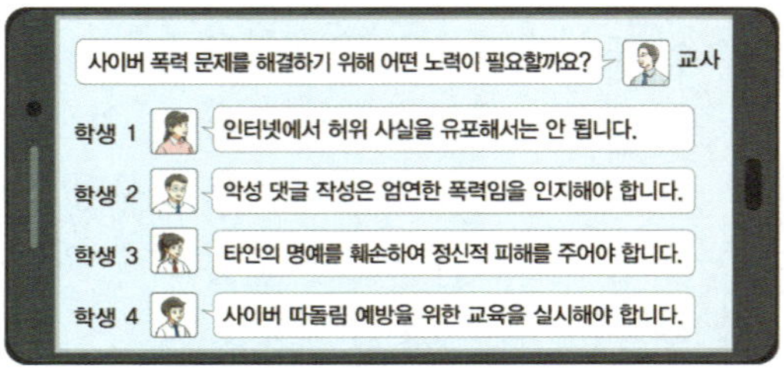

사이버 폭력 문제를 해결하기 위해 어떤 노력이 필요할까요?
교사
학생 1
인터넷에서 허위 사실을 유포해서는 안 됩니다.
학생 2
악성 댓글 작성은 엄연한 폭력임을 인지해야 합니다.
학생 3
타인의 명예를 훼손하여 정신적 피해를 주어야 합니다.
학생 4
사이버 따돌림 예방을 위한 교육을 실시해야 합니다.

① 학생 1　② 학생 2
③ 학생 3　④ 학생 4

15 다음 설명에 해당하는 용어는?

> 인터넷, 휴대 전화 등 정보 통신 기기를 이용해 특정인을 대상으로 지속적 · 반복적으로 심리적 공격을 가하거나, 특정인과 관련된 개인 또는 허위 사실을 유포해 상대방이 고통을 느끼도록 하는 일체의 행위를 말한다.

① 사이버 불링
② 지적 재산권
③ 인터넷 실명제
④ 정보 자기결정권

16 사이버 따돌림을 예방하기 위한 노력으로 적절한 것을 〈보기〉에서 고른 것은?

보기
ㄱ. 타인의 정보를 무단으로 유포하기
ㄴ. 장난으로 특정 학생에게 모욕 주기
ㄷ. 사이버 따돌림이 폭력임을 분명히 인식하기
ㄹ. 가해자를 공정하게 처벌하는 법과 제도 마련하기

① ㄱ, ㄴ ② ㄱ, ㄹ
③ ㄴ, ㄷ ④ ㄷ, ㄹ

17 다음 설명에 해당하는 정보 사회의 윤리적 문제점은?

교육, 소득 수준, 성별, 지역 등의 차이로 정보에 대한 접근과 이용에 차별이 발생하고, 그 결과 사회적·경제적 불평등이 초래되는 현상

① 정보 격차 ② 사생활 침해
③ 저작권 침해 ④ 사이버 스토킹

18 다음 중 정보 이해 및 표현 능력을 갖추기 위한 노력으로 옳은 것을 〈보기〉에서 고른 것은?

보기
ㄱ. 정보의 무비판적 수용
ㄴ. 정보를 분석 및 창조하는 능력 함양
ㄷ. 존중, 책임, 해악 금지, 정의의 원칙 준수
ㄹ. 다른 사람의 저작물을 무단으로 공유 사이트에 올림

① ㄱ, ㄴ ② ㄱ, ㄹ
③ ㄴ, ㄷ ④ ㄷ, ㄹ

19 스피넬로(Spinello, R.)의 사이버 윤리 원칙에 해당하지 않는 것은?

① 선행 ② 정의
③ 경쟁 ④ 자율성

20 다음 내용을 주장한 사상가는?

"과학자의 목적은 자연의 비밀을 드헤치는 데 있다."고 하면서 "자연을 이용해서 노예로 만들어 인간에게 봉사하도록 해야 한다.'고 주장하였다.

① 흄 ② 밀
③ 루소 ④ 베이컨

21 다음과 같이 주장한 윤리 사상가는?

• 지식(아는 것)이 힘이다.
• 과학의 목적은 자연을 정복해 인간의 물질적 생활을 향상시키는 데 있다.

① 베이컨 ② 플라톤
③ 하버마스 ④ 슈바이처

22 다음에서 소개하는 윤리 사상가는?

◈ 도덕 인물 카드 ◈

• "아는 것이 힘이다."라고 강조함.
• 인간은 자연을 정복해야 한다고 주장함.
• 저서로 『뉴 아틀란티스』가 있음.

① 흄 ② 밀
③ 베이컨 ④ 슈바이처

23 다음에서 설명하는 자연관으로 옳은 것은?

- 과학적 지식을 활용하여 인간이 자연을 정복해야 한다.
- 자연은 단순한 기계로서 도덕적 고려 대상에서 제외된다.

① 인간 중심주의 ② 동물 중심주의
③ 생명 중심주의 ④ 생태 중심주의

24 다음에서 인간 중심주의 윤리의 관점에만 '✔'를 표시한 학생은?

관점 \ 학생	A	B	C	D
자연은 인간의 이익을 위한 도구이다.		✔		
모든 생명체는 내재적 가치를 지닌다.			✔	✔
인간과 자연을 동등하게 고려해야 한다.	✔		✔	

① A ② B
③ C ④ D

25 다음에서 동물 중심주의 윤리의 관점만 'O'를 표시한 학생은?

관점 \ 학생	A	B	C	D
인간과 동물의 이익을 평등하게 고려해야 한다.	○			
생명을 가진 모든 존재를 수단으로 고려해야 한다.		○		○
이성적 능력을 지닌 인간의 권리를 항상 최우선으로 고려해야 한다.			○	○

① A ② B
③ C ④ D

26 ㉠에 들어갈 말로 가장 적절한 것은?

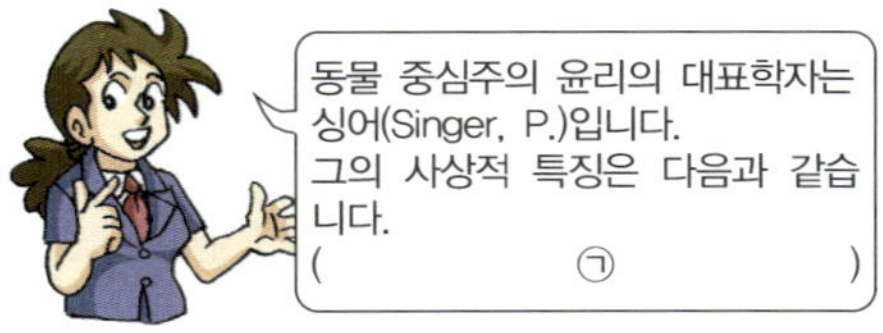

① 정복 지향적인 자연관을 가집니다.
② 동물을 도덕적 고려의 대상으로 봅니다.
③ 인간이 자연을 지배할 권리를 강조합니다.
④ 동물을 인간이 사용해야 하는 수단이라고 봅니다.

27 다음 대화에서 ㉠에 들어갈 말로 옳은 것은?

슈바이처(Schweitzer, A.)의 윤리 사상에 대해 발표해 봅시다.
생명을 유지하고 고양하는 것은 선이며, 파괴하고 훼손하는 것은 악이라고 했습니다.
(㉠) 사상을 주장했습니다.
모든 생명은 살고자 하는 의지를 지니고 있다고 했습니다.

① 상부상조 ② 생명 외경
③ 이웃 사랑 ④ 국제 정의

28 다음에서 소개하는 윤리 사상가는?

- 생명 외경 사상을 제시함.
- 도덕적 원리의 근거로 생명에 대한 사랑과 책임을 강조함.
- 생명을 증진시키는 것은 선이며, 생명을 파괴하는 것은 악이라고 봄.

① 밀 ② 베이컨
③ 슈바이처 ④ 소크라테스

29 테일러(Taylor, P.)의 생명 중심주의 윤리에 대한 설명으로 옳은 것은?

① 무생물에 대한 도덕적 의무만을 강조하였다.
② 도덕적 고려의 범위를 식물에까지 확대하였다.
③ 인간과 자연을 분리하여 이분법적으로 바라보았다.
④ 인간이 자연을 이용하고 지배하는 것을 정당화하였다.

30 생명 중심주의의 관점으로 가장 적절한 것은?

① 자연은 인간을 위한 수단일 뿐이다.
② 도덕적 고려의 범위에 무생물이 포함된다.
③ 이성적 존재만이 도덕적 존중의 대상이다.
④ 살아 있는 모든 존재는 내재적 가치를 지닌다.

31 다음에서 생명 중심주의 윤리의 관점에만 '✔'를 표시한 학생은?

관점 \ 학생	A	B	C	D
자연은 인간에게 편리한 도구이다.		✔		✔
동물만이 삶을 영위할 권리를 가진다.		✔	✔	
자연의 모든 생명체는 내재적 가치를 지닌다.	✔		✔	

① A　② B
③ C　④ D

32 ㉠, ㉡에 들어갈 윤리적 관점으로 적절한 것은?

㉠	개별 생명체가 아니라 무생물을 포함한 생태계 전체가 도덕적 고려의 대상이다.
㉡	인간과 마찬가지로 동물들도 쾌락과 고통을 느낄 수 있는 존재이므로 도덕적 고려의 대상이다.

	㉠	㉡
①	동물 중심주의	인간 중심주의
②	생태 중심주의	동물 중심주의
③	생명 중심주의	생태 중심주의
④	인간 중심주의	동물 중심주의

33 다음에서 생태 중심주의 관점에만 '✔'를 표시한 학생은?

관점 \ 학생	A	B	C	D
인간은 자연보다 우월한 존재이다.	✔		✔	
동물은 인간을 위한 수단일 뿐이다.	✔			✔
자연 전체가 도덕적 고려의 대상이다.		✔		✔

① A　② B
③ C　④ D

34 ㉠에 공통으로 들어갈 용어는?

> 생태 중심주의의 대표적인 이론은 레오폴드(Leopold, A.)의 (㉠) 윤리입니다. 이는 인간을 동식물, 물, 바위 등과 함께 거대한 (㉠) 공동체의 구성원으로 바라봐야 한다는 입장입니다.

① 대지　　② 과학
③ 문화　　④ 사회

35 환경 문제를 해결하기 위한 윤리적 자세로 적절하지 않은 것은?

① 자연 친화적인 삶을 실천한다.
② 생태계 보전을 위해 스스로 욕심을 절제한다.
③ 미래 세대와 자연을 위한 책임 의식을 갖는다.
④ 자연을 정복하려는 인간 중심주의 사고를 지향한다.

36 기후 변화에 따른 문제점이 아닌 것은?

① 생태계 교란
② 새로운 질병의 유행
③ 자연 재해의 증가
④ 인류의 안전한 삶 보장

37 ㉠에 들어갈 내용으로 적절하지 않은 것은?

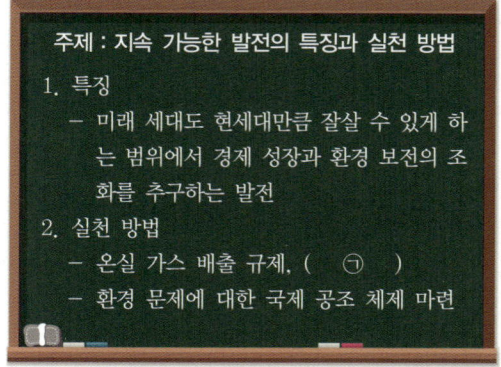

> **주제 : 지속 가능한 발전의 특징과 실천 방법**
> 1. 특징
> – 미래 세대도 현세대만큼 잘살 수 있게 하는 범위에서 경제 성장과 환경 보전의 조화를 추구하는 발전
> 2. 실천 방법
> – 온실 가스 배출 규제, (㉠)
> – 환경 문제에 대한 국제 공조 체제 마련

① 에너지 절약
② 쓰레기 재활용
③ 친환경 에너지 개발
④ 일회용품 사용 권장

38 ㉠에 들어갈 말로 가장 적절한 것은?

> 제목 : (㉠)에 대한 연구
> 내용 : 환경 보전과 동시에 경제 성장을 포기하지 않으면서 현세대와 미래 세대의 필요를 조화시키는 발전이다.

① 도구적 발전
② 지속 가능한 발전
③ 소비 지향적 발전
④ 경제 지상주의 발전

PART

05

문화와 윤리

01 예술과 대중문화 윤리

02 의식주 윤리와 윤리적 소비

03 다문화 사회의 윤리

이 단원은 예술과 대중문화 윤리, 의식주 윤리와 윤리적 소비, 다문화 사회의 윤리를 다루고 있으며, 이와 관련된 윤리적 문제들에 대해 다양한 윤리 이론을 적용하여 자신의 관점을 형성하고 관련 윤리 문제를 비판적으로 성찰하여 생명 존중의 가치관을 함양하는 것을 목표로 한다. 따라서 예술과 외설, 대중문화의 상업화와 같은 윤리적 쟁점을 알아보고, 의식주 문제에서 나타나는 윤리적 문제인 윤리적 소비, 공정 무역, 로컬 푸드 운동에 대해서도 살펴본다. 그리고 문화적 다양성을 기반으로 한 다문화 사회의 특징과 정책 모형을 통하여 오늘날의 종교 갈등과 분쟁 상황을 극복하기 위한 방안을 모색한다.

01 예술과 대중문화 윤리

• 핵심키워드 : 미적 가치와 윤리적 가치, 예술과 윤리의 관계, 예술 상업화의 긍정적 측면과 부정적 측면, 대중문화의 윤리적 문제 비판 및 개선 방안

1 미적 가치와 윤리적 가치

1. 예술의 의미와 기능

(1) 예술의 의미 : 아름다움을 표현하고 창조하는 인간의 활동과 그 산물

(2) 예술의 기능

① 사람의 마음 정화 : 예술 작품의 창작 또는 감상을 통해 스트레스 해소, 심리적 안정과 즐거움 향유

② 인간의 사고 확장 : 예술 작품을 통해 주변 대상의 의미를 새롭게 발견, 문제의 해결책이나 삶의 지혜 획득

③ 의식과 사회 개혁에 이바지 : 예술 활동을 통해 사회 모순 비판, 새로운 사상과 가치 창조

2. 예술과 윤리의 관계

선생님의 도움 Tip

도덕주의와 심미주의를 구분하는 문제가 자주 출제됩니다.

(1) 도덕주의

주장	도덕적 가치 > 미적 가치 ➜ 예술은 윤리의 인도를 받아야 함.
예술의 목적	올바른 품성을 기르고 도덕적 교훈이나 모범을 제공
강조점	예술의 사회성 ➜ 참여 예술론* 지지
대표적 사상가	플라톤, 공자*, 순자 등

참여 예술론
예술가도 사회 구성원이고 창작 활동도 사회 활동의 하나이므로 예술은 사회의 모순을 지적하고 사회의 도덕적 성숙에 기여해야 한다는 주장

공자
"예(禮)에서 사람이 서고, 악(樂)에서 사람이 이룩된다."
➜ 예와 악을 상호 보완 관계로 본다.

실/전/맛/보/기

다음에서 설명하는 예술에 대한 관점은?

> 예술의 목적은 인간의 올바른 품성을 기르고, 교육적 교훈이나 모범을 제공하는 것이다.

① 심미주의　② 상업주의
③ 도덕주의　④ 향락주의

(2) 심미주의(예술 지상주의)

주장	미적 가치는 도덕적 가치와 관련성이 낮음.
예술의 목적	미적 가치의 구현
강조점	예술의 자율성 ➜ 순수 예술론* 지지
대표적 사상가	와일드*, 스핑건* 등

실/전/맛/보/기

예술 지상주의의 입장에 대한 설명으로 가장 적절한 것은?

① 예술의 사회성만을 강조한다.
② 예술을 위한 예술을 주장한다.
③ 예술가에게 도덕적 공감이 중요함을 강조한다.
④ 예술에 대한 윤리적 규제의 필요성을 주장한다.

3. 예술의 상업화

(1) 의미 : 상품을 사고파는 행위를 통해 이윤을 얻는 일이 예술 작품에도 적용되는 현상

(2) 영향

긍정적 측면	• 예술에 대한 일반 대중의 접근성 확대 : 일부 부유층이 누리던 예술을 대중도 누리게 된다. • 대중의 취향과 가치를 반영한 다양한 예술 분야가 발달한다. • 예술가에게 경제적 이익은 물론 예술 활동을 할 수 있는 기반을 마련해 줌으로써 창작 의욕을 높여 준다.
부정적 측면	• 예술의 본질 왜곡 : 예술 작품을 단지 하나의 상품이자 부의 축적 수단으로 바라보게 한다(예술의 본질 왜곡). • 예술의 질적 저하 • 경제적 가치만을 중시한 나머지 예술 작품의 미적 가치와 윤리적 가치를 간과한다. ➜ 상품성이 높은 예술만을 생산하여 예술의 규격화, 획일화, 몰개성화의 문제를 가져올 수 있다.

순수 예술론
예술가의 예술 활동은 윤리적 기준과 관습에 상관없이 자율성과 독창성을 지녀야 한다는 주장

와일드
어떠한 예술가도 윤리적인 동정심을 지니고 있지 않다. 예술가에게 윤리적 동정심이란 양심상 용서할 수 없는 타성이다.
– 『도리안 그레이의 초상』

스핑건
시(詩)가 도덕적이라든가 혹은 비도덕적이라고 말하는 것은, 정삼각형은 도덕적이고 이등변삼각형은 비도덕적이라고 말하는 것과 같이 무의미하다.
– 『창조적 비평』

PART 05

실전 맛보기 해설 및 정답

도덕주의는 예술의 목적을 인간의 올바른 도덕적 품성을 함양하는 것이어야 한다고 주장하였다. 이를 위해 국가는 예술이 윤리적 가치를 지녔는지 판단해야 한다고 보았다.

정답 ③

실전 맛보기 해설 및 정답

예술 지상주의는 미적 가치와 윤리적 가치의 관련성을 낮게 본다. 이 입장에서는 예술이 미적 가치를 추구하는 것이라고 강조하며, 윤리적 가치를 기준으로 예술을 판단하려는 태도는 잘못이라고 본다. ①, ③, ④는 도덕주의에 대한 입장이다.

정답 ②

대중문화의 예
텔레비전 프로그램, 영화, 연극, 음악, 만화 등이 대표적인 대중문화이다.

자본 종속의 예
- 간접 광고(PPL) : 영화나 드라마의 소품으로 등장하는 상품을 일컫는 말로, 브랜드가 돋보이는 이미지, 명칭 등을 노출하여 관객들에게 홍보하는 일종의 광고 마케팅
- 블록버스터 : 대규모의 제작비, 세트, 특수 효과 등을 동원하여 단기간에 큰 흥행을 올리는 영화 제작 방식

문화 산업
문화 생산물이나 서비스가 상업적·경제적 전략하에서 하나의 상품으로 생산·판매되는 현대의 산업 형태를 뜻한다. 아도르노는 대중화되고 상업화된 예술을 '문화 산업'이라고 비판하였다.

실전 맛보기 **해설 및 정답**

ㄱ, ㄴ : 긍정적 영향
ㄷ, ㄹ : 부정적 영향

정답 ④

실전 맛보기 **해설 및 정답**

대중문화에 대한 성찰과 문제 의식 없이 주어진 문화를 감각적으로 수용하는 데 만족한다면 우리는 그저 대중문화의 소비자에 불과할 것이다. 자신과 더불어 공동체의 삶을 더욱 풍요롭게 고양하는 것이 좋은 문화의 전제 조건임을 인식하고, 대중문화에 대한 비판적 시각을 길러야 한다.

정답 ④

실/전/맛/보/기

예술의 상업화를 반대하는 입장으로 옳은 것을 <보기>에서 고른 것은?

보 기
ㄱ. 예술을 일반 대중들도 누릴 수 있게 해준다.
ㄴ. 예술가에게 예술 활동의 경제적 기반을 마련해 준다.
ㄷ. 예술의 미적 가치와 윤리적 가치를 훼손할 수 있다.
ㄹ. 예술 작품이 돈을 벌기 위한 투기 수단으로 사용된다.

① ㄱ, ㄴ ② ㄱ, ㄷ
③ ㄴ, ㄹ ④ ㄷ, ㄹ

2 대중문화의 윤리적 문제

1. 대중문화의 의미와 특징

(1) 의미 : 대중 사회를 기반으로 형성되어 다수가 소비하고 향유하는 문화

(2) 특징 : 대량 소비, 대중성, 오락성, 상업성 등

2. 대중문화와 관련된 윤리적 문제

선정성과 폭력성	• 대중문화가 이윤 창출 수단이 되면서 점점 더 자극적인 요소와 표현을 포함하게 됨. • 인간의 육체와 성, 폭력에 대한 그릇된 인식 생성 우려
자본에의 종속	• 자본을 소유한 사람 혹은 집단이 대중문화 주도 • 예술가의 자율성과 독립성 제약 • 대중문화의 획일화, 규격화, 몰개성화 초래

실/전/맛/보/기

대중문화의 건전한 발전을 위한 자세로 옳은 것은?

① 획일화된 문화 상품을 생산해야 한다.
② 대중문화를 무비판적으로 수용해야 한다.
③ 거대 자본으로 대중문화를 지배해야 한다.
④ 주체적인 자세로 대중문화를 감상해야 한다.

3. 대중문화에 대한 윤리적 규제

(1) 제도적 규제에 대한 입장

찬성	• 선정성 · 폭력성 등 유해 요소 규제 필요 • 시장 논리에 따른 문화 강요 규제 필요 ➜ 미풍양속과 청소년 보호 등을 위해 필요
반대	• 불공정한 규제 가능성 • 표현의 자유 제한 우려 • 대중의 문화 향유권 제한 우려

(2) 개인적 차원의 규제

생산자	건전한 대중문화 보급을 위해 노력
소비자	• 대중문화의 수동적 소비 주체에서 탈피 • 대중문화에 대한 성찰과 비판적 시각 ➜ 능동적 · 주체적 수용

실/전/맛/보/기

대중문화에 대한 윤리적 규제를 반대하는 입장을 〈보기〉에서 고른 것은?

보 기

ㄱ. 성의 상품화를 예방할 수 있다.
ㄴ. 자율성과 표현의 자유를 중시한다.
ㄷ. 대중은 다양한 대중문화를 즐길 권리가 있다.
ㄹ. 대중의 정서에 미칠 부정적 영향을 방지한다.

① ㄱ, ㄴ ② ㄴ, ㄷ
③ ㄴ, ㄹ ④ ㄷ, ㄹ

PART 05

실전 맛보기 해설 및 정답

대중문화에 대한 윤리적 규제를 반대하는 입장은 자율성과 표현의 자유를 중시하는 입장으로 다양한 대중문화를 즐길 수 있는 대중의 권리를 중시하는 입장이다. ㄱ, ㄹ은 규제가 필요하다고 보는 입장이다.

정답 ②

필/수/개/념 TEST

01 **다음의 관점이 도덕주의이면 '도', 심미주의이면 '심'이라고 쓰시오.**

(1) 예술이 도덕적 선을 지향하도록 적절한 규제가 필요하다. ( )

(2) 윤리적 가치를 기준으로 예술을 평가하고 규제해서는 안 된다. ( )

(3) 예술은 사회의 모순을 지적하고 사회의 도덕적 성숙에 기여해야 한다. ( )

(4) 예술의 사회성을 강조하는 참여 예술론을 지지한다. ( )

(5) 예술 활동은 윤리적 기준과 관습에 상관없이 자율성과 독창성을 지녀야 한다. ( )

(6) 예술의 자율성을 강조하는 순수 예술론을 지지한다. ( )

02 **다음에서 설명하는 용어를 쓰시오.**

(1) 아름다움을 표현하고 창조하는 인간의 활동과 그 산물 ( )

(2) 상품을 사고파는 행위를 통해 이윤을 얻는 일이 예술 작품에도 적용되는 현상 ( )

(3) 대중 사회를 기반으로 형성되어 다수가 소비하고 향유하는 문화 ( )

03 **다음의 관점이 대중문화에 대한 제도적 규제에 찬성하는 입장은 '찬', 반대하는 입장은 '반'이라 쓰시오.**

(1) 검열 제도는 예술 활동을 억압할 수 있다. ( )

(2) 대중의 문화적 권리가 보장되어야 한다. ( )

(3) 자율성과 표현의 자유는 존중되어야 한다. ( )

(4) 지나친 폭력성이나 성 상품화를 예방할 수 있다. ( )

필수개념 TEST 정답

01 (1) 도
(2) 심
(3) 도
(4) 도
(5) 심
(6) 심

02 (1) 예술
(2) 예술의 상업화
(3) 대중문화

03 (1) 반
(2) 반
(3) 반
(4) 찬

02 의식주 윤리와 윤리적 소비

• 핵심키워드 : 의식주 문화와 윤리적 문제, 현대 소비 생활의 특징, 합리적 소비와 윤리적 소비

1 의식주 문화와 윤리

1. 의복 문화와 윤리적 문제

(1) 의복의 기능 : 신체 보호, 개성 표현의 수단, 신분이나 지위 등 표현, 공동체의 정체성과 유대감 표출

(2) 의복의 윤리적 의미

① 자아 및 가치관 형성

㉠ 의복을 통해 개성과 가치관 표현

㉡ 의복이 가치관 형성에 영향을 주기도 한다.

➜ 의복을 '제2의 피부'로 자아와 동일시하는 경향

② 예의에 대한 사회적 기준을 반영 : 때와 장소, 의식에 맞는 예의 표현 예 관혼상제 등 행사에 맞는 의복 착용

(3) 의복 문화와 관련된 윤리 문제

명품 선호 현상	사치 풍조 조장 ➜ 과소비, 계층 간 분열 촉진 예 과시적 소비*
유행 추구 현상	패스트 패션(fast fashion)*과 결합하여 몰개성 · 획일화와 자원 낭비, 환경 오염, 노동 착취 등의 문제 초래
생태 윤리적 문제	동물의 고통을 기반으로 생산된 모피나 가죽옷 착용 문제

(4) 해결 노력

생산자	사람과 환경을 생각하는 윤리 경영 실천
소비자	인권과 생태 환경을 고려한 윤리적 소비 지향 예 슬로 패션*

동조 소비
소속된 단체에서 소외되지 않으려고 자신의 필요와 상관없는 물품을 구매하는 행위로, 유행에 민감하게 반응하는 소비 형태로 나타난다.

몰개성화
개인이 집단에 포함되면서 자신의 정체성이나 특성을 잃어버리고 집단 속으로 융합된다고 느끼는 심리 상태이다.

과시적 소비
'베블런 효과'라고도 하는데, 이는 과시욕 때문에 수요가 증가하는 현상이다.

패스트 패션
최신 유행을 반영하여 짧은 주기로 대량 생산하여 판매하는 의류로 주로 개발도상국에서 생산되어 가격이 저렴하다.

슬로 패션
친환경 소재와 친환경 공법으로 의류를 생산하여 유행보다는 생태 환경과 건강에 더 많은 가치를 부여하는 의류

실/전/맛/보/기

다음 중 윤리적 소비를 실천한 학생은?

① 학생 1　　② 학생 2

③ 학생 3　　④ 학생 4

2. 음식 문화와 윤리적 문제

(1) 음식과 관련된 윤리적 문제

① 식품 안전성 문제 : 유전자 조작 식품(GMO)*, 식품 첨가물의 유해성, 패스트 푸드(정크 푸드*)의 비만 유발 등

② 환경 문제 : 대량 생산을 위한 화학 비료 및 농약 사용, 식품의 원거리 이동에 따른 탄소 배출량 증가 ➜ 지구 온난화에 영향

③ 동물 복지 문제 : 공장식 축산업의 보편화 ➜ 동물 학대

④ 음식 불평등 문제 : 국가 간 빈부 격차 심화에 따른 식량 수급의 불균형 ➜ 영양실조와 기아 문제

(2) 해결 노력

개인적 차원	생태계를 고려하는 음식 문화 형성에 동참 예 슬로 푸드 운동*, 로컬 푸드 운동* 등
사회적 차원	바람직한 음식 문화 확립을 위한 제도 마련 예 안전한 먹거리 인증, 성분 표시 의무화 등

3. 주거 문화와 윤리적 문제

(1) 주거의 윤리적 의미

개인적 측면	신체적 안전과 정서적 안정, 휴식을 누릴 수 있는 내적 공간
사회적 측면	공동체의 유대감을 형성하고 관계성을 회복하는 공간

화학 첨가제
인스턴트 식품, 가공 식품 등에는 인공 색소, 인공 향료, 안정제, 유화제, 산화 방지제, 팽창제, 방부제 등 화학 첨가제가 많이 들어 있다.

유전자 변형 식품(GMO)
식품 생산성과 질을 높이기 위해서 본래의 유전자를 새롭게 조작하고 변형해 만든 식품

정크 푸드
열량은 높지만 영양가는 낮은 패스트 푸드나 인스턴트 식품을 총칭하여 부르는 말

슬로 푸드 운동
비만 등을 유발하는 패스트 푸드의 문제를 해결하고자 가공하지 않고 사람의 손맛이 들어간 음식, 자연적인 숙성이나 발효를 거친 음식 등 전통적인 방식으로 만든 음식을 섭취하자는 운동

로컬 푸드 운동
장거리 운송을 거치지 않은 안전하고 건강한 지역 농산물을 구매하려는 운동

실전 맛보기 해설 및 정답

합리적 소비의 한계를 인식하고 이를 보완하는 과정에서 윤리적 소비가 등장하였다. 윤리적 소비는 소비자의 영향력 확대와 다양한 사회 문제에 대한 관심 속에서 도덕적 가치에 따라 재화나 서비스를 구매하고 사용하며 처리하는 소비이다.

정답 ②

(2) 주거와 관련된 윤리적 문제
① 집의 경제적 가치만을 중시하는 문제
예 부동산 투기, 하우스 푸어* 등
② 생활의 질 저하 문제(소음, 녹지 부족 등)
③ 공동 주택의 폐쇄성으로 인한 주민 간 소통 단절 문제

(3) 해결 노력 : 주거의 본질적 가치 회복, 공동체를 고려하는 주거 문화 예 셰어 하우스*, 코하우징*

하우스 푸어(house poor)
집을 보유하고 있지만 무리한 대출로 인한 이자 부담 때문에 빈곤하게 사는 사람들을 가리키는 말

셰어 하우스
침실만 각자 사용하고 거실, 화장실, 욕실 등은 공유하는 주거 방식

코하우징
저밀도의 개별 주택과 함께 공동생활 시설, 공유 옥외 공간 등을 갖춘 주거 공간

2 윤리적 소비문화

1. 합리적 소비와 윤리적 소비

선생님의 도움 Tip
윤리적 소비의 특징에 대해 묻는 문제가 자주 출제됩니다

합리적 소비	• 의미 : 소비자가 가격과 품질을 고려하여 최소의 비용으로 최대의 만족을 얻기 위한 소비 • 특징 : 경제적 편익에만 치중한 소비를 하게 됨. → 인권 침해, 동물 학대, 환경 오염 등 유발
윤리적 소비	• 의미 : 윤리적인 가치 판단에 따라 재화나 서비스를 구매하고 사용하는 소비 • 특징 : 환경 보호, 인권 향상을 선택 기준으로 고려함.

2. 윤리적 소비의 가치 유형

(1) 인권과 정의 : 노동자의 인권과 복지를 보장하는 기업의 상품 구매, 아동 노동 착취 없이 제3세계 노동자에게 정당한 임금을 지불한 공정 무역* 상품 구매

(2) 공동체적 가치 : 지역 공동체의 지속 가능한 발전을 도모하는 소비
예 로컬 푸드 운동

(3) 동물 복지 : 동물의 생명을 존중하고 고통을 최소화하는 방식으로 생산된 상품 소비

(4) 환경 보전 : 생태계의 보존과 지속 가능한 소비가 가능하도록 하는 친환경 소비

윤리적 소비 실천의 필요성
① 개발도상국 노동자들의 인권 향상
② 사회 정의 구현
③ 환경 오염 방지와 건강한 생태계 유지

공정 무역
• 의미 : 선진국과 개발도상국 간 불공정한 무역 구조에서 발생하는 부의 편중, 노동력 착취 등의 문제를 해결하기 위해 등장한 무역 형태
• 실천 방법 : 생산자에게 최저 구매 가격을 보장, 생산자와 직거래를 통해 유통 과정을 줄여 생산자에게 합당한 이윤이 돌아갈 수 있게 한다.

공정 여행
현지 환경을 존중하고 현지인에게 혜택이 돌아가게 하는 여행

실/전/맛/보/기

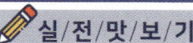

다음 중 윤리적 소비에 해당하는 것은?

① 구매 계획 없는 충동적 소비
② 경제적 효율성만을 중시하는 소비
③ 타인에게 부를 과시하기 위한 소비
④ 환경적으로 건전한 지속 가능한 소비

필/수/개/념 TEST

01 다음 괄호에 들어갈 용어를 쓰시오.

(1) 자아와 의복을 동일시하는 경향을 통해 의복을 (　　　　　　)(이)라고 표현하기도 한다.

(2) (　　　　　　)은/는 최신 유행이나 소비자의 취향 변화에 맞춰 빠르게 생산되고 소비되는 의류이다.

(3) (　　　　　　)은/는 친환경 공법으로 생산되고 유통되며 소비되는 의류이다.

(4) (　　　　　　)(GMO)은/는 유전자 조작 또는 재조합 등의 기술을 통해 생산된 농산물을 원료로 만든 식품이다.

(5) (　　　　　　)은/는 비만 등을 유발하는 패스트 푸드의 문제를 해결하고자 가공하지 않고 사람의 손맛이 들어간 음식이다.

(6) (　　　　　　) 운동은 장거리 운송을 거치지 않은 안전하고 건강한 지역 농산물을 구매하려는 운동이다.

(7) (　　　　　　)은/는 소비자가 가격과 품질을 고려하여 최소의 비용으로 최대의 만족을 얻기 위한 소비이다.

(8) (　　　　　　)은/는 윤리적인 가치 판단에 따라 재화나 서비스를 구매하고 사용하는 소비이다.

02 다음 설명이 맞으면 ○표, 틀리면 ×표를 하시오.

(1) 패스트 패션의 문제점은 상품의 과도한 생산과 소비를 유발할 수 있다는 것이다. (　　)

(2) 동물 학대를 초래하는 의류 소비는 지양해야 한다. (　　)

(3) 열량은 높지만 영양가는 낮은 음식을 슬로 푸드라고 한다. (　　)

(4) 아동들의 노동력에 의해 생산된 저가 상품을 선택하는 것은 윤리적으로 옳다. (　　)

(5) 공정 무역의 확대는 윤리적 소비문화를 저해한다. (　　)

실전 맛보기 해설 및 정답

윤리적 소비란 윤리적인 가치 판단에 따라 상품이나 서비스를 구매하고 사용하는 것을 뜻한다. 즉, 소비 행위가 타인과 사회는 물론 생태계 전체에 어떤 결과를 가져올지를 고려하여 바람직한 방향으로 소비를 실천하는 것이다.

정답 ④

필수개념 TEST 정답

01 (1) 제2의 피부
(2) 패스트 패션
(3) 슬로 패션
(4) 유전자 조작 식품
(5) 슬로 푸드
(6) 로컬 푸드
(7) 합리적 소비
(8) 윤리적 소비

02 (1) ○
(2) ○
(3) ×
(4) ×
(5) ×

03 다문화 사회의 윤리

• 핵심키워드 : 문화의 다양성 존중, 다문화 이론의 관점, 종교의 본질 이해, 종교와 윤리의 관계, 종교 간 갈등의 원인, 종교의 공존과 관용의 자세

1 문화 다양성과 존중

1. 다문화 사회의 윤리적 자세

(1) 다문화 사회

① 의미 : 한 국가 안에 다양한 인종과 문화적 배경이 다른 사람들이 공존하는 사회

② 특징 : 새로운 문화 요소의 도입으로 문화 선택의 폭과 발전 기회 확대, 갈등 요소 증대

(2) 다양한 문화를 바라보는 태도

자문화 중심주의	자신의 문화를 기준으로 다른 문화를 무조건 낮게 평가하는 태도 → 문화 제국주의*로 발전
문화 사대주의	자신의 문화를 열등하게 여겨 다른 문화를 숭배하고 추종하는 태도
문화 상대주의	각 문화가 지닌 고유성과 상대적 가치를 이해하고 존중하는 태도 → 보편 윤리를 인정하며, 윤리적 상대주의*에는 반대함.

2. 다문화 사회의 정책 모델

선생님의 도움 Tip

다문화 사회의 정책 모델에 대해 묻는 문제가 자주 출제됩니다.

(1) 차별적 배제 모델*

① 입장 : 이주민을 특정 목적으로만 받아들이고, 내국인과 동등한 권리를 인정하지 않는다.

② 한계 : 인간의 존엄성과 평등이라는 보편 윤리에 어긋난다.

(2) 동화주의(= 용광로 이론*)

① 입장 : 이주민의 문화와 같은 소수 문화(비주류 문화)를 주류 문화*에 적응시키고 통합하려는 입장

② 장점 : 문화적 충돌에 따른 사회 혼란과 갈등을 방지하고 사회적 연대감과 결속력을 강화

③ 한계 : 각 문화의 고유성과 다양성 훼손

문화 제국주의
경제적으로 강력한 국가들이 그렇지 못한 국가의 가치관, 전통, 문화를 예속시키고 이를 자국의 문화 관점들로 대체시켜 그 우위를 통해 이익을 얻으려는 지배 과정

윤리적 상대주의
옳고 그름의 기준이 시대와 장소, 사회에 따라 다르고, 보편적인 윤리 규범이 존재하지 않는다는 관점

차별적 배제 모델
이민자를 3D 직종과 같이 특정한 노동 시장 영역에만 받아들이고, 내국인과 동등한 복지나 선거권 부여와 같은 사회적·정치적 영역은 제한하는 모델이다. 국가가 원치 않는 이민자의 정착을 원천적으로 차단하려는 정책 유형이라고 할 수 있다.

용광로 이론
여러 가지 금속을 용광로 안에 넣고 하나의 새로운 금속을 만든다는 것으로, 다양한 문화를 섞어서 하나의 새로운 문화로 만든다는 관점

주류 문화
한 사회의 구성원 대부분이 공유하는 문화를 말한다.

샐러드 그릇 모형
다양한 채소와 과일이 그 특성을 유지하면서 조화롭게 맛을 내듯이, 다양한 문화가 서로 대등하게 조화를 이루어야 한다고 보는 관점이다.

모자이크 이론
다양한 조각이 모여 하나의 모자이크를 이루듯이, 여러 이주민의 문화가 모여 하나의 모자이크를 완성해야 한다고 본다.

국수 대접 모형
국수가 주된 역할을 하고 고명이 부수적인 역할을 하여 맛을 내듯이, 주류 문화와 비주류 문화가 공존해야 한다고 보는 관점이다.

(3) 다문화주의(= 샐러드 그릇 모형*, 모자이크 이론*)
① 입장 : 다양한 문화가 상호 공존하면서 각각의 색깔을 지니면서도 조화를 이룬다.
② 장점 : 소수자의 문화를 존중하고 문화 간 다양성을 확보할 수 있다.
③ 한계 : 사회적 연대감이나 결속력이 부족하여 사회적 통합을 이루기 어렵다.

(4) 문화 다원주의(= 국수 대접 모형*)
① 입장 : 문화의 다양성은 인정하지만, 주류 사회의 문화를 바탕으로 비주류 문화가 공존해야 한다고 본다.
② 장점 : 주류 문화를 중심으로 한 사회적 통합을 용이하게 한다.
③ 한계 : 비주류 문화를 주류 문화와 동등하게 취급하지 않는다.

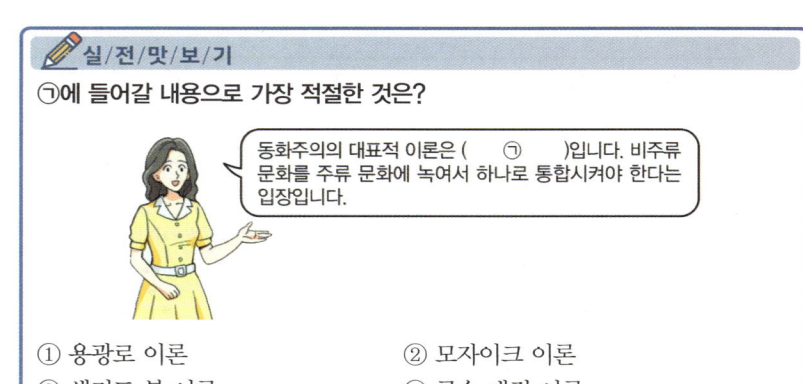

실/전/맛/보/기

㉠에 들어갈 내용으로 가장 적절한 것은?

동화주의의 대표적 이론은 (㉠)입니다. 비주류 문화를 주류 문화에 녹여서 하나로 통합시켜야 한다는 입장입니다.

① 용광로 이론　② 모자이크 이론
③ 샐러드 볼 이론　④ 국수 대접 이론

실전 맛보기 해설 및 정답

용광로 이론은 여러 가지 금속을 용광로 안에 넣고 하나의 새로운 금속을 만든다는 것으로, 다양한 문화를 섞어서 하나의 새로운 문화로 만든다는 관점이다. 이러한 모델은 1960년대 미국에서 백인 주류 문화를 중심으로 소수 민족의 문화를 통합하려 했다는 비판을 받았다.

정답 ①

3. 다문화 사회의 시민 의식

선생님의 도움 Tip

관용의 의미에 대해 묻는 문제가 자주 출제됩니다.

(1) 문화적 편견 극복 : 문화 상대주의적 태도 함양

(2) 윤리적 상대주의 지양 : 문화에 대한 비판적 성찰 필요

(3) 바람직한 문화적 정체성 확립 : 자신의 주관이나 문화적 정체성을 유지하면서 조화를 이룬다.

(4) 관용* : 자신과 다른 문화적 배경을 가진 사람의 가치관이나 생각 등을 존중하고 받아들인다. → 관용의 역설* 경계

실/전/맛/보/기

다음 중 관용에 대한 설명으로 옳지 않은 것은?

① 관용은 무제한으로 베풀어야 한다.
② 남의 잘못을 너그럽게 용서하는 마음이다.
③ 자신과 다른 생각을 지닌 사람의 권리를 인정한다.
④ 보편적 가치를 침해하지 않는 범위 내에서 적용한다.

2 종교의 공존과 관용

1. 인간의 삶과 종교

(1) 종교의 의미 : 신앙 행위와 종교의 가르침, 성스러움과 관련된 심리 상태 등의 다양한 현상을 아우르는 말

(2) 인간은 종교적 존재* : 인간은 종교를 통해 실존적 문제 상황을 해결하고 삶의 궁극적 의미를 발견하려 한다.

(3) 종교의 긍정적 기능
① 현실의 고통과 어려움 극복, 심리적 안정 유지
② 삶의 궁극적 목적과 삶의 기준 제시
③ 바람직한 삶의 방향을 모색하게 한다.
④ 긍정적으로 사회를 변화시키는 데 도움을 준다.

2. 종교와 윤리의 관계

(1) 종교와 윤리의 차이점과 공통점

구분	종교	윤리
차이점	초월적 세계, 궁극적 존재에 근거한 종교적 신념과 교리 제시	이성이나 양심, 도덕 감정 등을 근거로 실생활에서 지켜야 하는 규범 제시
공통점	도덕성 중시 ➜ 모든 종교는 보편적 윤리를 포함함. 예 불교 – 자비, 그리스도교 – 이웃에 대한 사랑, 이슬람교 – 다른 사람에 대한 친절과 배려 강조	

관용
자기 생각에 잘못이나 한계가 있음을 자각하고, 다른 생각이나 문화를 인정하고 받아들이려는 이성적 태도를 가리킨다.

관용의 역설
관용을 무제한적으로 허용한 결과 관용 자체를 부정하는 사상이나 태도까지 인정하게 되어 인권을 침해하고 사회 질서가 무너지는 현상을 의미한다.

종교의 구성 요소
- 내용적 측면 : 성스럽고 거룩한 것에 관한 체험과 믿음을 포함
- 형식적 측면 : 경전과 교리, 의례와 형식, 교단 등을 포함

종교적 존재 (Homo religiosus)
종교학자 엘리아데는 종교적 지향성을 인간의 근본적 성향이라고 보면서 인간을 '종교적 존재'로 규정하였다. 인간은 삶의 불안과 불완전성에 직면할 때, 초월적 존재에 의지함으로써 위안을 얻는다는 뜻이다.

PART 05

실전 맛보기 해설 및 정답

관용을 무제한적으로 허용하면 관용 자체를 부정하는 사상이나 태도까지 인정하게 되어 인권을 침해하고 사회 질서가 무너지는 현상인 관용의 역설이 나타날 수 있다.

정답 ①

실/전/맛/보/기

다음 설명에 해당하는 인간의 특성으로 가장 적절한 것은?

> 인간은 시간과 공간의 한계를 넘어서기를 갈망하며, 그러한 한계를 극복하기 위해 신(神)과 같은 초월적 존재와 연관을 맺고자 하는 존재이다.

① 감각적 존재　　② 종교적 존재
③ 윤리적 존재　　④ 이기적 존재

(2) 종교와 윤리의 바람직한 관계

① 대부분 종교는 윤리에서 강조하는 보편 윤리를 강조한다.
→ 보편 윤리가 배제된 종교는 진정한 종교로 볼 수 없다.

② 종교는 윤리적 삶을 고양하는 데 도움을 줄 수 있고, 윤리는 종교가 올바른 방향으로 나아가는 데 도움을 줄 수 있다.

3. 종교의 갈등과 공존

(1) 종교 간 갈등의 발생 원인

① 배타적 태도 : 가치관 차이, 교리 차이를 부정한다.

② 무지와 편견 : 타 종교에 관한 지식 부족이 원인

(2) 종교 간 갈등 양상 : 인종, 민족, 자원 등 다른 요소가 결합되어 갈등이 더 깊어지기도 하고, 심한 경우 테러, 전쟁 등의 폭력적인 모습을 보이기도 한다.

(3) 종교 갈등을 극복하기 위한 자세

① 종교적 관용 : 종교의 자유와 각 종교의 자율성 인정

② 종교 간 대화와 협력 : 종교 간 갈등 해소에 도움, 서로 다른 종교를 이해하고 존중하는 풍토 조성

실/전/맛/보/기

(가)에 들어갈 내용으로 가장 적절한 것은?

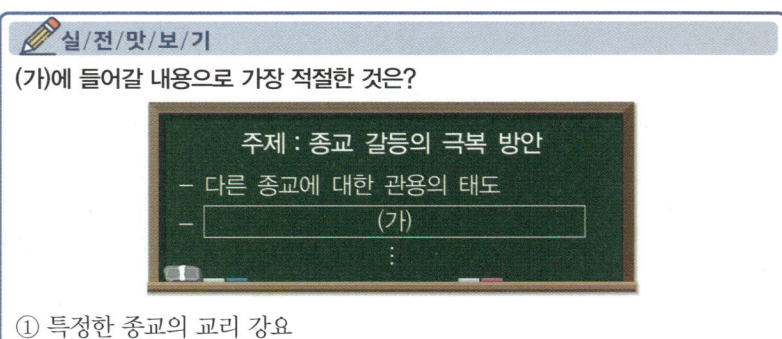

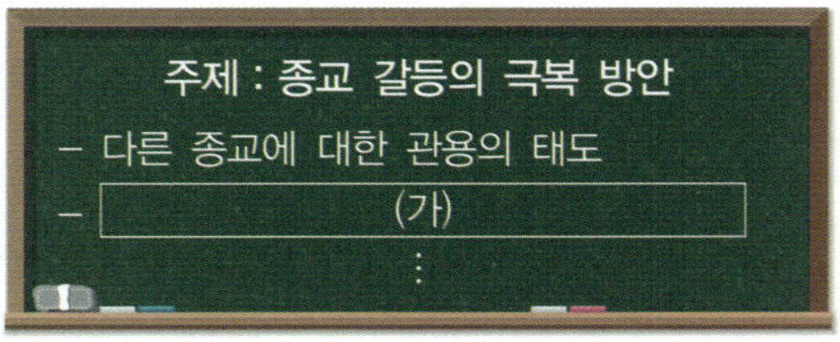

주제 : 종교 갈등의 극복 방안
- 다른 종교에 대한 관용의 태도
- (가)
⋮

① 특정한 종교의 교리 강요
② 종교 간 적극적인 대화와 협력
③ 타 종교에 대한 무조건적 비난과 억압
④ 종교적 신념을 내세운 비윤리적 행위의 강행

종교가 윤리적 삶을 고양하는 데 주는 도움
종교는 사람들에게 마음의 평화와 위안을 주고, 올바른 가치관의 형성에 기여하며, 인류가 나아가야 할 바람직한 방향을 제시하는 데 도움을 줄 수 있다.

스위스의 신학자 큉
"종교 간의 대화 없이 종교 간의 평화 없고, 종교 평화 없이는 세계 평화도 없다."

실전 맛보기 해설 및 정답

종교학자 엘리아데는 종교적 지향성을 인간의 근본적 성향이라고 보면서 인간을 '종교적 존재'로 규정하였다. 인간은 삶의 불안과 불완전성에 직면할 때, 초월적 존재에 의지함으로써 위안을 얻는다는 뜻이다.

정답 ②

실전 맛보기 해설 및 정답

종교 간 갈등의 원인은 타 종교에 대한 배타적 태도와 타 종교에 대한 무지와 편견, 그리고 교리 해석의 차이로 인해 발생할 수 있다.

정답 ②

필/수/개/념 TEST

01 다음에서 설명하는 용어를 쓰시오.

(1) 한 국가 안에 다양한 인종과 문화적 배경을 지닌 사람들이 공존하는 사회
( )

(2) 자신의 문화를 열등하게 여겨 다른 문화를 숭배하고 추종하는 태도
( )

(3) 각 문화가 지닌 고유성과 상대적 가치를 이해하고 존중하는 태도
( )

(4) 자신의 문화를 기준으로 다른 문화를 무조건 낮게 평가하는 태도
( )

(5) 관용을 무제한적으로 허용한 결과 관용 자체를 부정하는 사상이나 태도까지 인정하는 현상
( )

(6) 보편적인 윤리 규범이 존재하지 않는다는 관점
( )

(7) 남의 잘못을 너그럽게 받아들이거나 용서하는 태도
( )

(8) 인간은 근본적으로 종교 지향적이며 신의 창조물이라고 보는 인간의 특성
( )

02 다문화 사회를 설명하는 다양한 모형으로 알맞은 말을 쓰시오. (단, 차별적 배제, 동화주의, 다문화주의, 문화 다원주의 중 고르시오.)

(1) 이주민을 특정 목적으로만 받아들인다. ( )

(2) 샐러드 그릇 모형 ( )

(3) 국수 대접 모형 ( )

(4) 용광로 모형 ( )

(5) 모자이크 모형 ( )

PART 05

필수개념 TEST 정답

01 (1) 다문화 사회
(2) 문화 사대주의
(3) 문화 상대주의
(4) 자문화 중심주의
(5) 관용의 역설
(6) 윤리적 상대주의
(7) 관용
(8) 종교적 존재

02 (1) 차별적 배제
(2) 다문화주의
(3) 문화 다원주의
(4) 동화주의
(5) 다문화주의

PART 05 적중예상문제

정답 및 해설 별책 26p

01 예술에 대한 도덕주의 입장으로 가장 적절한 것은?

① 예술은 사회의 도덕적 성숙에 기여해야 한다.
② 예술은 사회적 요구로부터 자유로워야 한다.
③ 예술 작품의 가치는 도덕적 가치와 무관하다.
④ 예술에 대한 평가는 도덕적 가치와 분리되어야 한다.

02 다음 대화 (가)와 (나)에서 주장하는 내용으로 알맞은 것은?

> (가) "예술의 존재 이유는 선을 권장하고 덕성을 장려하는 데 있다."
> – 플라톤 –
> (나) "시가 도덕적이다, 비도덕적이다라고 말하는 것은 무의미하다."
> – 스핑건 –

	(가)	(나)
①	도덕주의	심미주의
②	도덕주의	상업주의
③	심미주의	도덕주의
④	심미주의	상업주의

03 다음을 주장한 사상가의 입장으로 옳은 것은?

> 예(禮)에서 사람이 서고, 악(樂)에서 사람이 이룩된다.

① 예술과 윤리는 별개의 대상이다.
② 예술은 표현의 자유가 가장 중요하다.
③ 예술은 윤리의 완성에 도움을 줄 수 있다.
④ 예술은 가치 판단의 문제에서 벗어나야 한다.

04 예술의 상업화 현상에 대한 문제점으로 옳지 않은 것은?

① 일부 부유층만 예술을 향유하게 될 수 있다.
② 예술 작품을 부의 축적 수단으로만 간주하게 될 수 있다.
③ 예술가가 미적 가치를 구현하고자 하는 본래 목적을 상실할 수 있다.
④ 예술의 상품 가치를 높이기 위해 대중의 취향을 반영하는 데만 치중할 수 있다.

05 대중문화의 긍정적 효과로 옳지 않은 것은?

① 더 많은 사람들이 문화를 향유할 수 있게 되었다.
② 다양한 문화를 비교적 저렴한 비용으로 공급한다.
③ 사회를 개선하고자 하는 대중의 의지를 표현할 수 있다.
④ 대중이 복잡한 사회 문제에 관심을 기울이지 않게 한다.

06 다음과 같은 현상이 가져올 수 있는 부작용으로 적절하지 않은 것은?

> 현대의 대중문화는 막대한 자본 투자에 힘입어 더욱 발전하고 있다. 그러나 투자의 규모에 따라 대중문화의 흥행이 좌우되면서 투자자나 자금력을 갖춘 일부 문화 기획사가 대중문화를 주도할 수 있게 되었다.

① 대중의 문화 선택의 폭이 좁아진다.
② 대중문화의 선정성과 폭력성이 감소한다.
③ 대중문화의 다양성이 떨어지고 획일화된다.
④ 대중문화 관련 종사자들의 자율성이 침해된다.

07 대중문화의 윤리적 규제에 대한 반대 입장으로 옳은 것을 〈보기〉에서 고른 것은?

> 보기
>
> ㄱ. 성의 인격적 가치를 훼손할 수 있다.
> ㄴ. 자유롭게 표현할 자유를 침해할 수 있다.
> ㄷ. 청소년의 정서에 나쁜 영향을 줄 수 있다.
> ㄹ. 다양한 대중문화를 즐길 권리를 침해할 수 있다.

① ㄱ, ㄴ ② ㄱ, ㄷ
③ ㄴ, ㄹ ④ ㄷ, ㄹ

08 다음을 통해 추론할 수 있는 내용으로 가장 적절한 것은?

> 단추가 많을수록 신분이 높다는 것을 의미하던 때, 프랑스 왕실에서는 목에서 발끝까지 단추를 달기도 했었다.

① 의복은 개인의 가치관을 반영한다.
② 의복은 시대의 사회와 문화를 반영한다.
③ 의복은 다양한 개성을 드러내는 수단이다.
④ 의복은 신체를 보호하기 위해 만들어진 것이다.

09 ㉠에 들어갈 알맞은 말로 옳은 것은?

> 빠르게 변화하는 유행에 맞춰 생산과 유통에 걸리는 시간을 최소화하여 만들어 내는 의류를 (㉠)(이)라고 한다. (㉠)은/는 오늘날 의복 유행이 빠르게 변화되는 시대 상황에서 유행에 민감한 소비자의 기호를 즉각 반영하여 빠르게 충족해 준다.

① 동조 소비　　② 과시 소비
③ 슬로 패션　　④ 패스트 패션

10 다음 내용이 설명하는 것으로 옳은 것은?

> 고도로 산업화된 사회에서 명성을 획득할 수 있는 근거는 다름 아닌 재력이다. 재력을 과시하는 방편인 동시에 명성을 획득하고 유지하는 방편은 과시적 여가와 과시적 소비이다.

① 파급 효과
② 시너지 효과
③ 베블런 효과
④ 베르테르 효과

11 다음은 학생의 노트 필기 내용이다. ㉠~㉣ 중 적절하지 <u>않은</u> 것은?

> **유전자 변형 농산물의 의미와 찬반 입장**
>
> 1. 유전자 변형 농산물의 의미 : 유전자 조작을 통해 만든 새로운 품종이나 작물을 의미함.
> 2. 찬성 입장
>   - ㉠ <u>식품이 지닌 영양소를 인위적으로 높일 수 있음.</u>
>   - ㉡ <u>과일과 채소의 숙성을 늦추어 신선도를 유지할 수 있음.</u>
> 3. 반대 입장
>   - ㉢ <u>생태계에 좋지 않은 영향을 미칠 수 있음.</u>
>   - ㉣ <u>병충해와 환경에 강한 유전자로 변형하여 대량 생산 가능</u>

① ㉠　　② ㉡
③ ㉢　　④ ㉣

12 ㉠에 들어갈 말로 가장 적절한 것은?

> 푸드 마일리지(food mileage)는 음식 재료가 산지에서 소비지까지 수송되는 거리를 말한다. 푸드 마일리지가 높아지면 신선도가 떨어지고 탄소 배출량이 증가한다. 그 대안으로 나온 것이 바로 (㉠)이다. 이는 가까운 곳에서 생산된 신선한 식품을 구매하자는 운동이다.

① 정크 푸드　　② 로컬 푸드
③ 슬로 푸드　　④ 패스트 푸드

13 집과 주거가 갖는 윤리적 의미로 옳지 않은 것은?

① 삶을 위한 기본 바탕이다.
② 휴식을 취할 수 있게 한다.
③ 심리적인 안정감을 제공한다.
④ 사회적 지위와 성공을 보여준다.

14 다음 현상의 원인으로 가장 적절한 것은?

> 무리하게 돈을 빌려서 집을 구입한 뒤, 집값이 오르지 않거나 오히려 떨어지는 바람에 빚더미에 올라앉은 사람들이 늘고 있다. 이들을 소위 '하우스 푸어'라고 하는데, 2012년 현재 57만 가구에 달한다.

① 주거 공간이 부족하기 때문이다.
② 공동체 의식이 약화되었기 때문이다.
③ 주거권을 지나치게 강조하는 사회 풍토 때문이다.
④ 집을 주거보다는 재산 증식의 수단으로 여기는 사고방식 때문이다.

15 갑에 비해 을이 중시하는 소비 태도로 가장 적절한 것은?

> 갑 : 소득 범위 내에서 최소의 비용으로 자신의 욕구를 최대한 충족하려는 소비를 한다.
> 을 : 도덕적 가치에 따라 재화나 서비스를 구매하고 사용하며 처리한다.

① 제품 선택에서 경제적 동기를 중시한다.
② 경제 활동 전반의 효율성에 관심을 가진다.
③ 소비가 사회에 미칠 영향에 관심을 가진다.
④ 자아실현보다는 생리적 욕구를 충족하려 한다.

16 다음 설명에 해당하는 여행 수칙으로 옳지 않은 것은?

> 여행자의 바른 생각과 이에 따른 행동은 현지 주민들과 여행지의 자연, 문화, 경제, 사회 등 모든 영역들에 긍정적인 파급 효과가 있을 수 있다. 이러한 차원에서 긍정적 파급 효과를 의도하는 여행으로 책임 여행이 등장하였다.

① 공정 무역 제품을 최대한 싸게 구매한다.
② 여행 경비의 일부를 현지 단체에 기부한다.
③ 현지인이 운영하는 숙소와 음식점을 이용한다.
④ 동물을 학대하는 쇼나 투어에 참여하지 않는다.

17 다문화 사회에 필요한 덕목으로 옳지 않은 것은?

① 편견　② 존중
③ 관용　④ 공감

18 다음과 같은 사회의 변화 속에서 요구되는 것은?

> 다문화 사회의 확산과 함께 우리는 한국인으로서의 정체성을 확고히 하는 가운데, 국내 체류 외국인을 동등하게 대우해야 한다.

① 다른 문화에 대한 배타심
② 다른 문화에 대한 우월감
③ 다른 국민에 대한 열린 마음
④ 다른 국민에 대한 맹목적 사랑

19 다문화 사회의 특징으로 옳지 않은 것은?

① 통일성보다 다양성을 강조한다.
② 개인 간의 차이보다 동일성을 강조한다.
③ 다른 문화를 이해하고, 상호 존중이 필요하다.
④ 국가 간의 교류와 협력이 활발해지는 세계화 현상과 관련이 있다.

20 빈칸에 들어갈 정책으로 옳은 것은?

> (　　)은(는) 문화의 다양성을 인정하지만, 주류 사회가 존재함을 전제로 하여 주류 문화를 바탕으로 문화적 다원성을 수용한다.

① 동화주의　② 다문화주의
③ 용광로 모델　④ 문화 다원주의

21 다음 내용이 의미하는 개념으로 가장 적절한 것은?

> 관용을 무제한으로 허용한 결과, 관용 그 자체를 부정하는 사상이나 태도까지 인정하게 되어 결국 인권을 침해하고 사회 질서가 무너지는 것을 말한다.

① 다문화 사회　② 관용의 한계
③ 관용의 역설　④ 윤리 상대주의

22 다음 글에서 나타난 인간의 특성으로 옳은 것은?

> 삶의 불안함을 덜기 위해 인간은 초월적 대상에 의지하려는 근본적인 경향이 있다.

① 도덕적 인간　② 사회적 인간
③ 종교적 인간　④ 예술적 인간

23 다음 내용을 통해 알 수 있는 종교의 기능을 바르게 설명한 것은?

> 종교인 중에는 사회의 부조리에 대해 정의로운 목소리를 내고, 사회에서 소외된 사람들을 돕는 데 앞장서는 사람들이 많다.

① 인류의 문화 수준을 높여준다.
② 사회를 긍정적으로 변화시킨다.
③ 삶의 의미와 방향을 제시해준다.
④ 심리적 안정과 위안을 제공한다.

24 종교와 윤리의 공통점으로 가장 적절한 것은?

① 도덕성을 중시한다.
② 이성, 양심 등에 근거하여 규범을 제시한다.
③ 초월적 힘을 가진 절대자를 설명하고자 한다.
④ 엄청나고 매혹적인 신비의 감정으로 정의된다.

25 종교 간 갈등의 원인으로 옳지 않은 것은?

① 타 종교에 대한 무지와 편견
② 도덕성을 중시하지 않는 종교적 교리
③ 다른 종교를 인정하지 않는 배타적인 태도
④ 서로 다른 종교를 믿는 사람들의 가치관의 차이

26 ㉠에 들어갈 사상가로 옳은 것은?

> 유한성을 인식하는 인간은 종교적인 체험을 통해 인생의 궁극적인 의미를 발견하고 마음의 평화와 행복을 추구한다. (㉠)은/는 인간을 '종교적 인간(Homo religiosus)'으로 규정하고, 종교적 지향성을 인간의 근본적인 성향이라고 보았다.

① 홉스　② 마르크스
③ 엘리아데　④ 프로이트

27 종교적 갈등을 극복하기 위한 자세로 옳지 않은 것은?

① 다른 종교에 대한 관용의 자세를 가져야 한다.
② 다른 종교에 대한 배타적 태도를 버려야 한다.
③ 종교 차이를 이유로 타인을 모욕하면 안 된다.
④ 자기 종교를 기준으로 다른 종교를 판단해야 한다.

28 종교 간의 갈등을 극복하기 위한 바람직한 방안으로 볼 수 없는 것은?

① 종교의 자유를 인정한다.
② 타 종교에 대해 관용의 태도를 갖는다.
③ 다른 종교에 대한 배타적인 태도를 존중한다.
④ 종교에 대한 신앙을 강요받지 않을 권리를 인정한다.

PART 05 기출문제 체크

정답 및 해설 별책 28p

01 (가), (나)에 들어갈 용어로 알맞은 것은?

> (가) 예술의 목적이 인간의 올바른 품성을 기르고 도덕적 교훈이나 모범을 제공하는 것이라고 봄.
> (나) 미적 가치만을 추구하는 것으로 '예술을 위한 예술'이라고 불림.

	(가)	(나)
①	심미주의	도덕주의
②	예술주의	도덕주의
③	도덕주의	심미주의
④	심미주의	예술주의

02 ㉠에 들어갈 용어로 적절한 것은?

예술에 대한 (㉠)의 특징은 무엇일까요?
예술이 덕성 함양에 기여해야 한다고 봅니다.
예술의 미적 가치보다 도덕적 가치를 강조합니다.

① 도덕주의　　② 쾌락주의
③ 회의주의　　④ 상대주의

03 예술에 대한 도덕주의의 입장으로 가장 적절한 것은?

① 예술의 자율성을 보장해야 한다.
② 예술의 유일한 목적은 예술 자체에 있다.
③ 예술적 미(美)와 도덕적 선(善)은 별개의 것이다.
④ 예술은 인간의 올바른 품성을 기르는 데 도움을 주어야 한다.

04 그림 (가)와 (나)에서 주장하는 내용으로 알맞은 것은?

(가)
예술의 목적은 미적 가치를 추구하는 것일 뿐이야.
(나)
예술이 가치가 있는 것은 그것이 지닌 도덕적 가치 때문이야.

	(가)	(나)
①	도덕주의	심미주의
②	도덕주의	예방주의
③	심미주의	도덕주의
④	심미주의	예방주의

05 예술에 대한 도덕주의 입장으로 가장 적절한 것은?

① 순수 예술론을 지지한다.
② 예술의 독립성만을 강조한다.
③ 예술에 대한 윤리적 규제를 반대한다.
④ 예술은 교훈적인 본보기를 제공해야 한다.

06 예술에 대한 도덕주의 입장으로 옳은 것을 〈보기〉에서 고른 것은?

보기
ㄱ. 예술의 자율성만을 강조해야 한다.
ㄴ. 예술에 대한 윤리적 규제가 필요하다.
ㄷ. 미적 가치를 제외한 모든 가치를 부정해야 한다.
ㄹ. 예술의 목적은 도덕적 교훈을 제공하는 것이다.

① ㄱ, ㄴ　② ㄱ, ㄷ
③ ㄴ, ㄹ　④ ㄷ, ㄹ

07 다음 설명에 해당하는 예술에 대한 관점은?

- 미적 가치와 윤리적 가치의 관련성을 강조한다.
- 예술은 도덕적 교훈이나 모범을 제공해야 한다고 본다.

① 도구주의　② 도덕주의
③ 상업주의　④ 예술 지상주의

08 다음 내용과 일치하는 주장은?

예(禮)에서 사람이 서고 악(樂)에서 사람이 완성된다.
– 공자(孔子) –

① 예술은 상업성을 지향해야 한다.
② 예술은 인간의 품성도야에 기여해야 한다.
③ 예술의 자율성을 절대적으로 보장해야 한다.
④ 예술은 도덕성보다 순수한 미를 추구해야 한다.

09 다음 두 사상가의 공통된 입장으로 가장 적절한 것은?

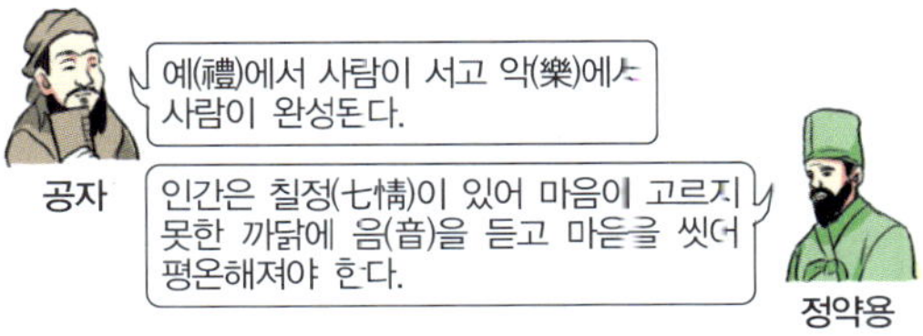
예(禮)에서 사람이 서고 악(樂)에서 사람이 완성된다.
공자
인간은 칠정(七情)이 있어 마음이 고르지 못한 까닭에 음(音)을 듣고 마음을 씻어 평온해져야 한다.
정약용

① 예술은 사회에 영향을 미칠 수 없다.
② 예술은 미적 가치만을 추구해야 한다.
③ 예술은 도덕성 함양에 기여할 수 있다.
④ 예술은 인간의 도덕적 삶과 관련이 없다.

10 **예술의 상업화를 반대하는 입장으로 옳은 것을 〈보기〉에서 고른 것은?**

보기

ㄱ. 예술을 일반 대중들도 누릴 수 있게 해 준다.

ㄴ. 예술가에게 예술 활동의 경제적 기반을 마련해 준다.

ㄷ. 예술의 미적 가치와 윤리적 가치를 훼손할 수 있다.

ㄹ. 예술 작품이 돈을 벌기 위한 투기 수단으로 사용된다.

① ㄱ, ㄴ　　② ㄱ, ㄷ
③ ㄴ, ㄹ　　④ ㄷ, ㄹ

11 **다음 설명에 적합한 소비 유형은?**

- 인간과 환경, 미래 사회에 미치는 영향을 고려하는 소비
- 환경 마크 인증 상품 구매, 공정 무역, 슬로푸드 운동 등

① 윤리적 소비　　② 충동적 소비
③ 맹목적 소비　　④ 이기적 소비

12 **다음 내용이 설명하는 소비 형태는?**

- 경제 활동과 환경 윤리를 결합시킨 새로운 소비 방식
- 친환경 제품과 공정 무역 상품, 사회 공헌 활동에 적극 참여하는 기업 제품을 구입하는 소비 형태

① 과소비　　② 대량 소비
③ 충동 소비　　④ 윤리적 소비

13 **(가)에 들어갈 용어로 가장 적절한 것은?**

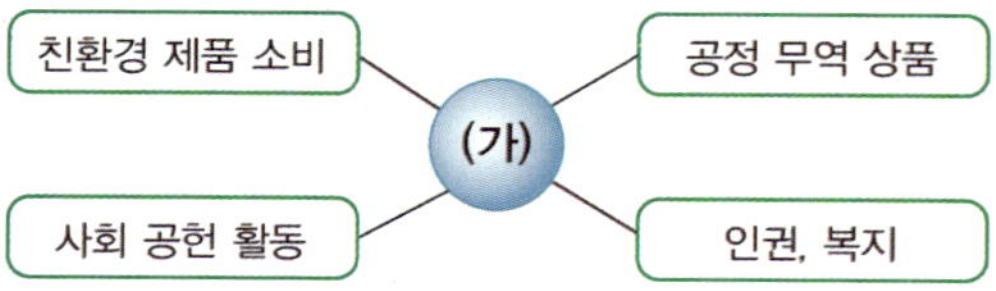

① 배타적 소비
② 윤리적 소비
③ 충동적 소비
④ 과시적 소비

14 다음은 어느 학생의 서술형 평가 답안이다. 밑줄 친 ㉠~㉣ 중 옳지 않은 것은?

> **문제 : 윤리적 소비의 특징과 실천 방법을 서술하시오.**
>
> 〈학생 답안〉
>
> 윤리적 소비는 ㉠ 이웃을 고려하고 자연 환경까지 생각하는 소비 형태이다. 그리고 그 유형으로는 ㉡ 인권 향상을 고려하는 착한 소비, ㉢ 대량 소비와 과시적 소비 등이 있다. 이를 생활 속에서 실천하기 위해서는 ㉣ 환경 마크나 공정 무역 마크가 부착된 제품을 구입한다.

① ㉠　　② ㉡
③ ㉢　　④ ㉣

15 ㉠, ㉡에 들어갈 말이 옳게 짝지어진 것은?

(㉠) 소비	소비자가 자신의 경제력 내에서 가장 큰 효용과 만족을 주는 상품을 구매하는 것
(㉡) 소비	소비자가 윤리적인 가치 판단의 신념에 따라 상품을 구매하는 것

	㉠	㉡
①	윤리적	합리적
②	충동적	윤리적
③	합리적	충동적
④	합리적	윤리적

16 그림 (가)와 (나)에서 주장하는 내용으로 옳은 것은?

(가)
자신의 경제력 내에서 가장 큰 만족을 줄 수 있는 소비를 해야 해.
(나)
노동자의 인권이나 환경 문제 등을 적극적으로 고려하는 소비를 해야 해.

	(가)	(나)
①	합리적 소비	윤리적 소비
②	합리적 소비	과시적 소비
③	윤리적 소비	합리적 소비
④	윤리적 소비	과시적 소비

17 윤리적 소비에 대한 설명으로 옳은 것을 〈보기〉에서 고른 것은?

> **보기**
>
> ㄱ. 생태계 보존을 생각하는 소비이다.
> ㄴ. 자신의 재력을 과시하기 위한 소비이다.
> ㄷ. 많은 상품을 충동적으로 구매하는 소비이다.
> ㄹ. 노동자의 인권과 복지를 고려하는 소비이다.

① ㄱ, ㄴ　　② ㄱ, ㄹ
③ ㄴ, ㄷ　　④ ㄷ, ㄹ

PART 05

18 윤리적 소비 생활에 해당하지 않는 것은?

① 친환경적인 제품 구매하기
② 재사용이 가능한 상품 구매하기
③ 공정 무역으로 유통되는 제품 구매하기
④ 유행을 좇아 무조건 고가의 상품 구매하기

19 다문화 사회의 시민으로서 필요한 자세로 적절하지 않은 것은?

① 다른 민족과 문화를 배척
② 편견을 없애는 사회 분위기 조성
③ 다문화 가정을 열린 마음으로 포용
④ 국내 이주 여성을 위한 교육 재능 기부

20 다문화 사회의 시민 의식으로 적절하지 않은 것은?

① 문화적 편견을 극복해야 한다.
② 서로 다름과 차이를 인정한다.
③ 보편적 가치를 위협하는 문화를 수용해야 한다.
④ 인권과 평화를 위해 책임 있는 행동을 지향한다.

21 갑, 을이 공통으로 지향하는 가치로 적절하지 않은 것은?

① 배타성 ② 포용성
③ 다양성 ④ 개방성

22 다문화 시대에 필요한 덕목이 아닌 것은?

① 관용 ② 공감
③ 존중 ④ 편견

23 다음에서 설명하는 덕목은?

- 나와 의견이 다른 사람을 인정하고 존중하는 것
- 남의 잘못을 너그럽게 받아들이거나 용서하는 것

① 관용 ② 자유
③ 평등 ④ 준법

24 다음에서 강조하는 도덕적 자세는?

> 어떤 문제에 대해 타인과 의견이 대립되는 상황에서는 의견 차이를 좁히고 서로에게 도움이 되는 방향으로 노력해야 한다. 이런 과정에서 서로 상대방의 의견을 존중하는 마음가짐이 우선시되어야 한다.

① 관용　　② 비판
③ 복종　　④ 강요

25 다음 대화에서 ㉠에 들어갈 내용으로 옳은 것은?

문화적 편견과 차별을 극복하기 위해 필요한 자세가 무엇일까?
㉠ 의 자세가 필요해.
그게 뭐야? 자세히 설명해 줄래?
타인의 생각이나 문화가 나와 다를지라도 너그럽게 이해하고 존중하는 태도를 말해.

① 관용　　② 충동
③ 욕심　　④ 절제

26 ㉠에 들어갈 내용으로 적절하지 <u>않은</u> 것은?

> 주제 : 자민족 중심주의
> (가) 의미 : 자기 민족이 다른 민족보다 우월하다고 믿고 다른 민족을 배척하는 태도
> (나) 문제점 : (　　　㉠　　　)

① 인류 문화 발전에 위협
② 민족 간의 갈등 발생 우려
③ 다른 민족에 대한 편협한 시각
④ 세계화 시대의 상호 협력 증대

27 다음 설명에 해당하는 다문화 이론은?

> • 다양한 문화의 공존을 위해서는 주류 문화의 역할이 중요하다는 입장
> • 주재료인 면 위에 고명을 얹어 맛을 내듯이 주류 문화를 중심으로 비주류 문화가 공존해야 한다는 입장

① 용광로 이론　　② 동화주의 이론
③ 샐러드 볼 이론　　④ 국수 대접 이론

28 다음에 해당하는 다문화 이론은?

> • 다른 맛을 가진 채소와 과일들이 그릇 안에서 서로 조화를 이루듯이 다양한 문화가 평등하게 조화를 이루어야 함.
> • 여러 인종, 여러 민족이 각자의 문화적 특성을 유지하며 조화를 이루어야 함.

① 샐러드 볼 이론
② 동화주의 이론
③ 국수 대접 이론
④ 자문화 중심주의 이론

29 지구촌 시대에 지녀야 할 자세로 옳지 않은 것은?

① 다문화 이웃을 배려한다.
② 문화의 차이를 인정한다.
③ 열린 민족주의의 자세를 갖는다.
④ 배타적 민족 정체성을 고집한다.

30 바람직한 문화 정체성을 확립하기 위한 노력으로 적절하지 않은 것은?

① 문화 사대주의 확립
② 타 문화를 주체적으로 수용
③ 전통 문화를 창조적으로 계승
④ 여러 문화에 대해 견문을 넓힘

31 종교 간의 갈등을 극복하기 위한 노력으로 적절하지 않은 것은?

① 대화와 협력　② 이해와 존중
③ 배타적인 태도　④ 관용적인 태도

32 종교 간 갈등을 줄이기 위한 태도와 거리가 먼 것은?

① 종교의 자유를 인정한다.
② 다른 종교를 비하하지 않는다.
③ 자신의 종교만이 옳다고 고집한다.
④ 종교 간 대화를 통해 다른 종교를 이해한다.

33 종교 갈등 해결을 위한 바람직한 자세로 적절한 것을 〈보기〉에서 고른 것은?

보기
ㄱ. 자신이 믿는 종교만을 맹신한다.
ㄴ. 타인에게 자신의 믿음을 강요한다.
ㄷ. 대화를 통해 다른 종교에 대한 이해를 높인다.
ㄹ. 사랑, 평화와 같은 가치를 실천하고자 노력한다.

① ㄱ, ㄴ　② ㄴ, ㄷ
③ ㄴ, ㄹ　④ ㄷ, ㄹ

PART

06

평화와 공존의 윤리

01 갈등 해결과 소통의 윤리

02 민족 통합의 윤리

03 지구촌 평화와 윤리

이 단원은 사회 갈등과 사회 통합, 소통과 담론의 윤리, 통일을 둘러싼 쟁점, 통일이 지향해야 할 가치, 국제 분쟁의 해결과 평화, 국제 사회에 대한 책임과 기여를 다루고 있다. 그리고 이론적 근거를 바탕으로 이와 관련된 윤리적 문제들에 대해 비판적 성찰을 하고 구체적 사례 들을 활용하여 쟁점들을 자신의 관점에서 숙고하고, 윤리적 문제를 해결하기 위한 방안을 실천하는 것을 목표로 한다.

01 갈등 해결과 소통의 윤리

• 핵심키워드 : 다양한 갈등 양상, 사회 통합의 구체적 방안, 담론 윤리 관점에서의 바람직한 소통 행위

1 사회 갈등과 사회 통합

선생님의 도움 Tip

갈등의 원인, 종류, 해결 방안에 대해 묻는 문제가 자주 출제됩니다.

1. 사회 갈등

(1) 의미 : 개인 또는 집단 간 목표나 이해관계가 달라 충돌하는 상황

(2) 사회 갈등의 원인

① 가치관과 이념 차이 : 자신의 생각이나 가치관만을 절대시하고 다른 사람의 가치관을 무시하는 태도

② 이해관계의 대립 : 한정된 자원의 불공정한 분배 또는 분배 과정에서의 소외

③ 원활한 소통의 부재 : 사회적 쟁점에 대한 소통 부족 또는 한쪽에만 유리한 결론 도출

실/전/맛/보/기

불공정한 분배로 인한 문제점에 해당하는 것은?

① 개인의 기본권 향상
② 사회에 대한 불신 해소
③ 다양한 사회적 갈등 유발
④ 공동체 발전에 대한 높은 관심

(3) 사회 갈등의 종류

① 이념 갈등

의미	한 사회나 집단이 지닌 특정한 가치관, 믿음, 견해 등이 다를 경우 발생
사례	사회 안정과 질서를 중시하는 보수적 입장과 변화를 통해 사회의 문제점을 해결하려는 진보적 입장 간의 갈등

갈등의 어원
갈등은 갈(葛 칡_갈)과 등(藤 등나무_등)이 합쳐진 말로 칡이나 등나무가 복잡하게 얽혀 있는 모습에서 유래하였다.

사회 갈등의 양면성
사회 갈등은 사회의 혼란과 분열을 초래한다는 점에서 부정적 측면이 존재한다. 그러나 사회 갈등은 사회의 문제점을 표출시켜 바람직한 해결 방안을 모색하는 계기가 된다는 점에서 사회 발전에 기여하기도 한다.

진보주의와 보수주의의 의미
진보주의는 사회의 모순을 변화와 개혁을 통하여 점진적으로 해결해 나가려는 사고방식을 의미하며, 보수주의는 급격한 변화를 반대하고 전통의 옹호와 현상 유지 또는 점진적 개혁을 주장하는 사고방식을 의미한다.

실전 맛보기 해설 및 정답
사회 갈등은 생각과 가치관의 차이, 이해관계의 대립, 원활한 소통의 부재 등의 원인으로 발생한다. 따라서 불공정한 분배가 발생하면 이해관계의 대립으로 사회 갈등이 발생할 수 있다.

정답 ③

② 지역 갈등

의미	경제적 요인, 특정 지역에 대한 특권 의식이나 차별 의식으로 인해 발생
사례	수도권과 지방, 도시와 농촌, 영남과 호남 등 지역 간 갈등

③ 세대 갈등*

의미	연령과 시대별 경험의 차이로 어느 사회에서나 나타나는 보편적인 현상 ➜ 급속한 사회 변화에 적응 속도 차이로 갈등이 심화됨.
사례	기성 세대와 젊은 세대가 서로 차이를 인정하지 않고 부정적으로 바라보는 갈등

실/전/맛/보/기

다음 사례에서 나타난 갈등의 유형은?

우리나라에서는 유교적 전통에 따라 웃어른에 대한 존경심을 중시하는 어른들과, 개인의 자유와 권리에 대한 가치를 중시하는 젊은 사람들 사이에 갈등이 나타나고 있다.

① 노사 갈등
② 빈부 갈등
③ 세대 갈등
④ 지역 갈등

(4) 사회 갈등의 바람직한 해결 : 사회 갈등을 해결해 나가는 과정에서 더 나은 방향으로 사회가 발전할 수 있다.
➜ 사회 갈등의 바람직한 해결을 통해 사회 통합을 이루어야 한다.

2. 사회 통합을 위한 노력

(1) 사회 통합의 필요성

행복한 삶	갈등이 일상화되면 고통은 물론 정상적인 생활을 할 수 없어 불행해질 수 있음.
사회 발전	갈등은 사회적 통합을 방해하여 사회 발전을 가로막음.
국가 경쟁력 강화	갈등에 따른 사회 분열은 구성원의 소속감과 연대감을 해쳐 국가 경쟁력을 약화시킴.

(2) 사회 통합을 위한 방안

① 상호 존중과 신뢰를 바탕으로 소통하고자 노력한다.
② 구성원들은 연대 의식*을 바탕으로 공익을 존중한다.
③ 사회 통합을 위한 제도와 정책을 마련한다.

지역 감정
특정한 지역에 살고 있거나 그 지역 출신인 사람들에게 다른 지역 사람이 가지는 좋지 않은 생각이나 편견

님비(NIMBY) 현상
공공의 이익에는 부합하지만, 자신이 속한 지역에는 이롭지 않아 반대하는 행동이 나타나는 현상을 말한다.

핌피(PIMFY) 현상
수익성 있는 사업을 내 지방에 유치하겠다는 것으로 지역 이기주의의 일종이다.

세대 갈등
- 기성 세대는 안정, 신세대는 모험을 선호하는 경향이 강하다.
- 기성 세대는 사물이나 상황을 객관적으로 바라보고, 신세대는 자기 주관적으로 접근하려는 경향이 강하다.

PART 06

연대 의식
사회 공동체 구성원이 함께 살아가야 함을 인식하고 어떤 일을 함께 하고 함께 책임을 지려는 마음가짐

실전 맛보기 해설 및 정답

제시문은 기성 세대와 젊은 세대가 서로 차이를 인정하지 않고 부정적으로 바라봄으로써 갈등이 발생하는 세대 갈등에 대한 설명이다.

정답 ③

실/전/맛/보/기

사회적 갈등을 해결하기 위한 자세로 가장 적절한 것은?

① 서로의 차이를 부정한다.
② 상대방의 입장을 존중한다.
③ 고정관념과 선입견을 갖는다.
④ 흑백 논리적 사고를 추구한다.

2 소통과 담론 윤리

1. 동양의 소통과 담론 윤리

공자 화이부동(和而不同)*	자기 것을 지키되 남의 것도 존중하여 서로 다른 생각이 공존할 수 있도록 노력해야 함.
원효 화쟁 사상(和諍 사상)*	편견과 집착을 넘어 소통하면서 대립을 극복하고, 궁극적 진리로 나아가야 함. ➜ 일심(一心) 사상*

2. 서양의 소통과 담론 윤리

선생님의 도움 Tip

하버마스의 담론 윤리에 대해 묻는 문제가 자주 출제됩니다.

(1) 하버마스*의 담론* 윤리

① 규범의 타당성 요건

㉠ 합리적인 의사소통 : 서로 다른 의견과 갈등, 폭력 등의 극복

㉡ 자유로운 동의 : 규범에 의해 영향을 받는 사람들이 합리적인 토론을 통해 자유롭게 동의

② 이상적 대화 상황 조건

이해 가능성	대화에 참여한 상대방이 이해할 수 있는 말을 해야 함.
정당성	대화 당사자들은 논쟁의 절차를 준수하여 정당성을 확보해야 함.
진리성	대화 당사자들의 말하는 내용이 참이어야 함.
진실성	대화 당사자들은 기만하거나 속이려는 의도 없이 말하는 바를 진실하게 표현해야 함.

화이부동(和而不同)
"군자는 다른 사람들과 평화롭게 지내되, 그들과 동화되어 같아지지는 않는다."는 뜻으로, 곧 남과 화목하게 지내지만 자기의 중심과 원칙을 잃지 않는다는 의미이다.

화쟁(和諍) 사상
원효의 핵심 사상으로, 서로 다른 종파들 간의 다툼[諍]을 더 높은 차원에서 조화[和]하고자 하는 것이다.

일심(一心) 사상
다양한 교리와 사상 모두 중생(衆生)을 대상으로 하는 부처의 가르침이며, 그것이 목적으로 하는 바는 모두 깨달음이라는 점에서 한마음이다.

하버마스(Habermas, J., 1929~)
독일의 대표적인 담론 윤리학자로, 의사소통의 합리성을 강조한다.

담론
주로 토론의 형태로 이루어지는 이성적 의사소통 행위

실전 맛보기 해설 및 정답

사회적 갈등을 해결하기 위해선 다른 사람의 가치관과 신념이 나와 다를 수 있음을 이해하고, 양보와 관용의 정신을 발휘해야 한다.

정답 ②

실/전/맛/보/기

하버마스(Habermas, J.)가 제시한 이상적 담화 조건에 해당되지 <u>않는</u> 것은?

① 배타성　　② 정당성
③ 진실성　　④ 이해 가능성

(2) 소통과 담론 과정에서 필요한 윤리적 자세
① 합리적인 대화가 이루어지기 위한 과정 중시
② 모든 사람에게 담론에 참여할 기회 개방
③ 자유롭고 평등한 담론 참여자들이 합리적인 담론 상황에서 상호 이해와 관용의 태도를 갖도록 한다.

실/전/맛/보/기

다음 설명에 해당하는 윤리적 관점으로 가장 적절한 것은?

- 의사소통의 합리성 실현을 강조함.
- 참되고, 옳고, 진실하고, 이해할 수 있는 말로 의사소통함.

① 담론 윤리　　② 정보 윤리
③ 직업 윤리　　④ 과학 기술 윤리

실전 맛보기 해설 및 정답

하버마스는 이상적 담화 조건으로 이해 가능성, 정당성, 진리성, 진실성을 제시하였다.

정답 ①

실전 맛보기 해설 및 정답

제시문은 서로 다른 의견과 갈등, 폭력 등을 극복하기 위해 합리적인 의사소통이 필요하다는 하버마스의 담론 윤리에 대한 설명이다. 하버마스의 담론 윤리에서 이상적 대화 상황의 조건에는 이해 가능성, 정당성, 진리성, 진실성 등이 있다.

정답 ①

필/수/개/념 TEST

01 다음 괄호에 들어갈 용어를 쓰시오.

(1) (   )은/는 '칡 갈(葛)'과 '등나무 등(藤)'이 합쳐진 말로 칡과 등나무가 얽혀 있는 모습에서 유래한다.

(2) (   )은/는 개인 또는 집단 간 이해관계가 달라 충돌하는 상황을 말한다.

(3) 연령과 시대별 경험의 차이로 어느 사회에서나 나타나는 보편적인 현상을 (   ) 갈등이라고 한다.

(4) (   ) 갈등은 경제적 요인, 특정 지역에 대한 특권 의식이나 차별 의식으로 발생한다.

(5) (   ) 갈등은 한 사회나 집단이 지닌 특정한 가치관, 믿음, 견해 등이 다를 경우 발생한다.

(6) 하버마스는 (   ) 윤리를 통해 서로 이해하여 합의를 이루어 나가는 과정이 중요하다고 강조하였다.

02 하버마스의 '이상적 담화 조건'을 쓰시오.

(1) 대화 당사자들은 논쟁 절차를 준수하여야 한다. (   )

(2) 대화 당사자들은 기만하거나 속이려는 의도 없이 말하는 바를 진실하게 표현해야 한다. (   )

(3) 대화 당사자들이 서로의 표현을 제대로 이해할 수 있어야 한다. (   )

(4) 대화 당사자들의 말하는 내용이 참이어야 한다. (   )

필수개념 TEST 정답

01 (1) 갈등
(2) 사회 갈등
(3) 세대
(4) 지역
(5) 이념
(6) 담론

02 (1) 정당성
(2) 진실성
(3) 이해 가능성
(4) 진리성

02 민족 통합의 윤리

• 핵심키워드 : 통일 문제를 둘러싼 다양한 쟁점, 남북한 화해를 위한 개인적 · 국가적 노력

1 통일 문제를 둘러싼 쟁점

1. 통일에 대한 입장 차이

통일 찬성	• 이산가족의 고통을 해소할 수 있음. • 민족의 동질성의 회복 및 민족 공동체 건설 • 한반도 평화 정착 및 세계 평화 이바지 • 분단 비용이 감소하여 복지 혜택이 크게 증가할 수 있음. • 민족의 경제적 번영과 국제적 위상이 높아질 수 있음.
통일 반대	• 통일에 대한 무관심 → 통일보다 평화와 공존 우선시 • 서로 다른 체제, 생활 방식 차이 등 이질화 심화 • 경제적 격차와 그에 따른 통일 비용* 부담 우려

2. 통일 비용과 분단 비용 문제

선생님의 도움 Tip

통일과 관련된 비용에 대해 묻는 문제가 자주 출제됩니다.

(1) 의미

통일 비용	통일 이후 남북한 간 격차 해소 및 이질적 요소 통합에 필요한 비용 → 투자 성격의 생산적 비용
분단 비용	분단으로 인해 남북한이 부담하는 유 · 무형의 모든 비용 예 군사비, 외교 비용, 전쟁 발발 공포, 이산가족의 고통 → 소모적 비용

(2) 통일 편익* : 남북통일의 결과로 얻을 수 있는 경제적 · 비경제적 편익

유형적 혜택	영토 확대, 이용 가능 자원 증가, 분단 비용 해소
무형적 혜택	전쟁 위험성 감소, 이산가족의 아픔 해소

통일의 찬반 입장

찬성	인도주의적 차원, 민족의 번영과 발전, 평화 실현 등
반대	통일 비용에 대한 부담감, 혼란에 대한 두려움, 북한에 대한 이질감이나 거부감 등

통일 비용
통일 비용은 정치, 행정, 금융, 화폐 등 남북의 제도를 통합하기 위한 비용, 치안, 인도적 차원의 긴급 구호, 실업 문제 등을 해결하기 위한 위기 관리 비용, 생산 · 생활 기반 구축을 위한 경제적 투자 비용 등으로 구분할 수 있다.

통일 편익
통일로 얻게 되는 경제적 · 경제 외적 보상과 혜택으로, 통일에 필요한 비용이 아니라 통일로 얻게 되는 비용이다.

실/전/맛/보/기

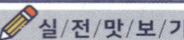

다음 설명에 해당하는 비용은?

> 통일 이후에 남북한의 경제 격차를 해소하고 이질적인 요소들을 통합하는 데 소요되는 유형 · 무형의 비용을 의미한다.

① 분단 비용 ② 전쟁 비용
③ 갈등 비용 ④ 통일 비용

2 통일이 지향해야 할 가치

1. 화해와 평화를 위한 노력

(1) 통일 한국이 지향할 가치 : 평화, 자유, 정의, 인권 등

(2) 화해 및 평화를 위한 노력

① 개인적 차원 : 북한에 대한 올바른 인식, 통일에 대한 관심

② 국가적 차원 : 통일 기반 조성, 문화 교류, 이산가족 상봉 등 인도적 노력

실/전/맛/보/기

통일 한국이 지향하는 보편적 가치가 아닌 것은?

① 평화 ② 인권
③ 차별 ④ 자유

2. 바람직한 통일의 방법

선생님의 도움 Tip

바람직한 통일 방법에 대해 묻는 문제가 자주 출제됩니다.

(1) 평화적 방법을 통해 점진적 · 단계적으로 통일을 이루어 나가야 한다.

(2) 국민적 이해와 합의를 기초로 하여 민주적으로 통일을 이루어 나가야 한다.

(3) 주변국들과 협력을 강화하여 그들이 한반도의 통일을 지지하도록 유도해야 한다.

(4) 통일 한국의 미래상 : 수준 높은 문화 국가, 자주적인 민족 국가, 정의로운 복지 국가, 자유로운 민주 국가 등

북한의 주요 인권 침해 실태

식량	출신 성분, 계층에 따른 차별 배급
종교의 자유	종교 생활 탄압
신체의 자유	수사 기관의 자의적 체포 구금, 가족에게도 미통보
표현의 자유	상시적 통제 장치로 억압
정치범 수용소	극도의 학대, 극도의 영양실조

실전 맛보기 해설 및 정답

남북 경제 협력이나 대북 지원 등에 쓰는 평화 비용은 통일 비용과 함께 통일을 위한 선(先) 투자 비용의 성격을 지니는 비용이다.

① 분단 비용 : 한 나라의 분단 체제를 유지하고 관리하는 데 소요되는 비용

정답 ④

실전 맛보기 해설 및 정답

통일 한국이 지향해야 할 가치에는 인권, 자유, 정의, 평화 등이 있다. 차별은 지양해야 하는 가치이다.

정답 ③

실/전/맛/보/기

다음 중 남북통일 실현을 위한 올바른 자세가 아닌 것은?

① 주변국과 긴밀히 협력한다.
② 열린 마음으로 소통하고 배려를 실천한다.
③ 북한을 동반자가 아니라 경계 대상으로만 본다.
④ 국민적 합의에 근거하여 통일의 방법을 모색한다.

필/수/개/념 TEST

01 다음에서 설명하는 용어를 쓰시오.

(1) 통일 이후 남북한 격차 해소 및 이질적 요소 통합에 필요한 비용
( )

(2) 분단으로 인해 남북한이 부담하는 유・무형의 모든 비용
( )

(3) 남북통일로 얻을 수 있는 경제적・비경제적 혜택
( )

(4) 생산적 투자 비용 ( )

(5) 소모성 지출 비용 ( )

02 다음 설명이 맞으면 ○표, 틀리면 ×표를 하시오.

(1) 남북통일은 통합보다는 정치적 통일을 우선적으로 지향해야 한다.
( )

(2) 통일 한국이 지향해야 할 가치는 평화 통일이다.
( )

(3) 외국의 힘을 빌려서라도 무력 통일을 이루어야 한다.
( )

(4) 통일 한국이 지향해야 할 보편적 가치는 평화, 자유, 인권, 정의 등이다.
( )

(5) 군사비, 외교 비용, 이산가족의 고통 등은 모두 통일 비용에 포함된다.
( )

PART 06

실전 맛보기 해설 및 정답

남북통일을 위한 개인적 노력에는 남북이 열린 마음으로 적극적인 대화를 통해 서로를 이해하도록 노력해야 하고 북한을 경계의 대상이자 동반자라는 양면성의 측면에서 이해해야 한다.

정답 ③

필수개념 TEST 정답

01 (1) 통일 비용
(2) 분단 비용
(3) 통일 편익
(4) 통일 비용
(5) 분단 비용

02 (1) ×
(2) ○
(3) ×
(4) ○
(5) ×

EBS 교육방송교재

03

지구촌 평화와 윤리

• 핵심키워드 : 국제 사회의 분쟁 및 국가 빈부 격차 문제의 윤리적 관점 비판, 국제 사회에 대한 책임

1 국제 분쟁의 해결과 평화

1. 국제 분쟁의 원인과 윤리적 문제

(1) 국제 분쟁의 원인 : 영토 분쟁, 인종·민족 분쟁, 종교 분쟁, 자원 분쟁 등

(2) 국제 분쟁의 특징

① 다양한 정치적·경제적·종교적 이해관계가 얽혀 복잡하고 다양한 양상을 띤다.

② 오늘날 국제 평화와 정의를 해치는 반인도적 범죄*가 증가하고 있다.

(3) 윤리적 문제 : 평화, 정의, 인권 등의 보편적 가치 훼손

(4) 해결 방안

① 문명의 다양성과 차이 존중 : 종교적·문화적 차이로 인한 충돌 해결

② 국제적 분배 정의 실현 : 부(富)의 불평등 분배에서 비롯되는 갈등 해소

➜ 약소국을 배려하는 국제적 차원의 제도 마련, 국제 원조 기구를 통한 기부 활성화 등 노력 필요

③ 형사적 정의 실현

㉠ 테러 집단에 대한 피해국의 직접적인 무력 사용

㉡ 국제 형사 경찰 기구나 국제 형사 재판소(ICC)* 등 국제기구를 통한 처벌

국제 분쟁의 사례
- 자원 분쟁 : 동중국해 자원을 둘러싼 중국과 일본의 영유권 분쟁
- 종교 분쟁 : 카슈미르 지역에 힌두교도와 이슬람교도 간의 분쟁
- 영토 분쟁 : 팔레스타인 지역에 유대인과 아랍인 간의 영토 분쟁

반인도적 범죄
집단 살해, 인종 청소와 같은 인간 존엄성을 훼손하는 범죄

국제 사회의 국제 분쟁 개입
국제 형사 재판소(ICC)는 반인도적 범죄를 저지른 가해자 처벌을 주로 담당하고, 국제 사법 재판소(ICJ)와 국제 해양법 재판소(ITLOS)는 분쟁 당사국을 중재하여 평화로운 해결을 유도한다.

국제 형사 재판소(ICC)
인간의 존엄과 가치, 국제 사회의 정의 실현을 위해 설립되었다. 주로 집단 살해죄, 전쟁 범죄, 반인도적 범죄 문제 등을 다룬다.

국제 사법 재판소(ICJ)
국제 연합 기구의 하나로, 조약의 해석, 의무 위반의 사실 여부 등 국제적 분쟁 해결을 위한 상설 재판소이다.

2. 국제 관계를 바라보는 관점

선생님의 도움 Tip

국제 관계를 바라보는 관점인 현실주의와 이상주의를 구분하는 문제가 자주 출제됩니다.

(1) 현실주의(모겐소)

관점	• 국가는 이기적인 인간들로 구성 ➜ 국가는 자국의 이익만을 추구함. • 국제 분쟁의 원인 : 자국의 이익만을 추구하는 외교 정책으로 발생 • 해결 방법 : 국가의 힘을 키워 세력 균형을 이루어야 함.
한계	국제 관계에서 세력 균형은 언제든지 무너질 수 있어 평화를 보장하지 못함.

(2) 이상주의(칸트)

관점	• 국가는 도덕성을 고려해야 하고 국가의 이익보다 인간의 존엄성, 자유, 평등과 같은 보편적 가치를 중시해야 함. • 국제 분쟁의 원인 : 인간 본성에서 유래하는 것이 아니라 상대방에 대한 무지나 오해, 잘못된 제도 때문에 발생함. • 해결 방법 : 국가 간의 이성적 대화와 협력을 바탕으로 도덕·여론·법률·제도를 개선해야 함.
한계	자국의 이익을 중시하는 현실적인 국제 관계를 설명하기 어려움.

현실주의와 이상주의의 비교

구분	현실주의	이상주의
핵심 단어	힘	이성
갈등 원인	자국 이익 추구	잘못된 제도, 무지, 오해
갈등 해결	국가 간 세력 균형	국가 간 이성적 대화·협력

실/전/맛/보/기

다음 내용에 해당하는 국제 관계에 대한 입장은?

• 국가는 이성적 존재이기 때문에 국제 분쟁은 국제법, 국제 기구 등 제도의 개선으로 해결할 수 있다고 봄.
• 대표적 사상가 : 칸트

① 이상주의　　② 제국주의
③ 현실주의　　④ 지역주의

실전 맛보기 해설 및 정답

칸트는 분쟁 관계에서 국가는 도덕성을 고려해야 하며, 국가의 이익보다 인간의 존엄성, 자유, 평등 등 보편적인 가치를 우선하여 달성해야 한다고 주장한다. 그는 국제 기구, 국제법, 국제 규범 등 제도의 개선으로 집단 안보가 형성되면 국제 분쟁을 해결할 수 있다고 본다.

정답 ①

3. 국제 평화 실현을 위한 노력

(1) 칸트의 영구 평화론* : 국제법이 적용되는 국제적인 연맹을 창설할 것을 주장

→ 국제 연합(UN)의 창설 계기가 된다.

(2) 갈퉁의 적극적 평화론

① 소극적 평화와 적극적 평화를 구분한다.

② 직접적인 폭력으로부터 벗어난 소극적 평화뿐만 아니라 구조적 폭력과 문화적 폭력 등의 간접적 폭력*까지 제거된 적극적 평화 상태*에 도달해야 한다고 주장

소극적 평화	전쟁, 테러, 범죄와 같은 직접적 폭력이 없는 상태
적극적 평화	직접적 폭력뿐만 아니라 간접적 폭력도 사라져 인간다운 삶을 누릴 수 있는 상태

실/전/맛/보/기

다음 설명에 해당하는 용어는?

- 고통과 갈등이 없는 안정된 마음의 상태
- 테러, 범죄, 전쟁과 같은 폭력이 없는 상태

① 평화 ② 봉사

③ 역차별 ④ 불복종

2 국제 사회에 대한 책임과 기여

1. 세계화를 둘러싼 윤리적 쟁점

(1) 세계화의 의미 : 국제 사회에서 상호 의존성이 증가하면서 세계가 단일한 사회 체계로 나아가는 현상

(2) 세계화의 긍정적 · 부정적 측면

긍정적 측면	부정적 측면
• 국가 간의 교류 · 협력 증가 • 각국 경제의 결합으로 공동 번영 • 다양한 문화 교류로 문화 수준 향상	• 서구 자본주의의 시장 확대 • 시장과 자본의 독점으로 국가 간 빈부 격차 심화(남북 문제) • 문화의 독점과 획일화

칸트의 영구 평화론
- 평화에 이르기 위해서는 전쟁을 없애야 한다고 주장한다.
- 모든 국가가 평화를 유지하기 위해 자유로운 국가들 간의 우호 관계에 기초하여 국제법이 적용되는 국제 연맹을 창설해야 한다고 본다.
- 국제 연합(UN)이 결성되는 데 큰 영향을 끼쳤다.

간접적 폭력
- 구조적 폭력 : 사회 제도나 관습 또는 의식이 폭력을 용인하거나 정당화하는 형태의 폭력이다. (예 억압, 빈곤)
- 문화적 폭력 : 문화적 영역이 직접적 폭력이나 구조적 폭력을 정당화하는 데 이용되는 형태의 폭력이다.

적극적 평화 상태

인간의 잠재적 능력을 충분히 실현할 수 있는 상태로 그것을 사회 · 정치 구조로서 유지하는 것

세계화의 문제점과 지역화

세계화를 부정적으로 이해하는 사람들은 세계화에 맞서 지역화를 강조하기도 한다. 지역화는 지역의 전통이나 특성을 살려 다른 지역과 차별화된 경쟁력을 갖추려는 전략을 뜻한다. 그러나 지역화를 지나치게 강조할 경우 배타성과 폐쇄성이 커져 갈등이 발생할 수 있다.

실전 맛보기 해설 및 정답

제시문은 평화에 대한 설명이다. 전쟁과 테러, 범죄와 같은 직접적 폭력이 없는 상태를 소극적 평화라고 하고, 직접적 폭력뿐만 아니라 간접적 폭력도 사라져 인간다운 삶을 누릴 수 있는 상태를 적극적 평화라고 한다.

정답 ①

(3) 세계화 시대에 지녀야 할 바람직한 태도 : 세계 시민으로서 지구촌 문제를 함께 해결해 나가야 한다는 인식을 지녀야 한다.

2. 해외 원조의 윤리적 근거

(1) 해외 원조의 필요성

① 모든 인간은 인간으로서 최소한 경제적 · 정치적 조건과 인권의 보장이 필요하다.

② 국제 사회 구성원으로서 기아와 빈곤 문제를 겪는 약소국에 대한 책임감을 지녀야 한다.

(2) 해외 원조에 대한 다양한 관점

선생님의 도움 Tip

해외 원조에 대한 싱어, 롤스의 관점을 묻는 문제가 자주 출제됩니다.

의무의 관점	• 싱어* : 고통을 감소시키고 쾌락을 증진시키는 것이 인류의 의무라고 보는 공리주의적 관점에서 원조의 필요성 강조 • 칸트 : 타인을 돕는 것은 보편적인 윤리적 의무 • 롤스* : 질서 정연한 사회*에 살고 있는 국민들이 불리한 여건에 처해 있는 사회의 국민들을 질서 정연한 사회로 이행하도록 원조해야 함.
자선의 관점	노직* : 개인의 배타적 소유권에 따라서 해외 원조는 개인의 자유로운 선택의 영역, 즉 의무가 아닌 자선이라고 주장

실/전/맛/보/기

롤스(Rawls, J.)의 해외 원조에 대한 설명으로 옳은 것은?

① 국제 사회에서 결코 정당화될 수 없다.
② 의무가 아니라 단순한 자선에 불과하다.
③ 정의로운 시민들은 절대 실천하지 않는다.
④ 대상국이 질서 정연한 사회가 되도록 돕는 것이다.

(3) 해외 원조에 대한 윤리적 자세

① 우리나라도 원조 수혜국으로 지금의 발전과 성장을 이루어 원조 공여국이 될 수 있었다.

→ 보답의 차원에서 원조에 대한 책임 의식을 지녀야 한다.

② 지구촌 일원으로서 국제 정의 실현에 이바지해야 한다는 의무의 차원에서 원조에 대한 책임 의식을 지녀야 한다.

싱어
공리주의의 '이익 평등 고려의 원칙'을 바탕으로 매우 적극적이면서도 강하게 해외 원조를 주장한다. 공리주의의 입장은 한 국가를 넘어서 세계의 모든 가난한 사람들을 원조의 대상으로 삼아야 하며, 국내 부조와 해외 원조 사이에 중요한 경계나 차이를 설정할 수 없다고 본다.

롤스
해외 원조의 의무를 사회 구조나 제도의 개선에 국한시키는 이유는 기근 문제가 주로 물질적 자원의 부족 때문이 아니라 정치적 · 사회적 제도의 결함에서 기인한다고 보기 때문이다.

질서 정연한 사회
독재나 착취와 같은 불합리한 사회 구조나 제도가 개선되어 정치적 전통, 법, 규범 등의 문화가 적정한 수준에 이른 사회를 말한다.

노직
원조를 '개인의 자율적 선택'의 문제로 이해해야 한다는 입장이다. 노직은 자신의 재산에 대한 절대적 소유권, 그리고 자유 지상주의의 입장을 근거로 내세운다. 그는 세금 제도와 같은 강제적인 수단을 통해 부를 재분배하는 것에 대해서도 반대한다.

PART 06

실전 맛보기 해설 및 정답

롤스는 약소국에 대한 해외 원조는 윤리적 의무라고 주장한다. 질서 정연한 사회에 살고 있는 국민들이 불리한 여건으로 고통받는 사회의 국민들을 도와주어야 한다는 것이다.
② 해외 원조에 대한 노직의 입장이다.

정답 ④

필/수/개/념 TEST

01 다음 괄호에 들어갈 용어를 쓰시오.

(1) (   )은/는 국제 사회의 분열을 가져와 지구촌의 평화를 위협한다.

(2) (   )적 관점에서는 국제 관계에서 국가는 자국의 이익만을 추구한다고 보고, 국가 간 힘의 논리를 강조한다.

(3) (   )은/는 직접적 폭력은 물론 가난, 굶주림, 차별 등 간접적 폭력도 사라진 상태를 평화로 간주한다.

(4) 칸트의 (   )은/는 1차 대전 이후 국제 연맹, 2차 대전 이후 국제 연합 형성에 토대가 되었다.

(5) (   )은/는 국제 사회에서 상호 의존성이 증가하면서 세계가 단일한 사회 체계로 나아가는 현상을 말한다.

(6) (   )은/는 불리한 여건으로 인해 '고통받는 사회'를 '질서 정연한 사회'가 되도록 돕는 것은 인류의 도덕적 의무라고 보았다.

02 다음 설명이 맞으면 ○표, 틀리면 ×표를 하시오.

(1) 국가 간 분쟁은 대개 영토, 종교, 자원, 인종, 민족 중 어느 한 가지 원인만 작용하여 발생한다. (   )

(2) 이상주의 입장에서는 국가 간 분쟁을 예방하고 억제하기 위해서는 국가 간 힘의 균형이 이루어져야 한다. (   )

(3) 칸트의 영구 평화론은 국제 관계를 바라보는 이상주의 관점과 일치한다. (   )

(4) 소극적 평화는 테러, 전쟁 등 물리적 폭력이 없는 상태이다. (   )

(5) 문화적 폭력은 사회 제도나 관습, 정치, 법률 등을 통해 생기는 간접적·정신적 폭력이다. (   )

(6) 롤스는 해외 원조의 윤리적 근거를 자선의 관점으로 바라보고 있다. (   )

필수개념 TEST 정답

01 (1) 국제 분쟁
(2) 현실주의
(3) 적극적 평화
(4) 영구 평화론
(5) 세계화
(6) 롤스

02 (1) ×
(2) ×
(3) ○
(4) ○
(5) ×
(6) ×

PART 06

적중예상문제

정답 및 해설 별책 31p

01 ㉠에 대한 적절한 설명을 〈보기〉에서 고른 것은?

- 선생님 : (㉠)의 어원에 대해 발표해 보세요.
- 학생 : 칡이나 등나무가 복잡하게 얽혀 있는 모습에서 유래한 말입니다.

보기

ㄱ. 개인 또는 집단 사이에서 일어나는 충돌을 말한다.
ㄴ. 서로 다른 생각과 이해관계의 충돌 때문에 생겨난다.
ㄷ. 서로의 이념의 차이를 인정할 때 심화되는 경향이 있다.
ㄹ. 자신의 이익을 양보하지 않는 자세를 가질 때 해결된다.

① ㄱ, ㄴ ② ㄱ, ㄷ
③ ㄴ, ㄹ ④ ㄷ, ㄹ

02 ㉠에 들어갈 말로 가장 적절한 것은?

(㉠)은 주로 철도, 공항, 산업 단지 등의 시설이나 투자를 자신의 지역에 유치하려고 경쟁하면서 일어난다. 시설이나 투자의 유치는 그 지역 사람들의 이익이나 삶의 질과 밀접한 관련이 있기 때문이다.

① 이념 갈등 ② 계급 갈등
③ 노사 갈등 ④ 지역 갈등

03 다음 대화를 통해 알 수 있는 사회 갈등으로 가장 적절한 것은?

갑 : 국가가 시장에 적극적으로 개입해서 부(富)를 분배해야 한다고 생각해.
을 : 경제 성장이 먼저 이루어져야 분배할 부도 생겨. 난 국가가 시장에 대한 간섭을 최소화해야 한다고 생각해.

① 이념 갈등 ② 지역 갈등
③ 세대 갈등 ④ 문화 갈등

04 다음과 관련된 사회 갈등의 유형으로 가장 적절한 것은?

- 지역주의가 정치적으로 이용되고 지역 이기주의로 변질될 때 나타나는 갈등
- 사회적 자원의 배분, 공공시설의 입지 선정 등의 경제적 요인과 관련하여 발생

① 이념 갈등 ② 지역 갈등
③ 세대 갈등 ④ 노사 갈등

05 다음 자료를 통해 국제 분쟁이 생겨나는 원인을 바르게 추론한 것은?

> 북극해는 영토·영해가 확정되지 않은 땅이다. 그러나 미국 지리 학회에 따르면 북극해에는 지구상에서 개발되지 않은 원유의 약 25%(900억 배럴), 천연가스의 30%(47조m^3), 액화 천연가스의 20%(440억 배럴)가 묻혀 있다.

① 문화적 차이로 인한 갈등 문제이다.
② 국가 간 빈부 격차가 크기 때문이다.
③ 영역과 자원을 둘러싼 갈등 때문이다.
④ 정치적 견해 차이로 인한 갈등 때문이다.

06 사회 갈등에 대한 설명으로 옳지 <u>않은</u> 것은?

① 타인의 생각을 무시할 때 발생한다.
② 자기 생각이나 가치관만을 주장할 때 발생한다.
③ 차등 분배 정책으로 지역 간 격차가 완화될 때 발생한다.
④ 사회 문제를 해결하는 과정에서 소통이 부족할 때 발생한다.

07 사회 통합을 실현하기 위한 방안으로 옳지 <u>않은</u> 것은?

① 다양성을 인정한다.
② 상호 존중의 자세를 지닌다.
③ 개인의 이익과 공동선의 조화를 추구한다.
④ 정책 결정 과정에 전문가만 참여할 수 있게 한다.

08 다음과 같은 주장을 한 사상가로 옳은 것은?

> "군자는 다른 사람들과 평화롭게 지낸다. 하지만, 그들과 동화되어 같아지지는 않는다."

① 공자　　② 원효
③ 칸트　　④ 스토아학파

09 다음 설명에 해당하는 사상가는?

> 모든 종파와 사상을 분리시켜 고집하지 말고 더 높은 차원에서 하나로 종합해야 한다.

① 공자　　② 원효
③ 아펠　　③ 하버마스

10 하버마스가 강조하는 이상적인 담론의 조건에 해당하지 <u>않는</u> 것은?

① 주장은 참이며 진리에 바탕을 두어야 한다.
② 주장은 사회적으로 정당한 규범에 근거해야 한다.
③ 주장은 사회적 지위에 의한 억압과 영향이 있어야 한다.
④ 주장은 상대방이 믿을 수 있도록 진실하게 표현해야 한다.

11 **통일을 위한 노력으로 가장 적절한 것은?**

① 일방적 헌신과 무한한 이해
② 시간에 따른 자연스러운 해결
③ 남북한 차이를 인정하며 동질성 회복
④ 무력을 통해서라도 시급한 지리적 통일 추진

12 **통일이 지향하는 것으로 적절한 것은?**

① 분단의 고착화
② 자원의 분할 사용
③ 남북한 사회 발전의 지연
④ 남북한 주민의 안정적인 삶

13 **다음 글의 ㉠, ㉡, ㉢에 들어갈 용어로 바르게 연결한 것은?**

> (㉠)은/는 통일이 되지 않는 한 지속적으로 지출해야 하는 소모적 비용인 반면, (㉡)은/는 통일 한국을 건설하기 위한 생산적 투자 비용이다. 따라서 우리는 통일을 체계적으로 준비함으로써 (㉡)에 대한 부담을 줄이고 (㉢)을/를 최대화할 수 있도록 노력해야 한다.

	㉠	㉡	㉢
①	통일 편익	통일 비용	분단 비용
②	통일 비용	통일 편익	분단 비용
③	분단 비용	통일 비용	통일 편익
④	통일 편익	분단 비용	통일 비용

14 **바람직한 통일의 방법에 대한 설명으로 옳지 않은 것은?**

① 평화적 방법을 통해 점진적으로 접근한다.
② 국민적 이해와 합의를 토대로 민주적으로 이루어 나간다.
③ 민족 공동체 의식을 회복한 후 단계적으로 체제를 통합해 나간다.
④ 남북한의 다양한 교류를 통해 이질성을 모두 제거하는 과정을 거친다.

15 **남북한 교류와 협력의 바람직한 방향만을 <보기>에서 고른 것은?**

> **보기**
> ㄱ. 상호 신뢰 회복
> ㄴ. 남북한 상호 호혜적인 관계 형성
> ㄷ. 급진적이고 단기적인 교류와 협력
> ㄹ. 남한의 체제 우월성을 바탕으로 문화 전파

① ㄱ, ㄴ　② ㄱ, ㄹ
③ ㄴ, ㄷ　④ ㄷ, ㄹ

16 **국제 분쟁의 원인으로 옳지 않은 것은?**

① 영역과 자원을 둘러싼 갈등
② 문화와 종교 차이에 따른 갈등
③ 국가 간 빈부 격차의 해소로 인한 갈등
④ 종족 내의 정치 및 사회적 쟁점을 둘러싼 갈등

17 국제 분쟁의 특징으로 옳지 않은 것은?

① 하나의 원인으로 하나의 분쟁이 발생한다.
② 영토 분쟁, 종교 분쟁, 자원 분쟁 등이 있다.
③ 인종 청소와 같은 반인도적 범죄를 일으킨다.
④ 군사적 경쟁 과정에서 핵무기 등을 개발해 지구촌 전체의 평화를 위협한다.

18 다음과 같은 주장을 한 사상가로 옳은 것은?

> "자국을 사랑하듯이 타국을 사랑하라."라는 겸애(兼愛) 사상을 통해 전쟁을 방지하기 위해서는 서로 존중하는 자세가 중요함을 강조하였다.

① 칸트　　② 노직
③ 묵자　　④ 롤스

19 다음 설명에 해당하는 국제 관계를 바라보는 입장으로 옳은 것은?

> • 국가는 자국의 이익만을 추구한다.
> • 국가 간 분쟁은 힘의 논리로 해결할 수밖에 없다.

① 현실주의　　② 이상주의
③ 비관주의　　④ 도덕주의

20 국제관계의 이상주의적 관점에 대한 설명으로 옳은 것은?

① 국제 관계는 국가 간 힘의 논리에 따라 움직인다.
② 국제 관계에서 국가는 자국의 이익만을 추구한다.
③ 국제 분쟁은 국가 간의 도덕성을 확보해야 해결된다.
④ 국간 간의 세력 균형을 통해서만 국제 분쟁이 해결된다.

21 국제 분쟁을 해결하는 자세로 바람직한 것은?

① 자국 문화의 우월성을 강조한다.
② 자국의 이익을 최우선으로 추구한다.
③ 선진국의 입장에서 문제를 해결한다.
④ 약소국의 여건 개선을 위한 제도를 마련한다.

22 ( )에 들어갈 말로 옳은 것은?

> 인류는 국경을 초월하여 자유롭게 경쟁하고 교류할 수 있는 ( ) 시대에 살고 있다.

① 도시화 ② 세계화
③ 지역화 ④ 산업화

23 다음에서 설명하는 개념으로 옳은 것은?

> 북반구에 위치한 선진국과 남반구에 위치한 개발도상국 사이의 경제적 격차에서 생기는 정치적·경제적 문제의 총칭

① 절대 빈곤
② 남북 문제
③ 빙하 냉전
④ 인종 청소

24 범죄에 대한 정당한 처벌과 관련된 국제 정의로 옳은 것은?

① 형식적 정의 ② 분배적 정의
③ 절차적 정의 ④ 형사적 정의

25 해외 원조에 대한 다음과 같은 견해를 가진 사상가는?

> 개인은 정당한 절차를 통해 취득한 재산에 관한 배타적이고 절대적 소유권을 가진다. 따라서 자신의 부를 어떻게 이용할 것인지는 전적으로 개인의 자유이기 때문에 해외 원조나 기부를 실천해야 할 윤리적 의무는 존재하지 않는다.

① 롤스 ② 노직
③ 싱어 ④ 칸트

PART 06 기출문제 체크

정답 및 해설 별책 33p

01 다음 대화를 통해 알 수 있는 갈등의 원인은?

우리의 노동에 대한 정당한 임금을 받을 권리가 있습니다.
여러분의 요구대로 임금을 올려 줄 경우 경영이 어려워져서 받아 줄 수 없습니다.

① 세대 간 입장 차이
② 지역 간 입장 차이
③ 경제적 이해관계 차이
④ 문화에 대한 견해 차이

02 다양한 사회적 갈등이 발생하는 원인에 해당하는 것만을 〈보기〉에서 모두 고른 것은?

보기
ㄱ. 역지사지의 자세 ㄴ. 경제적 이해관계 대립 ㄷ. 신념이나 가치관의 충돌 ㄹ. 상대방에 대한 왜곡된 정보

① ㄱ, ㄴ ② ㄷ, ㄹ
③ ㄱ, ㄴ, ㄹ ④ ㄴ, ㄷ, ㄹ

03 이상 사회를 구현하기 위한 노력으로 적절하지 않은 것은?

① 관용적인 태도
② 민주적인 제도 운영
③ 사회적 갈등에 대한 무관심
④ 경제적 풍요와 복지의 실현

04 다음 사례에서 나타난 갈등의 유형은?

> 우리나라에서는 유교적 전통에 따라 웃어른에 대한 존경심을 중시하는 어른들과, 개인의 자유와 권리에 대한 가치를 중시하는 젊은 사람들 사이에 갈등이 나타나고 있다.

① 노사 갈등 ② 빈부 갈등
③ 세대 갈등 ④ 지역 갈등

05 다음 갈등 문제를 예방하기 위한 노력으로 적절하지 않은 것은?

> 아파트 아래위층에 사는 이웃이 층간 소음 때문에 가족 단위로 몸싸움을 벌인 사건이 발생했다.

① 자기 가족의 이익만을 고려한다.
② 이웃 간에 공동체 의식을 함양한다.
③ 이웃 간의 만남과 교류를 확대한다.
④ 이웃 간에 역지사지의 자세를 갖는다.

06 교사의 질문에 대한 대답으로 적절하지 않은 것은?

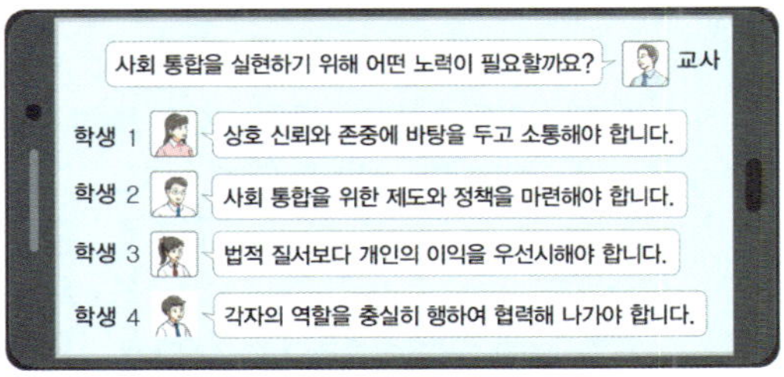

사회 통합을 실현하기 위해 어떤 노력이 필요할까요?
교사
학생 1
상호 신뢰와 존중에 바탕을 두고 소통해야 합니다.
학생 2
사회 통합을 위한 제도와 정책을 마련해야 합니다.
학생 3
법적 질서보다 개인의 이익을 우선시해야 합니다.
학생 4
각자의 역할을 충실히 행하여 협력해 나가야 합니다.

① 학생 1　　② 학생 2
③ 학생 3　　④ 학생 4

07 다음 내용을 주장한 사상가는?

- 의사소통의 합리성을 강조함.
- 이상적 담화 상황 조건으로 진리성, 정당성, 진실성, 이해 가능성을 제시함.

① 벤담　　② 레건
③ 길리건　　④ 하버마스

08 하버마스(Habermas, J.)의 이상적 담화 조건을 〈보기〉에서 고른 것은?

보기

ㄱ. 타인의 주장을 배척한다.
ㄴ. 자신의 오류 가능성을 인정하지 않는다.
ㄷ. 대화의 내용을 서로 이해할 수 있어야 한다.
ㄹ. 논의에 참여한 사람들은 진실성을 가지고 발언한다.

① ㄱ, ㄴ　　② ㄱ, ㄷ
③ ㄴ, ㄹ　　④ ㄷ, ㄹ

09 ㉠에 들어갈 용어로 가장 적절한 것은?

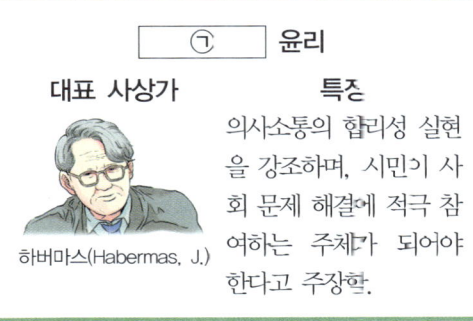

(㉠) 윤리

대표 사상가

하버마스(Habermas, J.)

특징

의사소통의 합리성 실현을 강조하며, 시민이 사회 문제 해결에 적극 참여하는 주체가 되어야 한다고 주장함.

① 담론　　② 배려
③ 의무　　④ 책임

10 바람직한 의사소통을 위해 갖춰야 할 태도로 옳은 것은?

① 대화의 상대방을 무시하는 태도
② 타인의 주장을 거짓으로 간주하는 태도
③ 진실한 마음으로 상대를 속이지 않는 태도
④ 자신의 오류 가능성을 인정하지 않는 태도

11 하버마스(Habermas, J.)가 강조한 소통과 담론의 윤리로 가장 적절한 것은?

① 상대방이 이해할 수 없는 언어로 표현해야 한다.
② 외부 기관의 감시하에서만 소통을 진행해야 한다.
③ 대화 당사자들은 자유롭고 평등하게 참여해야 한다.
④ 해당 영역의 전문가만이 의사결정권을 행사해야 한다.

PART 06

12 남북한의 평화적 교류와 협력이 중요한 이유에 해당하지 않는 것은?

① 신뢰 회복
② 긴장 완화
③ 평화 통일 기반 마련
④ 무력 통일 기반 마련

13 통일과 관련된 개념에 대한 설명으로 옳지 않은 것은?

	개념	설명
①	분단 비용	남북한 분단이 지속되어 발생하는 비용
②	평화 비용	남북한 평화 유지와 정착을 위해 필요한 비용
③	통일 편익	통일로 얻게 되는 경제적·경제 외적인 손상 및 피해
④	통일 비용	남북한 격차 해소와 이질적 요소 통합에 필요한 비용

14 다음 내용에 해당하는 개념은?

- 남북한의 대립과 갈등으로 발생하는 비용
- 남북한이 지출하는 막대한 군사비와 사회적·경제적 비용

① 분단 비용 ② 평화 비용
③ 통일 비용 ④ 통일 편익

15 다음은 서술형 평가 문제와 학생 답안이다. 밑줄 친 ㉠~㉣ 중 옳지 않은 것은?

문제 : 분단 비용과 통일 비용, 통일 편익에 대해 설명하시오.

〈답안〉

㉠ 분단 비용은 분단으로 인해 남북한이 부담하는 유·무형의 모든 비용을 의미한다. ㉡ 분단 비용은 분단이 계속되는 한 지속적으로 발생하는 소모적 비용이다. 한편 ㉢ 통일 비용은 통일 이후 남북한 격차를 해소하고 이질적 요소를 통합하기 위한 비용이며, ㉣ 통일 편익은 통일 직후에만 발생하는 단기적 이익이다.

① ㉠ ② ㉡
③ ㉢ ④ ㉣

16 다음 ㉠, ㉡에 해당하는 말로 옳은 것은?

㉠ 남북한의 대립과 갈등으로 드는 사회적, 경제적 비용
㉡ 통일 이후 남북한의 이질적인 요소들을 통합하는 데 드는 비용

	㉠	㉡
①	분단 비용	통일 비용
②	분단 비용	기회 비용
③	통일 비용	분단 비용
④	통일 비용	기회 비용

17 다음 설명에 해당하는 것은?

> • 평화 유지 및 정착을 위하여 사용되는 비용
> • 남북 경제 협력과 대북 지원 등에 소요되는 모든 형태의 비용

① 갈등 비용 ② 과시 비용
③ 전쟁 비용 ④ 평화 비용

18 북한 이탈 주민의 정착을 돕기 위한 노력에 해당하는 것을 〈보기〉에서 고른 것은?

> 보기
> ㄱ. 경제적 자립 지원
> ㄴ. 사회적 편견과 무관심
> ㄷ. 문화적 적응을 위한 교육
> ㄹ. 지속적인 사상 검열과 통제

① ㄱ, ㄴ ② ㄱ, ㄷ
③ ㄴ, ㄷ ④ ㄷ, ㄹ

19 평화적인 남북통일 실현을 위해 가져야 할 올바른 자세를 〈보기〉에서 고른 것은?

> 보기
> ㄱ. 군사비 증강에 집중하여 무력 통일을 도모한다.
> ㄴ. 통일 시기와 과정은 민주적 절차에 따라 추진한다.
> ㄷ. 남북 교류와 협력을 통해 서로 간에 신뢰를 형성한다.
> ㄹ. 통일 기반 조성을 위한 노력보다 체제 통합을 우선한다.

① ㄱ, ㄴ ② ㄱ, ㄹ
③ ㄴ, ㄷ ④ ㄷ, ㄹ

20 바람직한 통일을 위한 노력으로 적절하지 <u>않은</u> 것은?

① 주변국과 긴밀하게 협력한다.
② 남북 간의 화해와 평화 정착에 힘쓴다.
③ 무력에 의한 급진적인 방법을 사용한다.
④ 국민의 이해와 합의의 과정을 이끌어낸다.

21 ㉠에 들어갈 내용으로 적절하지 <u>않은</u> 것은?

> 주제 : 바람직한 통일을 위한 노력
> (1) 통일 의미 : 남한과 북한이 하나의 공동체를 형성하고 더불어 살아가는 것
> (2) 노력할 점 : (　　　　㉠　　　　)

① 점진적이고 단계적으로 노력한다.
② 남북한의 이념과 체제 경쟁을 유도한다.
③ 주변국과의 협력과 유대를 강화해 나간다.
④ 국민적 이해와 합의를 토대로 평화적으로 이루어져야 한다.

22 (　　)에 공통으로 들어갈 단어는?

> 주제 : 갈퉁(Galtung, J.)의 (　　) 이론
> • 소극적 (　　) : 테러, 범죄, 전쟁과 같은 물리적 폭력이 없는 상태
> • 적극적 (　　) : 물리적 폭력은 물론 문화적 폭력과 구조적 폭력까지 모두 사라진 상태

① 평화 ② 평등
③ 자유 ④ 복지

23 B 학생의 입장으로 적절하지 않은 것은?

국가 간 분쟁은 힘의 논리로 해결할 수밖에 없어.
아니야. 국가 간 대화를 통해 해결할 수 있어.
A 학생
B 학생

① 인간의 이성에 대한 신뢰를 기반으로 해야 한다.
② 상호 협력을 통해 평화적 관계를 유지해야 한다.
③ 국제 기구의 조정을 통해 분쟁을 해결해야 한다.
④ 힘의 우위를 확보하기 위해 핵보유국이 되어야 한다.

24 (가)에 들어갈 용어로 가장 적절한 것은?

주제 : (　　(가)　　)의 개념과 특징
• 개념 : 국제 사회의 상호 의존성이 증가하고 세계가 긴밀하게 연결된 사회 체계로 통합되어 가는 현상
• 특징 : 국내 정치와 국제 정치라는 구분이 점점 무의미해짐.

① 세계화　　② 자동화
③ 도시화　　④ 대중화

25 세계화 시대에 요구되는 바람직한 모습으로 거리가 먼 것은?

① 세계 시민 의식 확대
② 이데올로기의 대립 심화
③ 다른 민족 간의 문화 공존
④ 국가 간의 상호 협력 증진

26 세계화 시대에 요구되는 자세로 바람직하지 않은 것은?

① 문화 사대주의를 추구한다.
② 세계 시민 의식을 더욱 확대한다.
③ 인류 공동의 번영과 공존을 도모한다.
④ 세계화와 지역화의 조화를 위해 노력한다.

27 다음은 서술형 평가 문제와 학생 답안이다. 밑줄 친 ㉠~㉣ 중 옳지 않은 것은?

문제 : 국제 관계를 바라보는 관점에 대해서 서술하시오.

〈답안〉

현실주의는 ㉠ 국가가 자국의 이익을 최우선적으로 추구한다고 보기 때문에 ㉡ 국가 간의 힘의 논리를 통한 세력 균형보다 소통과 대화를 중시한다. 반면에 이상주의는 ㉢ 국가가 이성적이고 합리적 행동이 가능하다고 보기 때문에 ㉣ 국제법, 국제 규범 등을 통한 국제 분쟁의 방지를 강조한다.

① ㉠　　② ㉡
③ ㉢　　④ ㉣

28 싱어(Singer, P.)가 주장하는 해외 원조에 대한 입장으로 가장 적절한 것은?

① 질서 정연한 사회의 구성원이 되도록 원조한다.

② 원조는 개인과 국가의 자율적 선택의 문제이다.

③ 고통을 감소시키고 쾌락을 증진하는 것은 인류의 의무이다.

④ 원조를 통해 재화를 똑같이 나누는 것은 국제적 정의이다.

29 싱어(Singer, P.)가 지지할 견해로 옳은 것은?

해외 원조에 대해 어떻게 생각하시나요?
당장의 생존과 관련 없는 지출을 하는 사람들이 기부하지 않는 것은 마치 물에 빠진 어린아이를 손쉽게 구할 수 있는데도 그냥 지나친 사람과 똑같은 것입니다.
학생
싱어

① 약소국에 대한 원조는 불필요하다.

② 빈곤 문제는 자국 내에서 해결해야 할 문제이다.

③ 인류의 행복 증진을 위해 원조와 기부를 해야 한다.

④ 원조는 개인이나 국가가 자율적으로 선택할 문제이다.

30 ㉠에 들어갈 용어로 가장 적절한 것은?

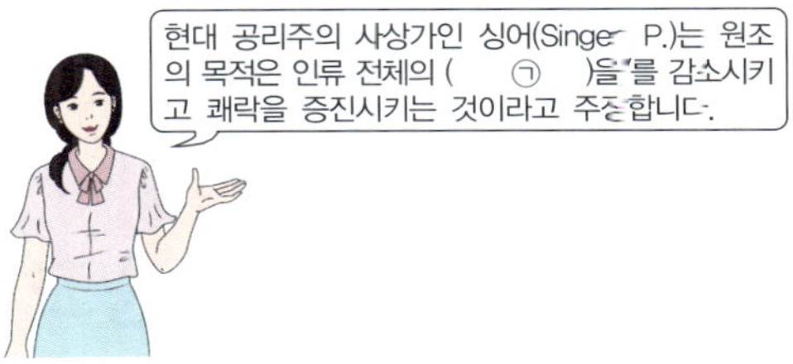

① 이익　　② 행복

③ 고통　　④ 복지

EBS 교육방송교재

고졸 검정고시 도덕

PART

07

실전모의고사

EBS 교육방송교재

제 1 회 실전모의고사

정답 및 해설 별책 36p

01 다음과 같은 윤리학으로 옳은 것은?

> 인간이 어떻게 행위를 해야 하는가에 대한 보편적 원리의 탐구를 주된 목표로 하는 윤리학

① 규범 윤리학 ② 메타 윤리학
③ 기술 윤리학 ④ 생명 윤리학

02 다음과 같은 주제를 다루는 응용 윤리학의 영역은?

> 출생, 죽음, 생명 가치에 대한 논의 혹은 윤리 문제로 낙태, 자살, 안락사, 생식 보조술, 인체 실험의 허용 여부 등을 주제로 다룬다.

① 성 윤리 ② 사회 윤리
③ 환경 윤리 ④ 생명 윤리

03 다음에서 추구하는 이상적인 인간상은?

> • 대표적인 사상가는 공자, 맹자, 순자
> • 이기심을 극복한 극기복례(克己復禮)의 삶
> • 인의예지(仁義禮智)의 덕을 조화롭게 갖춘 사람

① 군자 ② 보살
③ 신선 ④ 신사

04 다음 설명에 해당하는 이상 사회는?

> • 무위(無爲)와 무욕(無慾)의 사회
> • 인위적인 사회 제도와 질서를 거부

① 대동사회 ② 미륵세계
③ 불국정토 ④ 소국과민

05 다음 설명에 해당하는 것은?

> • "이것이 있으므로 저것이 있고, 이것이 생기므로 저것이 생긴다."
> • 모든 현상은 무수한 원인과 조건들로 서로 연결된다.

① 성악설 ② 연기설
③ 국부론 ④ 사회계약론

06 다음 내용을 주장한 사상가는?

> 인간의 도덕적 행위는 아무 대가도 바라지 않고 오직 그것이 옳다는 이유만으로 선택하는 '선의지'를 따를 때 가능하다.

① 벤담 ② 칸트
③ 니부어 ④ 베이컨

07 다음에서 강조하는 윤리적 접근은?

- 결과의 유용성을 강조함.
- '최대 다수의 최대 행복'을 산출하는 행위가 옳음.

① 의무론적 접근
② 덕 윤리적 접근
③ 공리주의적 접근
④ 배려 윤리적 접근

08 토론자가 갖추어야 할 자세에 대해 잘못 이해한 사람은?

① 갑 : 소수의 의견도 존중한다.
② 을 : 감정적으로 대응하는 발언을 하지 않는다.
③ 병 : 열린 마음으로 상대방의 비판을 수용하려고 한다.
④ 정 : 다수의 의견이 항상 전체의 의사를 대변한다고 여긴다.

09 다음에서 설명하는 덕목으로 옳은 것은?

윤리적 관점에서 자신의 삶을 반성하고 고민하여 더욱 풍요롭고 성숙한 삶을 살도록 한다.

① 절제　　② 책임
③ 성찰　　④ 자율

10 다음에서 설명하는 윤리적 성찰 방법으로 옳은 것은?

매일 자신에 관하여 '정성을 다 했는가?', '신의를 다 했는가?', '배운 것을 익히고 실천했는가?'를 반성함.

① 경(敬)　　② 참선
③ 신독　　④ 일일삼성

11 ㉠에 들어갈 내용으로 가장 적절한 것은?

서술형 평가

- 인공 임신 중절의 찬·반 입장을 구분하여 서술하시오.

찬성 입장	(㉠)
반대 입장	

① 태아를 비롯한 모든 인간의 생명은 존엄하다.
② 인간은 자기의 신체를 자율적으로 결정할 권리가 있다.
③ 잘못이 없는 인간을 해치는 행위는 도덕적으로 옳지 않다.
④ 태아는 임신 순간부터 인간으로 성장할 수 있는 잠재성을 지닌다.

12 다음과 관련된 죽음에 대한 사상으로 옳은 것은?

> "사람을 섬길 줄도 모르면서 어떻게 귀신을 섬길 수 있으며, 삶도 아직 모르면서 어떻게 죽음을 알겠는가?"

① 공자 ② 불교
③ 장자 ④ 플라톤

13 다음과 관련된 자살에 대한 입장으로 옳은 것은?

> 힘든 상태를 벗어나기 위해 자신을 파괴한다면, 그는 하나의 인격을 단순히, 죽을 때까지 고통스럽지 않게 지내기 위한 하나의 수단으로서만 이용하는 것이다. 인간은 결코 사물이 아니고, 따라서 단순히 수단으로만 사용될 수 있는 것이 아니다.

① 유교 ② 칸트
③ 아퀴나스 ④ 쇼펜하우어

14 ㉠에 들어갈 토론의 주제로 가장 적절한 것은?

> (㉠) 문제 찬반 토론
> - 찬성 : 불치병 환자의 연명 치료는 환자와 가족에게 고통을 주며, 제한된 의료 자원의 효율적 사용을 방해함.
> - 반대 : 죽음을 인위적으로 앞당기는 것은 자연의 질서에 어긋나며, 인간의 존엄성을 훼손함.

① 안락사 ② 인간 복제
③ 인체 실험 ④ 유전자 조작

15 ㉠에 들어갈 말로 가장 적절한 것은?

> 동물 중심주의 윤리의 대표학자는 싱어(Singer, P.)입니다. 그의 사상적 특징은 다음과 같습니다. (㉠)

① 동물은 인간을 위해 존재한다.
② 동물은 움직이는 기계에 불과하다.
③ 인간은 동물에 대한 간접적 의무를 지닌다.
④ 동물은 인간과 같은 감정을 지닌 존재이다.

16 사랑과 성의 관계에 대한 다음과 같은 관점으로 옳은 것은?

> - 자발적 동의 중심의 성 윤리 제시
> - 사랑과 성을 결부하여 성적 자유를 제한하는 것은 옳지 않음.

① 보수주의 ② 중도주의
③ 자유주의 ④ 도덕주의

17 배려적 사고의 구성 요소에 해당하는 것만을 〈보기〉에서 모두 고른 것은?

> 보기
> ㄱ. 공감
> ㄴ. 도덕적 상상력
> ㄷ. 충동적 감정 표현

① ㄱ, ㄴ ② ㄱ, ㄷ
③ ㄴ, ㄷ ④ ㄱ, ㄴ, ㄷ

18 ( )에 공통으로 들어갈 덕목은?

> • ( )은 성품과 행실이 높고 맑아 탐욕이 없는 것을 말한다.
> • ( )은 수령의 본래 직무로 모든 선의 원천이며 모든 덕의 근본이다.

① 차별　　② 청렴
③ 관용　　④ 독단

19 니부어(Niebuhr, R.)의 사회 윤리적 관점에 모두 'O' 표시한 학생은?

관점 \ 학생	갑	을	병	정
집단의 도덕성은 개인의 도덕성에 비해 열등하다.		○		○
도덕적인 개인이 모인 집단이라도 비도덕적일 수 있다.	○		○	○
개인 간 갈등은 합리적인 대화로는 해결할 수 없다.	○	○		

① 갑　　② 을
③ 병　　④ 정

20 사회 제도가 지향해야 할 가치로 적절하지 않은 것은?

① 정의
② 공동선
③ 인간의 존엄성
④ 특정 계층의 이익

21 롤스(Rawls, J.)의 정의의 원칙 중 ㉠, ㉡의 내용에 해당하는 사례로 적절한 것은?

제2의 법칙	㉠ 최소 수혜자 우선 배려의 원칙 ㉡ 공정한 기회 균등의 원칙

① ㉠ 국민 건강보험 실시
　㉡ 고위 공직자 재산 등록제 실시
② ㉠ 영화 사전 심의 제도 폐지
　㉡ 선거 연령 하향 조정
③ ㉠ 장애인 고용 촉진 정책 시행
　㉡ 공무원 시험 학력 제한 폐지
④ ㉠ 직업 선택의 자유 보장
　㉡ 국민기초생활보장제도 실시

22 민주 시민으로서 지녀야 할 기본적인 책무에 해당하지 않는 것은?

① 투표하는 일
② 법을 지키는 일
③ 부정과 불의를 묵인하는 일
④ 세금을 성실하게 납부하는 일

23 시민 불복종 운동이 정당화되기 위한 조건만을 <보기>에서 모두 고른 것은?

> **보기**
> ㄱ. 불복종 행위에 따른 처벌을 감수해야 한다.
> ㄴ. 자신에게 불리한 정책은 무조건 저항해야 한다.
> ㄷ. 사회 정의의 실현을 행위의 목적으로 삼아야 한다.

① ㄱ　　② ㄱ, ㄷ
③ ㄴ, ㄷ　　④ ㄱ, ㄴ, ㄷ

PART 07

24 요나스의 책임 윤리에 대한 설명으로 옳은 것은?

① 책임의 범위를 현세대로 한정한다.
② 과학 기술은 생명에 대한 도덕적 책임과는 관련 없다.
③ 과학 기술 연구는 어떠한 이유에도 중단되어서는 안 된다.
④ 인간뿐만 아니라 자연, 미래 세대까지 윤리적 책임의 범위를 확대해야 한다.

25 ㉠에 공통으로 들어갈 단어로 적절한 것은?

> • (㉠)은 남의 잘못을 너그럽게 용서하는 태도
> • (㉠)은 타인의 생각이나 문화가 나와 다를지라도 이를 존중하는 이성적 태도

① 편견
② 관용
③ 차별
④ 맹목

제 2 회 실전모의고사

정답 및 해설 별책 38p

01 다음 응용 윤리학에 해당하는 것은?

핵심 주제	• 낙태, 뇌사 등을 허용해야 하는가? • 인공 수정 시술을 허용해야 하는가? • 생명 복제를 어디까지 허용해야 하는가?

① 문화 윤리
② 생명 윤리
③ 지구촌 윤리
④ 정보화 윤리

02 다음 사례에서 학생들이 쓰레기를 치운 이유로 가장 적절한 것은?

> 야구 경기가 끝난 후 경기장은 온통 쓰레기르 가득 찼다. 그때 쓰레기를 줍고 있는 학생들에게 그 이유를 물었다. "우리가 어지럽혔으니 우리가 치우는 거예요. 당연하잖아요. 우리가 치우지 않으면 누가 치우겠어요?"

① 경제적 보상
② 도덕적 자율성
③ 처벌의 두려움
④ 강제적 도덕성

03 교사의 질문에 대한 학생의 대답으로 가장 적절한 것은?

> 교사 : 인위를 거부하고 자연의 섭리대로 살아가는 노자의 이상적인 삶은 무엇일까요?
> 학생 : (   )의 삶입니다.

① 무위자연(無爲自然)
② 극기복례(克己復禮)
③ 호연지기(浩然之氣)
④ 경천애인(敬天愛人)

04 타당한 도덕적 근거를 제시하며 자신의 도덕 판단을 타인에게 설득하는 과정은?

① 도덕적 신념
② 도덕적 감성
③ 도덕적 정당화
④ 도덕적 상상력

05 다음 동양의 사상과 이상적 인간상을 바르게 연결한 것은?

> • 최고의 선은 물과 같다. [上善若水]
> • 소국과민(小國寡民)을 이상 사회로 봄.
> • 겸허와 겸손의 덕, 부쟁(不爭)의 덕 실천 강조

① 불교 – 보살　　② 도교 – 지인
③ 유교 – 군자　　④ 동학 – 천주

06 다음 중 사상가의 주장이 바르게 연결되지 않은 것은?

① 맹자 – 성선설
② 노자 – 무위자연
③ 칸트 – 최대 다수의 최대 행복
④ 아리스토텔레스 – 도덕적 습관의 중시

07 다음과 같은 태도에 필요한 사고는?

- 어떤 도덕적 주제를 적극적으로 분석하고 검토하려는 노력
- 상대방에 대한 열린 자세와 자신에 대한 반성의 태도
- 성급한 일반화의 오류를 극복하려는 노력

① 신화적 사고 ② 비판적 사고
③ 타율적 사고 ④ 진취적 사고

08 다음과 같은 입장에서 사회 문제를 해결하려고 할 때 가장 적절한 방법은?

현대 사회의 도덕 문제는 개인의 선한 의지만으로 사회 정의를 실현하기가 어렵다. 사회 정책과 제도의 개선을 통해서 사회 문제를 해결할 수 있는 측면이 강하다.

① 자율성과 책임감을 강화한다.
② 개인의 양심과 도덕성에 호소한다.
③ 도덕적 가치 판단 능력을 함양한다.
④ 잘못된 사회 관행을 고치며 법적 체제를 보완한다.

09 다음 설명에 해당하는 개념은?

- 인간 존엄성의 근거
- 외부의 억압이나 강제에서 벗어나 자기 스스로 판단하고 결정하여 실천하는 것

① 자율 ② 봉사
③ 평등 ④ 참여

10 (　　)에 공통으로 들어갈 말은?

- (　　)은/는 어느 한쪽에 치우치지 않고 공정하게 각자의 몫을 분배하는 것이다.
- (　　)은/는 사회의 갈등을 조정하기 위해 사회 제도가 갖추어야 할 기본적인 요소이다.

① 정의 ② 모방
③ 소외 ④ 일탈

11 다음에서 설명하는 정의의 종류는?

- 사회적 합의 과정의 투명성과 공정성을 강조한다.
- 롤스(Rawls, J.)의 '정의의 제2원칙'을 적용한다.

① 절차적 정의 ② 결과적 정의
③ 도구적 정의 ④ 이념적 정의

12 ㉠의 원칙이 반영되어 있는 제도로 가장 적절한 것은?

> 정의로운 사회는 공정한 절차를 통해 사회 구성원들이 ㉠ 최소 수혜자에게 최대의 이익이 되도록 조정하는 원칙에 합의하는 사회입니다.

① 인터넷 실명제
② 기부금 입학제
③ 기업 연봉 성과급제
④ 농어촌 자녀 특례 입학제

13 다음 설명에 해당하는 것은?

> 이것은 정의롭지 않은 사회 제도를 의도적으로 거부하는 시민 저항 운동이다. 간디의 비폭력 저항과 마틴 루서 킹(King, M. L. Jr.)의 흑인 인권 운동이 이에 해당한다.

① 협동 조합 ② 노동 운동
③ 시민 불복종 ④ 난민 구호 활동

14 다음에서 공통적으로 강조하는 도덕 가치는?

> • 자기가 바라지 않는 일을 남에게 하지 말라. – 『논어』 –
> • 남에게 대접받고자 하는 대로 너희도 남을 대접하라. – 『성경』 –

① 배려 ② 자율
③ 정의 ④ 책임

15 다음에서 설명하는 개념으로 옳은 것은?

> 사이버 공간에서 상대방이 원하지 않는 언어, 이미지 등을 이용하여 정신적 · 심리적 피해를 주는 행위를 뜻한다.

① 정보 격차 ② 판옵티콘
③ 사생활 침해 ④ 사이버 불링

16 다음 판서 내용의 ㉠에 들어갈 주제로 옳은 것은?

> (㉠)의 의의와 한계
> (1) 의의
> • 환경 문제 해결을 위한 생태계 전체에 대한 포괄적 시각을 제시함.
> • 인간과 자연의 공존을 모색하는 새로운 관점을 제시함.
> (2) 한계
> • 생태계 전체의 이익을 우선하여 환경 파시즘으로 흐를 수 있음.
> • 생태계의 가치 실현에 인간의 무분별한 개입을 허용하지 않아 환경 보전을 위한 현실적 방안을 제시하지 못함.

① 생태 중심주의 ② 생명 중심주의
③ 동물 중심주의 ④ 인간 중심주의

17 다음과 같은 관점으로 옳은 것은?

> • 윤리적 가치와 미적 가치는 무관하다.
> • 예술은 '예술을 위한 예술'로 미적 가치 추구만이 목적이 된다.

① 도덕주의 ② 향락주의
③ 상업주의 ④ 심미주의

18 ㉠에 들어갈 인물로 가장 적절한 것은?

> (㉠)의 "예(禮)에서 사람이 서고, 악(樂)에서 사람이 이룩된다."라는 말은 예술이 인간의 품성도야에 기여해야 한다는 의미를 가진다.

① 칸트　② 공자
③ 스핑건　④ 와일드

19 다음 대화 중 ㉠에 들어갈 을의 관점으로 옳지 않은 것은?

> 갑 : 자본주의 사회에서 개인의 자유로운 소비는 정당하기 때문에 명품 선호는 개인의 자유라고 생각해.
> 을 : 그렇지 않아. (㉠).

① 사치 풍조를 조장하여 사회적 위화감을 조성할 거야.
② 명품의 우수한 품질은 소유자의 품격을 높여줄 수 있어.
③ 명품 소비는 과시적 소비를 통한 그릇된 욕망의 표현이야.
④ 명품 구매는 필요성보다는 자신을 돋보이게 하는 것에 불과해.

20 다음에서 설명하는 개념으로 옳은 것은?

> 소비 행위가 타인과 사회는 물론 생태계 전체에 어떤 결과를 가져올지를 고려하여 바람직한 방향으로 소비를 실천하는 것

① 충동적 소비　② 과시적 소비
③ 합리적 소비　④ 윤리적 소비

21 다문화주의(샐러드 볼 이론)에 대한 설명으로 옳지 않은 것은?

① 한 국가 안의 다양한 문화를 평등하게 인정한다.
② 주류 문화를 중심으로 한 사회적 통합을 용이하게 한다.
③ 소수자의 문화를 존중하고 문화 간 다양성을 확보할 수 있다.
④ 사회적 연대감이나 결속력이 부족하여 사회적 통합이 어렵다.

22 다음에서 설명하는 사상은?

> 사회 갈등을 극복하기 위한 동서양의 지혜
> - 모든 종파와 사상을 더 높은 차원에서 하나로 종합해야 한다고 주장
> - 갈등 상황에 있는 개인이나 집단이 자신에 대한 집착과 상대방에 대한 편견을 버려야 서로 화해하고 포용할 수 있음.

① 황금률　② 화쟁 사상
③ 화이부동　④ 세계 시민주의

23 하버마스(Habermas, J.)가 제시한 이상적 담화 조건에 해당되지 않는 것은?

① 정당성　② 진실성
③ 책임성　④ 이해 가능성

24 다음 내용에 해당하는 개념은?

> 군사 안보적으로 한반도와 동북 아시아 정세에 큰 위험이 사라져 신용 등급 상승, 외국인 투자자 유치, 국방비 절감 등 경제적 이익을 창출할 것이다. 정치・외교적으로는 북한 문제를 둘러싼 정치 갈등이 사라져 경제 발전과 사회 통합을 이루어 국력을 향상할 수 있다.

① 분단 비용　② 평화 비용
③ 통일 비용　④ 통일 편익

25 ㉠에 들어갈 개념으로 옳은 것은?

> 국제 관계를 바라보는 관점 : (　㉠　)
> - 국제 분쟁의 원인 : 인간 본성에서 유래하는 것이 아니라 상대방에 대한 무지나 오해, 잘못된 제도 때문에 발생함.
> - 해결 방법 : 국가 간의 이성적 대화와 협력을 바탕으로 도덕・여론・법률・제도를 개선해야 함.

① 현실주의　② 이상주의
③ 심미주의　④ 도덕주의

PART 07

EBS 교육방송교재

고졸 검정고시 도덕

PART

08

2025년 기출문제

01 제1회 기출문제

02 제2회 기출문제

도덕 2025년 제1회 기출문제

정답 및 해설 별책 40p

01 다음 탐구 주제를 다루는 실천 윤리 분야는?

- 기후 변화와 관련된 윤리적 해결책은 무엇인가?
- 지속 가능한 발전을 위해 인간과 자연이 공존할 수 있는가?

① 문화 윤리 ② 정보 윤리
③ 직업 윤리 ④ 환경 윤리

02 다음에서 소개하는 윤리 사상가는?

◈ 도덕 인물 카드 ◈

- 도가의 대표 사상가인 노자의 사상을 계승함.
- 도(道)의 관점에서 만물의 평등한 가치를 강조함.
- 좌망(坐忘)과 심재(心齋)를 수양법으로 제시함.

① 맹자 ② 묵자
③ 순자 ④ 장자

03 도덕적 탐구의 방법으로 옳은 것만을 〈보기〉에서 모두 고른 것은?

보기

ㄱ. 토론 ㄴ. 독단적 사고
ㄷ. 비판적 사고 ㄹ. 합리적 추론

① ㄱ ② ㄴ, ㄷ
③ ㄴ, ㄹ ④ ㄱ, ㄷ, ㄹ

04 ㉠에 들어갈 내용으로 적절하지 않은 것은?

【탐구 주제 : 소수자 우대 정책】

1. 의미 : 사회적 약자에 대해 사회적 이익의 공정한 분배를 실현하려는 정책
2. 사례 : (㉠)

① 환경 영향 평가 제도
② 여성 고용 할당 제도
③ 농어촌 특별 전형 제도
④ 장애인 의무 고용 제도

05 다음에서 설명하는 윤리학적 접근은?

행위의 옳고 그름은 결과와 상관없이 선의지에 근거하여 행위할 때에만 그 행위가 도덕적 가치를 지닌다.

① 계약론적 접근
② 의무론적 접근
③ 공리주의적 접근
④ 심미주의적 접근

06 (가), (나)에 들어갈 내용으로 적절하지 <u>않은</u> 것은?

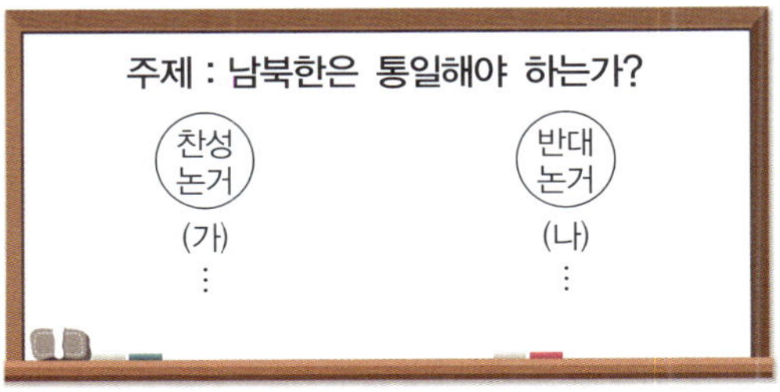

① (가) : 우리 민족의 동질성을 회복할 수 있다.
② (가) : 지구촌의 평화 실현에 기여할 수 있다.
③ (나) : 통일 비용보다 통일 편익이 클 수 있다.
④ (나) : 통일 과정에서 정치적 혼란이 초래될 수 있다.

07 다음에서 설명하는 것은?

> • 행동이 맑고 탐욕을 부리지 않는 상태
> • 눈앞의 이익보다는 옳음을 중시하는 자세

① 부정　② 소외
③ 청렴　④ 편견

08 ㉠에 들어갈 용어로 적절한 것은?

구분	해외 원조의 목적
싱어	공리주의 입장에서 빈곤으로 고통받는 사람들의 고통을 경감하는 것
롤스	불리한 여건으로 인해 고통받는 사회를 (㉠)가 되도록 돕는 것

① 독재 사회
② 무정부 사회
③ 전체주의 사회
④ 질서 정연한 사회

09 다음에서 설명하는 국제 관계를 바라보는 관점은?

> 국제 관계에서 국가는 자국의 이익만을 추구하며, 국가 간의 힘의 논리를 강조한다. 평화는 힘의 균형을 통해 전쟁을 예방 또는 억지하는 것이다.

① 이상주의　② 인도주의
③ 쾌락주의　④ 현실주의

10 다음에서 인공 임신 중절의 찬성 논거에 해당하는 것을 말한 학생은?

① 학생 1　② 학생 2
③ 학생 3　④ 학생 4

11 가족 간에 지켜야 할 바람직한 자세로 옳은 것을 〈보기〉에서 고른 것은?

보기
ㄱ. 부모는 자녀를 독립된 인격체로 존중해야 한다.
ㄴ. 가족 구성원들은 서로에 대한 배려가 필요하다.
ㄷ. 부모는 자녀의 미래를 일방적으로 결정해야 한다.
ㄹ. 가족 간의 갈등이 발생하면 대화를 회피해야 한다.

① ㄱ, ㄴ　② ㄱ, ㄹ
③ ㄴ, ㄷ　④ ㄷ, ㄹ

12 다음 중 윤리적 소비를 실천하기 위한 방법으로 적절하지 않은 것은?

① 동물 복지 인증을 받은 상품을 구매하도록 노력한다.
② 노동자의 인권을 침해한 기업의 제품을 소비하도록 노력한다.
③ 생산자를 보호하는 공정 무역 상품을 구매하도록 노력한다.
④ 환경적으로 건전하고 지속 가능한 소비를 하도록 노력한다.

13 다음 중 종교 갈등 해결을 위해 필요한 덕목으로 적절한 것은?

① 강요　② 관용
③ 집착　④ 차별

14 다음 평가지에서 학생이 작성한 답안의 채점 결과로 ㉠에 들어갈 점수는?

◈ 프롬(Fromm, E.)의 '진정한 사랑'에 대한 질문에 답하시오. (각 1점)

질문	〈학생 답〉
• 보호와 이해의 요소를 포함하는가?	아니오
• 자신의 행동에 책임을 지는 것인가?	예
• 상대방의 성장에 관심을 가지는 것인가?	예

채점결과 : (㉠)점

① 0　② 1
③ 2　④ 3

15 다음 중 과학 기술의 발달에 따른 긍정적 측면에 해당하는 것은?

① 난치병 치료
② 사생활 침해
③ 환경 오염 발생
④ 생명의 존엄성 훼손

16 정보의 공유를 강조하는 입장에서 A, B에 들어갈 대답으로 옳은 것은?

질문	대답
• 정보 격차에 따른 불평등을 해소할 수 있는가?	A
• 정보는 공공의 이익을 위해서 사용되어야 하는가?	B

	①	②	③	④
A	예	예	아니요	아니요
B	예	아니요	예	아니요

17 다음 중 시민의 정치 참여가 필요한 이유로 적절하지 <u>않은</u> 것은?

① 공정한 사회 제도를 수립하기 위해서이다.
② 시민 각자의 권리를 보장하기 위해서이다.
③ 사회 전체의 공공선을 증진하기 위해서이다.
④ 일부 특권층의 이익만을 극대화하기 위해서이다.

18 다음에서 설명하는 것은?

> 지역에서 생산된 먹거리를 그 지역에서 소비하는 것으로 장거리 운송을 거치지 않은 안전하고 건강한 지역 농산물을 구매하려는 운동이다.

① 불매 운동
② 로컬푸드 운동
③ 양성평등 운동
④ 시민 불복종 운동

19 다음 설명에 해당하는 사상가는?

너의 행위의 결과가 미래에도 인간이 존속할 가능성을 파괴하지 않도록 행위하라.
현세대의 책임은 일차적으로 미래 세대의 존재를 보장하는 것이다.

① 베이컨　② 요나스
③ 플라톤　④ 베카리아

20 다음 교사의 질문에 적절하게 대답한 학생은?

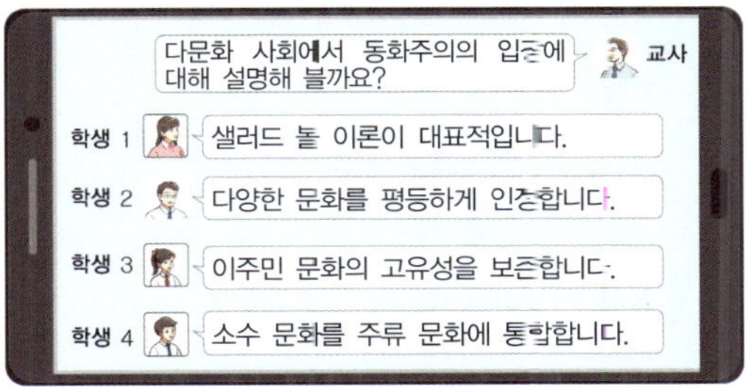

다문화 사회에서 동화주의의 입장에 대해 설명해 볼까요?
교사
학생 1
샐러드 볼 이론이 대표적입니다.
학생 2
다양한 문화를 평등하게 인정합니다.
학생 3
이주민 문화의 고유성을 보존합니다.
학생 4
소수 문화를 주류 문화에 통합합니다.

① 학생 1　② 학생 2
③ 학생 3　④ 학생 4

21 표에서 생태 중심주의 사상가인 레오폴드(Leopold, A.)의 관점에만 '✔'를 표시한 학생은?

관점 \ 학생	A	B	C	D
• 자연을 전일론적 관점에서 바라본다.	✔		✔	
• 인간은 자연보다 우월한 지위를 지닌다.		✔		✔
• 생태계 전체는 도덕적 고려의 범위에 포함된다.	✔			✔

① A　② B
③ C　④ D

22 예술 지상주의 입장으로 옳은 것을 〈보기〉에서 고른 것은?

보기

ㄱ. 예술을 위한 예술을 주장한다.
ㄴ. 예술의 자율성을 보장해야 한다.
ㄷ. 윤리적 기준으로 예술을 평가해야 한다.
ㄹ. 예술은 감상자에게 도덕적 교훈을 제공해야 한다.

① ㄱ, ㄴ　　② ㄱ, ㄷ
③ ㄴ, ㄹ　　④ ㄷ, ㄹ

23 다음 퀴즈에 대한 정답으로 옳은 것은?

공자는 '임금은 임금다워야 하며, 아버지는 아버지다워야 한다.'라고 주장하면서 사회 구성원 각자가 자신의 위치에 걸맞은 역할을 충실히 수행해야 한다는 '이것'을 강조하였습니다. '이것'은 무엇일까요?

① 겸애(兼愛)　　② 무위(無爲)
③ 정명(正名)　　④ 해탈(解脫)

24 다음 중 동물 중심주의 입장에서 동물 실험을 반대하는 논거로 적절하지 <u>않은</u> 것은?

① 동물 실험은 동물의 권리를 침해할 수 있다.
② 동물 실험으로 의료 기술을 발전시킬 수 있다.
③ 동물 실험은 동물에게 불필요한 고통을 줄 수 있다.
④ 동물은 삶의 주체로서 도덕적 고려 대상에 포함된다.

25 (가)에 들어갈 윤리 사상가는?

(가)
- 평화를 소극적 평화와 적극적 평화로 구분함.
- 적극적 평화는 직접적 폭력과 간접적 폭력이 모두 사라진 상태임.
- 대표 저서 : 「평화적 수단에 의한 평화」

① 갈퉁　　② 데카르트
③ 소크라테스　　④ 아리스토텔레스

EBS 교육방송교재

도덕

2025년 제2회 기출문제

정답 및 해설 별책 43p

01 다음의 문제를 다루는 실천 윤리 분야로 가장 적절한 것은?

- 사생활 침해
- 저작권 침해
- 사이버 폭력
- 해킹과 바이러스 유포

① 정보 윤리　② 생명 윤리
③ 평화 윤리　④ 환경 윤리

02 다음 퀴즈에 대한 정답으로 옳은 것은?

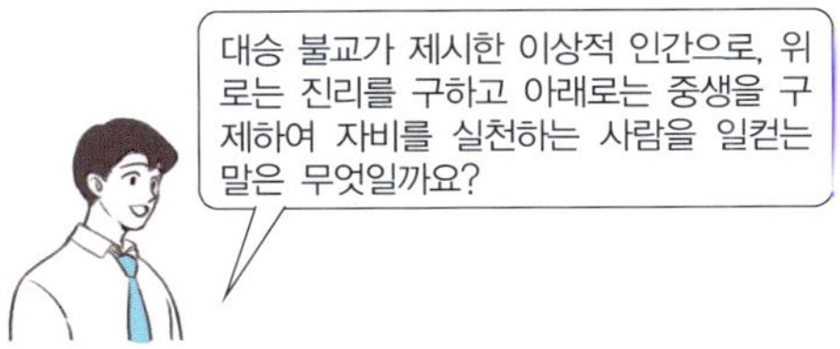

대승 불교가 제시한 이상적 인간으로, 위로는 진리를 구하고 아래로는 중생을 구제하여 자비를 실천하는 사람을 일컫는 말은 무엇일까요?

① 군자　② 보살
③ 진인　④ 대장부

03 ㉠에 들어갈 용어로 가장 적절한 것은?

【주제 : (㉠) 윤리학】
특징 : 도덕 언어의 논리적 타당성과 의미 분석을 주된 목표로 함.
주요 물음 : '좋음'과 '옳음'이라는 용어의 의미는 무엇인가?
도덕 판단을 어떻게 논리적으로 정당화할 수 있는가?

① 기술　② 규범
③ 메타　④ 신경

04 유교 사상의 특징으로 옳은 것을 <보기>에서 고른 것은?

보기
ㄱ. 좌망, 심재의 수양 방법을 강조한다.
ㄴ. 대동 사회를 이상 사회로 제시한다.
ㄷ. 누구나 불성(佛性)을 지니고 태어난다고 본다.
ㄹ. 성인(聖人), 군자를 이상적 인간상으로 제시한다.

① ㄱ, ㄴ　② ㄱ, ㄷ
③ ㄴ, ㄹ　④ ㄷ, ㄹ

05 다음에서 소개하는 윤리 사상가는?

◈ 도덕 인물 카드 ◈

- 의무론을 대표하는 윤리 사상가
- 도덕 법칙은 정언 명령의 형식으로 제시된다고 주장함.
- 선의지에서 비롯된 행위만이 도덕적 가치를 지닌다고 봄.

① 밀 ② 칸트
③ 홉스 ④ 테일러

06 교사의 질문에 적절하지 <u>않은</u> 대답을 한 학생은?

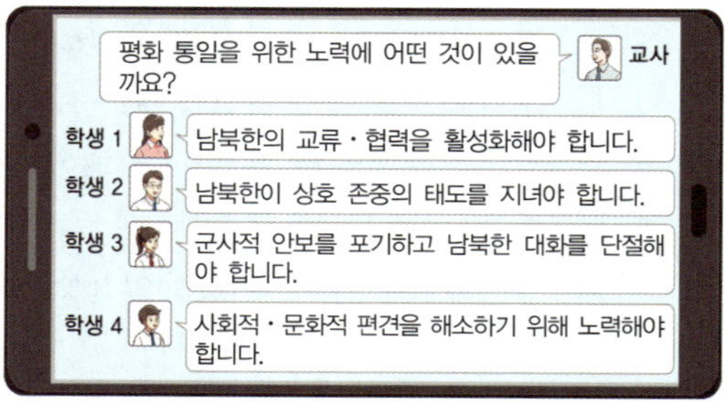

평화 통일을 위한 노력에 어떤 것이 있을까요?
교사
학생 1
남북한의 교류·협력을 활성화해야 합니다.
학생 2
남북한이 상호 존중의 태도를 지녀야 합니다.
학생 3
군사적 안보를 포기하고 남북한 대화를 단절해야 합니다.
학생 4
사회적·문화적 편견을 해소하기 위해 노력해야 합니다.

① 학생 1 ② 학생 2
③ 학생 3 ④ 학생 4

07 다음 설명에 해당하는 노직(Nozick, R.)의 정의의 원칙은?

> 취득 및 양도의 과정에서 부정의로 인해 현재의 소유 상태가 발생하였다면 바로잡아야 한다.

① 교정의 원칙 ② 이전의 원칙
③ 자유의 원칙 ④ 차등의 원칙

08 (가)에 들어갈 용어로 가장 적절한 것은?

(가)
- 돌봄, 공감, 책임, 타인과의 관계 등을 중시
- 상황과 특수성을 고려한 윤리적 판단 강조
- 대표 인물 : 길리건(Gilligan, C.), 나딩스(Naddings, N.)

① 의무론 ② 덕 윤리
③ 공리주의 ④ 배려 윤리

09 시민 불복종의 정당화 조건을 〈보기〉에서 고른 것은?

보기
ㄱ. 공개적으로 해야 한다.
ㄴ. 최후의 수단이어야 한다.
ㄷ. 법 체계 전체에 항거해야 한다.
ㄹ. 사적 이익 추구만을 목적으로 해야 한다.

① ㄱ, ㄴ ② ㄱ, ㄷ
③ ㄴ, ㄹ ④ ㄷ, ㄹ

10 다음 설명에 해당하는 자연관으로 가장 적절한 것은?

> - **특징** : 모든 생명체가 도덕적 지위를 지닌다는 입장
> - **사상가** : 슈바이처(Schweitzer, A.), 테일러(Taylor, P.) 등
> - **한계점** : 생태계 전체를 도덕적으로 고려하지 못함.

① 인간 중심주의　　② 동물 중심주의
③ 생명 중심주의　　④ 생태 중심주의

11 (가), (나)에 들어갈 내용으로 적절하지 않은 것은?

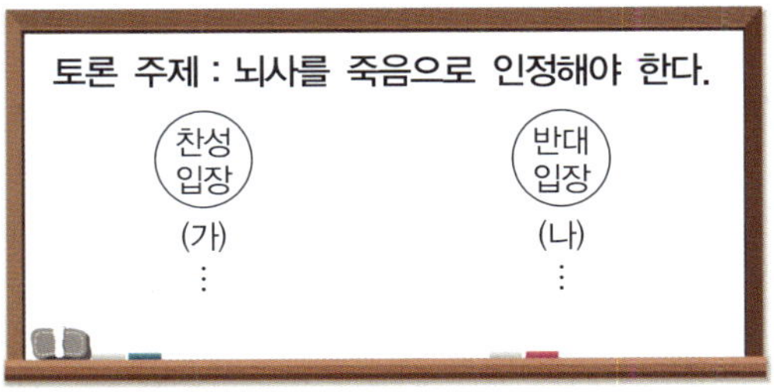

토론 주제 : 뇌사를 죽음으로 인정해야 한다.
찬성 입장
(가)
⋮
반대 입장
(나)
⋮

① (가) : 의료 자원을 효율적으로 사용할 수 있다.
② (가) : 다른 환자의 생명을 구하거나 질병을 치료할 수 있다.
③ (나) : 뇌사 판정의 오류로 인해 인간 존엄성이 훼손될 수 있다.
④ (나) : 장기적인 연명 치료로 인한 가족의 부담을 줄일 수 있다.

12 다음 설명에 해당하는 용어는?

> 성 자체를 매매하거나 소비 욕구를 자극하는 데 이용하는 등 성을 상업적 수단으로 취급하는 행위

① 성교육　　② 성 역할
③ 양성평등　　④ 성 상품화

13 ㉠에 들어갈 용어로 가장 적절한 것은?

> 레건(Regan, T.)에 따르면, 일부 동물은 자신의 삶을 영위할 수 있는 능력, 즉 믿음, 욕구, 자각 등을 가진 (㉠)이므로 인간처럼 본래적 가치를 지닌다.

① 삶의 주체　　② 기계적 존재
③ 수단적 존재　　④ 이성적 주체

14 공리주의 사상가인 벤담(Bentham, J.)의 입장에서 A, B에 들어갈 대답으로 옳게 짝 지어진 것은?

질문	대답
• 모든 쾌락은 양적으로 계산할 수 있는가?	A
• 최대 다수의 최대 행복의 원리를 따라야 하는가?	B

	①	②	③	④
A	예	예	아니요	아니요
B	예	아니요	예	아니요

15 다음 평가지에서 학생이 작성한 답안의 채점 결과로 ㉠에 들어갈 점수는?

◈ 하버마스의 '담론 윤리'에 대한 질문에 답하시오. (각 1점)

질문	학생 답
• 자유로운 비판을 허용해야 하는가?	예
• 대화에의 참여는 평등해야 하는가?	아니오
• 의사소통의 과정은 합리적이어야 하는가?	예

채점 결과 : (㉠)점

① 0 ② 1
③ 2 ④ 3

16 다음 중 윤리적 성찰이 필요한 이유로 적절하지 <u>않은</u> 것은?

① 올바른 가치관과 인격을 형성하기 위해서이다.
② 자신의 잘못을 반성하고 되풀이하지 않기 위해서이다.
③ 유행이나 사회적 분위기에 동조하며 살기 위해서이다.
④ 더 나은 삶을 위해 삶의 의미를 재정립하기 위해서이다.

17 표에서 죽음에 대한 장자의 관점으로 옳은 것만을 모두 '✔' 표시한 학생은?

관점 \ 학생	A	B	C	D
• 자신이 쌓은 업에 따라 윤회하는 과정이다.	✔		✔	
• 사계절의 운행과 같은 자연스러운 과정이다.		✔		✔
• 영원불변한 이데아의 세계로 들어가는 과정이다.			✔	✔

① A ② B
③ C ④ D

18 국제 관계를 바라보는 (가), (나)의 관점이 옳게 짝 지어진 것은?

> (가) : 국가는 자국의 이익을 추구하고 국제 관계는 국가 간 힘의 논리에 따라 움직인다.
> (나) : 국제법이나 국제 규범으로 제도를 개선하여 국제 평화를 실현할 수 있다.

	(가)	(나)
①	현실주의	자본주의
②	사회주의	이상주의
③	사회주의	자본주의
④	현실주의	이상주의

19 다음 설명에 해당하는 용어는?

> 다양한 채소와 과일이 그 특성을 유지하며 저마다의 맛을 내듯이 다양한 문화가 대등하게 조화를 이루어야 한다.

① 동화주의
② 샐러드 볼 모형
③ 국수 대접 모형
④ 자문화 중심주의

20 ㉠에 들어갈 내용으로 가장 적절한 것은?

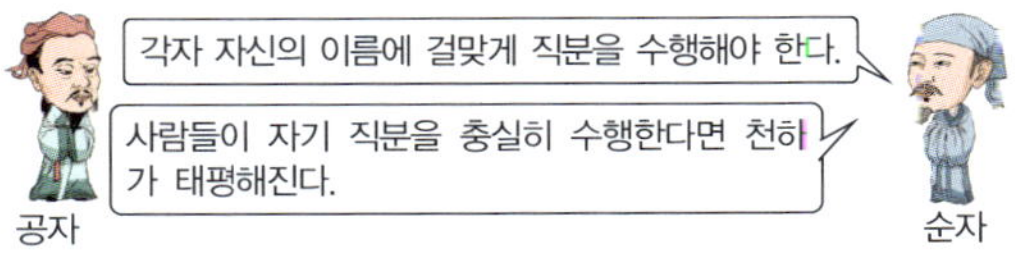

각자 자신의 이름에 걸맞게 직분을 수행해야 한다.
사람들이 자기 직분을 충실히 수행한다면 천하가 태평해진다.
공자
순자

공통점 : 두 사상가 모두 직업을 통한 (㉠)을 강조한다.

① 무위자연
② 역성혁명
③ 민주주의 실현
④ 사회적 역할 분담

21 다음 중 사회 갈등 해결을 위한 자세로 적절하지 <u>않은</u> 것은?

① 갈등은 나쁜 것이므로 무조건 회피한다.
② 다양성의 가치를 존중하고 대화에 임한다.
③ 상호 소통을 할 수 있는 합리적 절차를 중시한다.
④ 다른 것을 틀린 것으로 인식하는 태도에서 벗어난다.

22 다음 설명에 해당하는 사상가는?

> 사회 계약에 기초하여 살인자를 정당한 사회 구성원이 아니라고 간주하고, 사회 방위론의 입장에서 사형제를 찬성함.

① 갈퉁　　② 루소
③ 요나스　　④ 베카리아

23 ㉠에 들어갈 내용으로 가장 적절한 것은?

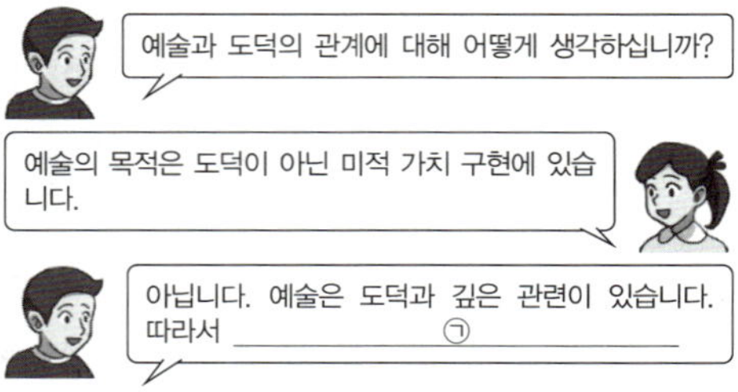

예술과 도덕의 관계에 대해 어떻게 생각하십니까?
예술의 목적은 도덕이 아닌 미적 가치 구현에 있습니다.
아닙니다. 예술은 도덕과 깊은 관련이 있습니다. 따라서 ㉠

① 예술은 윤리적 평가에서 자유로워야 합니다.
② 예술은 올바른 품성 함양에 도움이 되어야 합니다.
③ 예술에 대한 어떠한 규제와 간섭도 반대해야 합니다.
④ 예술이 반드시 사회적 모순을 지적할 필요는 없습니다.

24 다음 설명에 해당하는 개념은?

> 소비자가 도덕적 신념과 가치 판단에 따라 환경, 인권 등 각종 사회 문제에 접근하여 상품을 소비하는 행위

① 과시적 소비 ② 충동적 소비
③ 윤리적 소비 ④ 합리적 소비

25 다음은 서술형 평가 문제와 학생 답안이다. 밑줄 친 ㉠~㉣ 중 옳지 않은 것은?

> **문제 : 현대 환경 문제의 특징을 서술하시오.**
>
> 〈학생 답안〉
>
> 오늘날 환경 문제는 ㉠ 국경을 초월하는 전 지구적 문제이다. 따라서 ㉡ 책임 소재를 명확히 가리기 어려운 측면이 있으며, ㉢ 인류의 생존을 위협하기도 한다. 그러나 ㉣ 모든 환경 문제는 일시적으로 발생하기 때문에 쉽게 회복이 가능하다.

① ㉠ ② ㉡
③ ㉢ ④ ㉣

EBS 교육방송교재

검스타트 검정고시 고졸 도덕

2026 최신판

정답 및 해설

정답 및 해설

PART 01 현대의 삶과 실천 윤리

적중예상문제 본문 19~22p

01 ②	02 ③	03 ④	04 ③	05 ④
06 ②	07 ①	08 ①	09 ③	10 ①
11 ②	12 ④	13 ④	14 ②	15 ③
16 ②	17 ④	18 ④	19 ②	20 ①

01 정답 ②

윤리학은 인간의 행위에 관한 여러 가지 문제와 규범을 연구하는 학문으로 도덕적 행위를 실천하게 하고, 가치 있는 삶의 방향을 안내하며, 당위나 의무를 탐구하고, 도덕적 행위를 정당화하는 규범적 근거를 제시한다.

02 정답 ③

윤리적 공백이란 과학 기술의 발전 속도와 과학 기술의 영향에 대한 이성의 도덕적 숙고가 충분히 반영되지 못해 생기는 간격을 말한다.

03 정답 ④

정보 윤리적 문제를 해결하기 위해서는 컴퓨터 공학 등과 관련된 학문 분야의 지식이 필요하다. 이렇듯 실천 윤리학은 다양한 학문 분야 간의 대화를 강조하는 특징을 갖는다.

04 정답 ③

생명 윤리 영역에서는 삶과 죽음의 문제, 생명 의료 윤리, 동물의 생명에 관한 윤리를 다룬다. 구체적으로 인공 임신 중절, 자살, 안락사, 뇌사, 생명 복제, 유전자 치료, 동물 실험과 동물의 권리 문제 등이 윤리적 쟁점이 되고 있다.
③은 문제점에 해당하지 않는다.

05 정답 ④

메타(분석) 윤리학은 도덕적 언어의 의미 분석과 도덕적 추론의 정당성 검증을 주된 목표로 삼는 윤리학이다.

06 정답 ②

규범 윤리학은 이론 윤리학(의무론, 공리주의 윤리, 덕 윤리 등)과 실천 윤리학(생명 윤리, 정보 윤리 등)으로 구분되며 현대의 윤리 문제의 해결 방안을 모색하고자 한다.

07 정답 ①

유교 윤리에서는 도덕적 공동체의 실현을 위해 통치 방법과 관련하여 형벌이나 무력보다는 도덕과 예의로써 백성들을 교화하며, 백성들이 도덕적인 마음을 잃지 않도록 기본적인 생활을 보장해 주어야 한다는 점을 강조한다. 이를 통해 유교 윤리는 모두가 더불어 잘 사는 '대동사회(大同社會)'라는 이상 사회를 이룩할 수 있다고 본다.

08 정답 ①

유교 윤리에서는 이러한 도덕성을 바탕으로 지속적으로 수양하면 누구나 도덕적으로 완성된 인간인 성인(聖人)이나 군자(君子)가 될 수 있다고 본다.

09 정답 ③

도가에서는 도(道)에 따라 자연 그대로의 질서를 따르는 무위자연(無爲自然)의 삶과 도덕적 가치와 사회 제도에 얽매이지 않고 바라는 것 없이 노닐 듯 자유롭게 살아가는 소요유(逍遙遊)의 자세를 추구한다.

10 정답 ①

밀은 벤담처럼 행복을 삶의 궁극적 목적으로 보면서도, 쾌락의 양뿐만 아니라 질적인 차이도 중요하다고 보았다. 그는 정상적인 인간이라면 누구나 질적으로 높고 고상한 쾌락을 추구할 것이라고 주장하였다.

11 정답 ②

맹자의 사단(四端)

- 측은지심(惻隱之心) : 남을 불쌍히 여기는 마음
- 수오지심(羞惡之心) : 옳지 못함을 부끄러워하고 착하지 못함을 미워하는 마음
- 사양지심(辭讓之心) : 겸손하여 양보하는 마음
- 시비지심(是非之心) : 옳고 그름을 가릴 줄 아는 마음

12 정답 ④

아리스토텔레스는 행위와 태도를 성찰하는 방법으로 '마땅한 때에, 마땅한 일에 대하여, 마땅한 사람에게, 마땅한 동기로' 느끼거나 행하는 중용을 강조하였다.

13 정답 ④

오륜(五倫)

- 부자유친(父子有親) : 어버이와 자식 사이에는 친함이 있어야 한다.
- 군신유의(君臣有義) : 임금과 신하 사이에는 의로움이 있어야 한다.
- 부부유별(夫婦有別) : 부부 사이에는 구별이 있어야 한다.
- 장유유서(長幼有序) : 어른과 아이 사이에는 차례와 질서가 있어야 한다.
- 붕우유신(朋友有信) : 친구 사이에는 믿음이 있어야 한다.

14 정답 ②

- 친구에게 상처를 주는 것은 옳지 않다. [도덕 원리]
- 철수가 친구에게 욕을 하는 것은 친구에게 상처를 주는 것이다. [사실 판단]
- 철수가 친구에게 욕을 하는 것은 옳지 않다. [도덕 판단]

15 정답 ③

토론은 자기주장을 관철하거나 상대방의 주장을 비판하기 위한 것이 아니라, 상대를 설득하거나 이해하여 문제에 대한 최선의 해결책을 찾기 위해 필요하다. 토론은 일반적으로 '주장하기 → 반론하기 → 재반론하기 → 정리하기' 순으로 진행된다.

16 정답 ②

도덕적 탐구에서 이성적 사고의 과정도 중요하지만 공감, 배려 등 정서적 측면도 중요하다. 도덕적 탐구에서는 배려적 사고가 필요하며 딜레마 상황이 어떻게 전개될 것인지를 고려하는 능력인 도덕적 상상력도 요구된다.

17 정답 ④

보편화 검사는 요청받은 사항을 모든 사람에게 적용해 봄으로써 그 도덕 원리가 타당한지 살펴보는 것이다.

18 정답 ④

증자의 일일삼성(一日三省)은 매일 자신에 관하여 '정성을 다 했는가', '신의를 다 했는가', '배운 것을 익히고 실천했는가'를 반성하는 성찰 방법이다.

19 정답 ②

이황의 경(敬)은 성찰의 방법으로 마음을 한 곳에 집중하고(주일무적), 몸가짐을 단정히 하고 엄숙한 태도를 유지(정제엄숙)하며, 항상 또렷한 정신 상태를 유지(상성성)해야 한다고 하였다.

20 정답 ①

도덕적 성찰은 우리가 도덕적 삶을 살 수 있도록 도와준다. 우리는 자신의 삶을 되돌아볼 때 잘못을 반성하고 스스로 정한 삶의 원칙을 다듬어 가며 지킬 수 있다.

기출문제 체크

본문 23~33p

01 ②	02 ③	03 ①	04 ③	05 ①
06 ②	07 ②	08 ①	09 ①	10 ②
11 ③	12 ②	13 ①	14 ①	15 ②
16 ①	17 ③	18 ④	19 ②	20 ①
21 ④	22 ②	23 ②	24 ④	25 ②
26 ②	27 ③	28 ③	29 ①	30 ③
31 ②	32 ③	33 ④	34 ③	35 ③
36 ③	37 ①	38 ④	39 ②	40 ④
41 ④	42 ②	43 ①	44 ②	45 ①
46 ①	47 ①	48 ①	49 ①	50 ③
51 ③	52 ①	53 ②	54 ④	55 ①
56 ①	57 ③	58 ③	59 ④	60 ③

01 정답 ②

제시문은 도덕 현상과 문제의 명확한 기술, 기술된 현상들 간의 인과 관계를 설명하는 데 관심을 두는 기술 윤리학에 대한 설명이다.

- **규범 윤리학** : 인간이 어떻게 행위를 해야 하는가에 대한 보편적 원리의 탐구를 주된 목표로 하는 윤리학으로 이론 규범 윤리학과 실천 규범 윤리학으로 나뉜다.
- **(분석)메타 윤리학** : 도덕적 언어의 의미 분석과 논리 분석에 관심을 둔다.

02 정답 ③

제시문은 이론 윤리학을 현대 사회의 여러 구체적 윤리 문제에 적용하여 이를 해결하는 데 초점을 두는 실천(응용) 윤리학에 대한 설명이다.

03 정답 ①

과학 기술의 발달과 사회·문화적 변화로 새로운 윤리 문제가 발생하였고, 이를 기존의 윤리만으로는 해결하기 힘들기에 문제 해결에 직접적이고 일차적인 관심을 두는 응용(실천) 윤리학이 등장하게 되었다.

04 정답 ③

출생과 죽음에 관련된 윤리 문제 혹은 생명 가치에 대한 논의를 하는 응용 윤리학으로 생명 윤리가 있다.

05 정답 ①

급격한 산업화와 도시화로 인해 자연환경이 파괴되는 등의 문제가 발생하였다.

06 정답 ②

제시된 내용은 자연에 대한 인간의 올바른 인식과 환경 문제를 위한 대안 마련에 주목하고, 인간 중심주의가 환경에 미친 영향과 탄소 배출 방안과 관련된 윤리적 쟁점 등을 주제로 하는 환경 윤리에 대한 설명이다.

07 정답 ②

문화 윤리에서 다루는 주제는 예술과 외설의 구분 기준, 의식주와 윤리의 관계, 문화 다양성 존중과 보편 윤리의 양립 가능성 등이 있다. 전쟁과 핵 문제는 평화 윤리에서 다루는 주제로 볼 수 있다.

08 정답 ①

생명 윤리는 인공 임신 중절, 자살, 안락사, 뇌사, 생명 복제, 유전자 치료, 동물 실험 등의 주제를 다룬다.
② 문화 윤리, ③ 직업 윤리, ④ 정보 윤리

09 정답 ①

제시문은 유교 사상에 대한 설명이다.

② 도가의 이상적인 사회상으로 소국과민, 이상적 인간상으로 지인, 신인을 제시한다.
④ 불교의 이상적인 사회상으로 불국정토, 이상적 인간상으로 부처, 보살을 제시한다.

10 정답 ②

노자는 도가 사상의 창시자로 춘추 시대에 활동한 인물로 알려져 있다. 도교에서는 사람의 힘이 더해지지 않은 자연 그대로의 질서를 따르는 무위자연(無爲自然)에 따라 살아갈 것을 강조한다. 도교에서는 이를 근거로 당시의 위정자나 사상가들을 인위적이라고 비판하였다.

11 정답 ③

노자는 "도(道)는 자연을 본받아 어긋나지 않는다."라고 하여, 천지 만물의 근원인 도의 특성이 인위적으로 강제하지 않고 자연스러움을 따르는 무위자연(無爲自然)이라고 주장하였다. 따라서 도가 윤리에 대한 설명이다.

12 정답 ②

불교에서는 모든 존재와 현상이 다양한 원인[因]과 조건[緣], 즉 인연에 의해 생겨난다는 연기론을 주장한다. 연기론에 따르면 만물은 독립적으로 존재할 수 없으며 서로 연결되어 상호 의존하고 있다.

13 정답 ①

맹자의 사단(四端)

- 측은지심(惻隱之心) : 남을 불쌍히 여기는 마음
- 수오지심(羞惡之心) : 옳지 못함을 부끄러워하고 착하지 못함을 미워하는 마음
- 사양지심(辭讓之心) : 겸손하여 양보하는 마음
- 시비지심(是非之心) : 옳고 그름을 가릴 줄 아는 마음

② 삼학(三學) – 불교, ③ 정명(定名) – 유교(공자), ④ 삼독(三毒) – 불교

14 정답 ①

제시된 도덕 인물은 공자에 대한 설명이다.
② 노자, 장자 – 도가, ③ 순자 – 유교(성악설),
④ 묵자 – 묵가(차별 없는 사랑 – 겸애)

15 정답 ②

제시문은 억지로 하지 않고 자연스러운 도(道)의 흐름에 맡기는 무위자연(無爲自然)의 삶을 추구하는 도가의 특징이다. ①·④ – 유교, ③ – 불교

16 정답 ①

맹자의 오륜(五倫)

- 부자유친(父子有親) : 어버이와 자식 사이에는 친함이 있어야 한다.
- 군신유의(君臣有義) : 임금과 신하 사이에는 의로움이 있어야 한다.
- 부부유별(夫婦有別) : 부부 사이에는 구별이 있어야 한다.
- 장유유서(長幼有序) : 어른과 아이 사이에는 차례와 질서가 있어야 한다.
- 붕우유신(朋友有信) : 친구 사이에는 믿음이 있어야 한다.

17 정답 ③

자연법 윤리는 보편 타당한 법칙인 자연법이 존재하고 인간은 누구나 이성을 통해 이를 파악할 수 있다고 보았다. 즉, "선을 행하고 악을 피하라."라는 자연법의 기본 원리를 바탕으로 자연법에 부합하는 행위는 옳다고 보았다.

18 정답 ④

칸트는 도덕 법칙을 무조건 따라야 하는 정언 명령의 형태로 제시하였다. ②, ③은 공리주의에 대한 설명이다.

19 정답 ②

의무론은 언제 어디서나 우리가 따라야 할 보편 타당한 법칙이 존재하며, 우리의 행위가 이 법칙을 따르면 옳고, 따르지 않으면 그르다고 판단한다. 이와 같은 의무론의 대표적인 윤리 사상으로는 칸트 윤리가 있다.

20 정답 ①

칸트에 따르면 이성적이고 자율적인 인간은 보편적인 도덕 법칙을 인식할 수 있다. 그는 감정이나 욕구가 아니라 도덕 법칙을 존중하려는 의무에서 비롯된 행위만 도덕적 가치를 지닌다고 보았다.

ㄹ. 공리주의의 입장이다.

21 정답 ④

칸트는 도덕 법칙을 인간이라면 누구나 예외 없이 따라야 하는 무조건적이고 절대적인 정언 명령의 형태로 제시한다. 그는 인간이 선의지를 가지고 있으므로 정언 명령에 따를 수 있으며, 이에 따를 때 인간은 도덕적 인간이 될 수 있다고 보았다.

22 정답 ②

칸트는 행위의 결과와 상관없이 행위 자체가 선이므로 무조건 받아들여야 하는 정언 명령을 제시하였다.

23 정답 ②

정언 명령 : 행위의 결과와 상관없이 행위 자체가 선이므로 무조건 받아들여야 하는 도덕적 명령

- **제1정언 명령** : "네 의지의 준칙이 항상 동시에 보편적 입법의 원리로서 타당할 수 있도록 행위하라."
- **제2정언 명령** : "너 자신의 인격이나 다른 모든 사람의 인격에 있어서 인간성을 결코 한낱 수단으로서만 대하지 말고 항상 동시에 목적으로 대우하라."

24 정답 ④

제시문은 행위의 결과와 상관없이 무조건적인 법칙, 즉 정언 명령에 근거해야 한다는 칸트의 의무론적 윤리에 대한 설명이다.

④ 관계의 중요성을 강조하고 배려의 상호성을 중시하는 배려 윤리에 대한 설명이다.

25 정답 ②

칸트는 도덕 법칙을 무조건 따라야 하는 정언 명령의 형태로 제시하였다. 칸트가 제시한 정언 명령의 예로 "네 의지의 준칙이 언제나 동시에 보편적 입법의 원리가 되도록 행위하라.", "너 자신과 다른 모든 사람들을 결코 한낱 수단으로서가 아니라, 항상 동시에 목적 그 자체로서 대하도록 행위하라."가 있다.

26 정답 ②

칸트는 도덕 법칙을 무조건 따라야 하는 정언 명령의 형태로 제시하고 도덕 법칙에 따르는 의무 의식과 선의지에 근거한 행위만이 도덕적 가치를 지닌다고 보았다.

27 정답 ③

도덕적 추론은 옳고 그름을 판단하는 '도덕 원리'와 참과 거짓을 구분하는 '사실 판단'을 근거로 하여 논리적으로 '도덕 판단'을 내리는 사고 과정이다.

28 정답 ③

ㄴ. 도덕 원리, ㄷ. 사실 판단, ㄱ. 도덕 판단

29 정답 ①

윤리적 성찰이란 자신이 가진 인간관, 가치관, 세계관 등을 윤리적 관점에서 전체적으로 검토하고 반성하는 과정을 말한다.

30 정답 ③

자신의 도덕적 경험을 바탕으로 삶을 반성하고, 도덕적 삶의 실천 방향을 결정하는 윤리적 성찰에 대한 설명이다.

31 정답 ②

제시된 증자와 소크라테스, 일상생활에서의 실천 방안은 모두 윤리적 성찰에 대해 설명하고 있다.

32 정답 ③

윤리적 성찰은 자신의 불완전함을 지속적으로 보완하며 올바른 가치관과 인격 형성에 도움을 주고 좀 더 나은 삶을 살기 위한 삶의 의미와 방향을 재정립할 수 있다.

33 정답 ④

제시된 윤리 사상가는 고대 그리스의 철학자인 소크라테스로 성찰을 통해 무지를 자각하고 자신의 내면에 있는 참된 앎을 깨우칠 것을 강조하였다.

34 정답 ③

윤리적 성찰은 생활 속에서 자신의 마음가짐, 행동 또는 그 속에 담긴 자신의 정체성과 가치관에 관하여 윤리적 관점에서 깊이 있게 반성하고 살피는 태도이다. 따라서 어른들의 말씀을 무조건 비판 없이 받아들이는 태도는 바람직하지 않다.

35 정답 ③

동양의 유교에서는 윤리적 성찰의 방법으로 마음을 한 곳으로 모아 흐트러짐이 없이 하는 거경(居敬)의 수양 방법을 중시한다. 거경의 주된 예로 신독(愼獨)을 들 수 있는데, 이는 홀로 있을 때도 도리에 어긋나지 않도록 몸과 마음을 바르게 하고, 언행을 신중하게 하는 것을 의미한다. 또한 증자(曾子)의 일일삼성의 가르침은 하루의 삶을 성찰하는 지침이 될 수 있다.

36 정답 ③

도가는 억지로 하지 않고 자연스러운 도(道)의 흐름에 맡기는 무위자연(無爲自然)의 삶을 추구하였다.

37 정답 ①

공자는 사회 구성원 각자가 자신의 역할과 신분에 맞는 덕을 실현해야 한다는 정명(正名) 사상과 도덕성 회복을 위한 인(仁)을 제시하였다.

38 정답 ④

도가는 인간은 자연의 한 부분으로서 자연에 순응하는 무위자연(無爲自然)을 강조하였고, 자연을 인위적으로 지배하려 해서는 안 되며 인간과 자연이 함께 조화를 이루어야 한다고 주장하였다.

39 정답 ②

제시된 연기설, 보살, 불살생, 해탈은 모두 불교 윤리를 설명하는 단어들이다. 불교 윤리는 생로병사의 끊임없는 삶의 고통에서 벗어나 열반의 상태에 도달하기 위한 깨달음을 강조한다.

40 정답 ④

㉠은 동양의 자연관 중 인간과 자연이 하나가 되는 천인합일(天人合一)의 유교적 자연관을 의미하고, ㉡은 동양의 자연관 중 우주 만물의 상호 의존성을 깨닫고 모든 생명을 소중히 여기는 불교의 자연관인 연기(緣起)를 의미한다.

41 정답 ④

현대의 덕 윤리는 아리스토텔레스의 사상에 기원을 둔다. 그에 따르면, 지성적 덕은 주로 교육에 근거하므로 그것을 함양하는 데 경험과 시간을 필요로 한다. 그리고 품성적 덕은 습관의 결과로 생겨나므로 유덕한 품성을 갖춘 사람이 되려면 옳은 행동을 반복적으로 실천하여 내면화해야 한다. 한 번의 옳은 행동이 그 사람을 도덕적으로 만들어 주는 것은 아니기 때문이다.

42 정답 ②

덕(德) 윤리는 아리스토텔레스의 사상적 전통을 계승하여 행위자의 품성과 덕성을 중시하였고, 덕행을 습관화하여 유덕한 성품을 기르고 지속적·자발적으로 선한 행위의 실천을 강조하였다.

ㄴ·ㄹ 공리주의 입장이다.

43 정답 ①

덕 윤리는 옳고 선한 행위를 하려면 인간의 품성을 닦아 덕성을 함양해야 하는 것을 강조한 이론 윤리학으로, 현대 덕 윤리는 의무론과 공리주의가 특정한 도덕 원리나 규칙을 근거로 행위 자체를 평가하는 것을 비판한다.

44 정답 ②

덕 윤리는 아리스토텔레스의 덕 윤리에 기원을 두고 있다. 아리스토텔레스는 덕을 갖추기 위해 꾸준한 실천으로 올바른 습관을 형성해야 한다고 주장하였다.

45 정답 ①

제시문은 실천 윤리학에 대한 설명으로 평화 윤리, 문화 윤리, 정보 윤리가 이에 해당된다.
① 덕 윤리는 이론 윤리학에 해당한다.

46 정답 ①

행위의 옳고 그름의 기준으로 칸트는 행위의 동기를, 벤담은 행위의 결과를 강조하였다.

47 정답 ①

공리주의 윤리는 쾌락이나 행복을 가져다주는 행위는 옳고, 고통이나 불행을 가져다주는 행위는 그르다고 본다. 대표적인 사상가로는 벤담과 밀이 있다.

48 정답 ①

공리주의는 쾌락과 행복을 증진하는 행위는 옳고, 고통과 불행을 가져다주는 행위는 옳지 않다고 판단한다.
ㄷ · ㄹ 칸트의 입장이다.

49 정답 ①

벤담은 쾌락의 경험과 고통의 경험은 그 경험의 7가지 측면, 즉 강도, 지속성, 확실성, 근접성, 다산성, 순수성, 파급 범위를 총합하여 양적으로 점수화한다.

50 정답 ③

공리주의적 접근은 옳은 행동을 쾌락과 행복을 증진하는 유용성(공리)의 원리에 따라 행위의 옳고 그름을 판단한다. 따라서 행위의 결과가 얼마나 많은 쾌락을 가져왔는지에 따라 옳고 그름이 판단되기 때문에 행위의 결과를 중시한다.

51 정답 ③

쾌락과 행복을 증진하는 유용성(공리)의 원리에 따라 행위의 옳고 그름을 판단하는 공리주의는 쾌락이나 행복을 가져다주는 행위는 옳고, 고통이나 불행을 가져다주는 행위는 그르다고 보았다.
③ 의무론에 대한 설명이다.

52 정답 ①

공리주의는 행동을 평가할 때 그 행동이 결과적으로 얼마나 많은 쾌락과 행복을 산출해 냈는지를 주목한다.
② 의무론, ③ 덕 윤리에 대한 설명이다.

53 정답 ②

대표적인 공리주의자인 벤담은 쾌락을 산출하고 고통을 피하는 결과를 낳는 행위가 선(善)이라고 보았다. 그는 사회가 개인의 집합체이므로 개인의 행복과 사회 전체의 행복은 연결되어 있으며 더 많은 사람이 행복을 누리는 것이 좋은 일이라고 보고, '최대 다수의 최대 행복'이라는 도덕 원리를 제시하였다. 또한 그는 모든 쾌락은 질적으로 같으며 양적인 차이만 있다고 가정하고 쾌락을 계산할 수 있다고 보았다.

54 정답 ④

오늘날 공리주의는 유용성의 원리를 개별적인 행위에 적용하는지 아니면 행위 규칙에 적용하는지에 따라 행위 공리주의와 규칙 공리주의로 나누어진다. 규칙 공리주의는 "어떤 규칙이 최대의 유용성을 가져오는가?"를 중시하면서 개별적인 행위의 결과가 아니라 일반적으로 최대의 행복을 가져오는 행위의 규칙을 따라야 한다고 본다.

55 정답 ①

"남에게 대접받고자 하는 대로 대접하라."는 보편적 도덕 법칙으로 황금률이 있다.

56 정답 ①

"네가 남에게 바라는 대로 남에게 해 주어라."는 그리스도 윤리의 근본 원리인 황금률을 의미한다.

57 정답 ③

역할 교환 검사는 제시된 도덕 원리를 자신의 입장에 적용해 보고 그 결과를 받아들일 수 있는지 생각해 보는 것이다.

58 정답 ③

비판적 사고란 감정 또는 편견에 사로잡히거나 권위에 맹종하지 않고 합리적이고 논리적으로 분석·평가·분류하는 사고 과정을 말한다.

59 정답 ④

도덕적 토론은 상대방의 도덕 원리와 사실 판단을 검토하면서 서로 입장 차이를 좁히는 과정을 통해 도덕적 쟁점에 대한 타당한 해결책을 찾는 과정이다.

60 정답 ③

도덕적 탐구에서는 타인의 입장에 공감하며 배려하는 능력도 필요하다.

PART 02 생명과 윤리

적중예상문제

본문 51~55p

01 ①	02 ②	03 ②	04 ①	05 ④
06 ④	07 ①	08 ③	09 ③	10 ④
11 ④	12 ③	13 ②	14 ①	15 ④
16 ③	17 ②	18 ②	19 ①	20 ②

01 정답 ①

출생과 관련된 윤리적 쟁점에는 인공 임신 중절, 생명 복제, 생식 보조술 등이 있다. 안락사는 죽음과 관련된 윤리적 쟁점이다.

02 정답 ②

장자는 죽음은 두려움의 대상이 아니며, 삶과 죽음은 차별이 없으므로 죽음 앞에서 슬퍼할 필요가 없다고 주장하였다.

03 정답 ②

태아를 인간이 아닌 존재로 본다면 태아에게 임신부와 동일한 권리를 인정해 주지 않아도 된다. 정당방위 근거는 인공 임신 중절을 찬성하는 입장에서 제시할 수 있다.

04 정답 ①

갑은 죽음에 집착하기보다 현실에서 도덕적 실천을 할 것을 강조한 공자의 주장이다. 을은 전생의 선행이 현생의 삶을 결정하고, 현생의 삶이 내세의 삶을 결정한다고 보는 점을 통해 불교의 관점임을 알 수 있다.

05 정답 ④

아퀴나스는 자살이 자연법에 어긋나는 행위이며, 자신이 속한 공동체를 훼손하는 행위라고 보아 자살을 반대하였다. ㉣은 쇼펜하우어의 주장이다.

06 정답 ④

제시문은 안락사이다. 안락사를 반대하는 입장에서는 인간의 존엄성 훼손을 근거로 제시하고, 찬성하는 입장에서는 환자의 자율성과 삶의 질 중시, 사회적 이익을 고려하는 공리주의 등을 근거로 제시한다.

07 정답 ①

뇌사를 죽음으로 인정하는 입장은 공리주의 관점에서 장기 이식을 통한 사회적 이익의 증대와 뇌 기능의 정지를 죽음의 단계로 인정해야 한다는 근거를 제시한다.

08 정답 ③

제시문은 확보된 장기의 기증 과정에서 어떻게 분배하는 것이 공정한지에 대한 윤리적 문제에 대해 설명하고 있다.

09 정답 ③

동물 복제가 종의 다양성을 훼손한다는 것은 동물 복제를 반대하는 근거이다.

10 정답 ④

인간 배아 복제를 찬성하는 입장에서는 배아는 아직 완전한 인간이 아니라는 점과 배아로부터 획득한 줄기세포를 활용해 난치병의 치료 방법을 찾을 수 있다는 점을 근거로 제시한다.

11 정답 ④

유전자 치료는 인간의 존엄과 가치를 침해하지 않는 범위에서 제한적으로 이루어져야 한다.

12 정답 ③

3아르(R) 원칙은 동물 실험에 대한 무조건적인 반대가 아니라, 동물 실험의 대안을 찾아 동물의 희생을 줄이고, 나아가 동물 생명의 존엄성을 강조하는 데 그 목적이 있다.

13 정답 ②

동물 실험을 반대하는 입장이다.

② 인간이 동물과 근본적으로 다른 존재 지위를 가진다는 것은 동물 실험의 찬성 근거이다.

14 정답 ①

제시문은 싱어의 주장이다. 싱어는 동물에 대한 도덕적 고려를 주장하였다.

15 정답 ④

프롬은 사랑을 소유하거나 지배하는 것이 아닌 서로를 인정하고 배려하는 기술이라고 하였다. 그는 책임, 이해, 존경, 보호를 사랑의 네 가지 요소로 제시하였다.

16 정답 ③

제시된 내용은 사랑과 성의 관계에 대한 중도주의 입장이다. 중도주의 입장은 사랑 중심의 성 윤리로, 성과 사랑을 결혼과 결부시키지 않는다.

17 정답 ②

성 상품화를 반대하는 입장에서는 성의 본래적 의미를 변질시키며, 외모 지상주의 등의 부작용을 초래할 수 있다는 근거를 제시한다.

18 정답 ②

부모는 자녀를 사랑하고 올바른 길로 인도해야 하며, 자녀는 물질적·정신적으로 부모를 봉양해야 한다.

19 정답 ①

부부유별은 남편과 아내의 역할에 구별이 있다는 뜻이다.

20 정답 ②

부부는 서로의 차이를 존중하고 각자의 주체성과 자유를 존중해야 한다.

기출문제 체크 본문 56~61p

01 ①	02 ③	03 ①	04 ①	05 ①
06 ①	07 ①	08 ④	09 ④	10 ③
11 ④	12 ①	13 ③	14 ④	15 ②
16 ②	17 ③	18 ①	19 ③	20 ④
21 ④	22 ②	23 ①	24 ②	25 ①
26 ②	27 ③	28 ①	29 ①	

01 정답 ①

인공 임신 중절에 대한 논쟁은 임산부인 여성의 권리를 옹호해야 한다는 입장과 생명을 가진 태아의 생명권을 옹호해야 한다는 입장으로 나누어진다.

02 정답 ③

하이데거는 동물과 달리 인간만이 죽음을 주체적으로 수용할 수 있고 죽음에 대한 자각을 통해 삶을 더욱 의미 있게 살아갈 수 있다고 주장하였다.

03 정답 ①

죽음에 대한 동양 사상 중 ㉠은 불교의 윤회(輪廻)에 대한 설명이고, ㉡은 장자의 기(氣)에 대한 설명이다.
해탈(解脫) – 불교(모든 번뇌와 속박에서 벗어난 상태), 오륜(五倫) – 유교(부자유친, 군신유의, 부부유별, 장유유서, 붕우유신)

04 정답 ①

안락사는 불치병으로 극심한 고통을 겪고 있는 환자의 요구에 따라 의료진이 인위적으로 개입하여 생명을 단축하는 행위이다. 안락사를 허용하는 국가가 차츰 증가하고 있지만, 안락사를 허용할지에 대한 윤리적 논쟁은 지속되고 있다.

05 정답 ①

안락사이다. 안락사를 반대하는 입장에서는 인간의 존엄성 훼손을 근거로 제시하고, 찬성하는 입장에서는 환자의 자율성과 삶의 질 중시, 사회적 이익을 고려하는 공리주의 등을 근거로 제시한다.

06 정답 ①

안락사에 반대하는 입장은 죽음을 인위적으로 앞당기는 것은 자연의 질서에 어긋나고, 인간의 존엄성을 훼손하는 것이며, 또한 의료인은 환자의 죽음을 앞당기는 의료 행위를 해서는 안 된다고 주장한다. ㄷ과 ㄹ은 안락사에 찬성하는 입장이다.

07 정답 ①

인간 개체 복제는 복제한 배아를 착상시켜 완전한 인간 개체를 태어나게 하는 것으로 국제적으로 금지되고 있다. 찬성 논거에는 불임 부부의 고통을 덜어 줄 수 있고, 반대 논거에는 인간의 존엄성과 고유성을 위협하고 자연스러운 출산 과정에 위배된다는 것이다.

08 정답 ④

동물 복제에 대한 찬반 입장
〈찬성〉
- 우수한 품종의 개발이 가능하다.
- 치료용 생체 물질 생산이 가능하다.
- 희귀 동물 보존, 멸종 동물 복원이 가능하다.

〈반대〉
- 자연의 질서를 위배한다.
- 종(種)의 다양성을 훼손한다.
- 동물의 생명을 수단화한다.

09 정답 ④

오늘날 생명 과학의 발달은 인류에게 다양한 혜택을 제공하지만, 생명의 존엄성을 위협하는 부작용을 낳기도 한다.

10 정답 ③

인체 실험은 살아 있는 사람을 대상으로 실험을 가하는 반인륜적인 행위를 말한다. 제2차 세계 대전 당시, 일본 제국과 나치 독일이 생체 실험을 가한 바 있다.

11 정답 ④

미국의 심리학자 로버트 스턴버그(Robert Sternberg)는 다양한 사랑의 형태를 삼각형의 모양과 크기로 구분할 수 있다고 주장한다. 삼각형의 세 꼭짓점을 이루는 친밀감, 열정, 헌신을 모두 충족하면 사랑의 형태는 정삼각형에 가까워진다. ㉠은 친밀감에 대한 설명이다.

12 정답 ①

프롬은 사랑의 요소로 책임, 이해, 존경, 보호를 주장하였다. ②, ③, ④는 사랑과 관련이 없다.

13 정답 ③

에리히 프롬은 사랑의 기본 요소로 보호, 책임, 존경, 이해 등을 제시하였다.

14 정답 ④

성적 자기결정권은 인간이 자신의 의지에 따라서 자율적으로 성적 행위를 결정할 수 있고, 원치 않는 성적 행위를 분명하게 거부할 수 있는 권리를 말한다.

15 정답 ②

성의 가치에는 생식적 가치, 쾌락적 가치, 인격적 가치가 있다. ㉠은 성의 인격적 가치에 대한 설명이다.

- **생식적 가치** : 출산으로 가족을 형성하고 양육을 책임진다. ➜ 책임 있는 행동이 요구된다.
- **쾌락적 가치** : 감각적 쾌락을 제공한다. ➜ 쾌락의 적절한 향유와 절제 있는 행동이 요구된다.
- **인격적 가치** : 평등한 인격체로서 교류하고 상호 존중하게 한다. ➜ 사랑하는 사람에 대한 인격 존중이 요구된다.

16 정답 ②

보수주의자들은 사랑하는 남녀가 결혼이라는 합법적 테두리 내에서 출산과 양육에 대한 책임을 질 수 있는 성만을 도덕적으로 정당하다고 인정한다. 이와 달리 급진적인 자유주의자들은 성이 그 자체로 쾌락을 가져다주고 쾌락은 그 자체로 추구할 만한 목적을 지니고 있다고 본다. 그래서 사랑과 성을 결부하여 성적 자유를 제한하는 것은 옳지 않다고 주장한다.

17 정답 ③

사랑과 성에 대한 다양한 관점 중 보수주의는 성적 행위의 전제를 결혼에, 중도주의는 사랑에, 자유주의는 상호 간 동의에 둔다.

18 정답 ①

성차별을 극복하기 위해서는 남녀의 차이를 인정하면서도 고정된 성 역할을 강조하지 않으며 능력에 따라 평등하게 대우하는 양성 평등적 자세가 필요하다.

19 정답 ③

남녀 간의 바람직한 윤리는 각자의 주체성과 자유를 존중하고 양성평등을 추구하여 남녀의 차이를 인정하고 다양성과 개성을 존중해야 한다.

20 정답 ④

성별에 따른 차별, 편견, 비하 없이 남녀 모두 모든 영역에 동등하게 참여할 수 있어야 한다.

21 정답 ④

제시문은 관계성과 공감, 동정심을 중시하고 따뜻한 배려와 구체적인 상황, 맥락을 강조하는 배려 윤리에 대한 설명이다.

22 정답 ②

배려 윤리는 보편성, 합리성에 치중한 남성 중심의 정의 윤리를 보완하기 위해 돌봄, 공감, 관계성 등 여성 중심의 덕목을 중시하는 윤리이다.

23 정답 ①

길리건의 배려 윤리는 돌봄, 공감, 배려, 관계성, 맥락 등에 대한 고려에서 찾을 수 있다.

24 정답 ②

① 불혹 : 나이 40세를 이르는 말
③ 이순 : 예순 살을 달리 이르는 말
④ 맹목 : 사리(事理)에 어두운 눈

25 정답 ①

부자자효(父慈子孝) : 효의 실천은 부모가 자녀에게 자애를 베풀고, 자녀는 기꺼이 효를 실천해야 한다.

26 정답 ②

화목한 가정을 위해서 부부는 각자의 주체성과 자유를 존중하고 양성 평등을 강조해야 한다.

27 정답 ③

바람직한 부부 관계는 삶의 동반자로서 상호 발전할 수 있도록 서로 돕고 각자의 주체성과 자유를 인정하면서 가족 공동체를 유지하기 위해 노력해야 한다.

28 정답 ①

부부간의 바람직한 윤리는 각자의 주체성과 자유를 존중하고 양성평등을 추구하며, 가정에서 부부의 역할을 고정적으로 구별하는 것은 지양해야 한다.

29 정답 ①

형제자매는 부모의 기운을 동일하게 받고 태어났다는 의미로 동기간(同氣間)이라고도 한다. 형제자매가 우애 있게 지내는 방법으로 형우제공(兄友弟恭)을 들 수 있는데, 이는 형은 동생을 사랑하고, 동생은 형을 공경한다는 뜻이다.

PART 03 사회와 윤리

적중예상문제 본문 80~83p

01 ④	02 ①	03 ②	04 ④	05 ③
06 ②	07 ①	08 ④	09 ③	10 ④
11 ④	12 ③	13 ④	14 ①	15 ④
16 ②	17 ②	18 ②	19 ①	20 ④

01 정답 ④

㉠은 직업이다. 직업은 기본적인 생계유지에 필요한 경제적 소득을 안정적으로 확보할 수 있는 수단이다.

02 정답 ①

공자는 사회 구성원들이 각자의 지위에 따른 역할과 도리를 다할 것을 강조하였다.

03 정답 ②

맹자는 백성들에게 일정한 생업이 없으면 올바른 마음을 지키기 어렵다고 보아, 통치자는 백성의 경제적 안정에 힘써야 한다고 주장하였다.

04 정답 ④

직업 윤리는 직업 생활이 오로지 경제적 이익 추구의 수단으로 전락하지 않도록 만들며, 직업 생활에서의 부정부패와 비리를 없애는 데 기여함으로써 사회의 도덕성을 향상하는 데 이바지한다.

05 정답 ③

㉠은 전문직이다. 전문직은 고도의 직업 훈련을 통한 전문 지식의 습득이 요구된다는 점에서 전문성, 일정한 자격을 갖추지 않으면 종사할 수 없다는 점에서 독점성, 제3자의 간섭이나 개입 없이 업무를 자율적으로 수행한다는 점에서 자율성을 가진다.

06 정답 ②

제시문은 기업가의 사회적 책임에 대한 애로(Arrow, K. J.)의 입장이다. 기업은 법을 지키는 차원을 넘어 사회·문화·경제·환경 등 다양한 영역에서 사회적 책임을 자발적으로 이행해야 한다는 입장이다.

07 정답 ①

공직자는 국민보다 우월한 지위에서 권한을 행사하므로 공직자의 의사 결정은 사회적 영향력이 크다. 따라서 더 높은 도덕성이 요구되는 것이다.

08 정답 ④

기업가와 근로자가 서로의 역할에 충실하며 신뢰와 협력의 관계를 조성해야 한다.

09 정답 ③

제시문은 공직자에게 필요한 윤리를 주장하면서 청백리 정신을 다루고 있다. 따라서 ㉠에 들어갈 말은 '청렴'이다.

10 정답 ④

니부어는 집단 이기주의 문제는 대화나 합의로 해결이 불가능하다고 보았다.

11 정답 ④

롤스는 사회적·경제적 불평등을 최소화하려는 평등주의적 자유주의 입장을 취하고 있어 ㉠ 최소 수혜자(사회적 약자)를 배려하는 장애인 고용 촉진 정책 시행이 이에 해당한다.

12 정답 ③

제시문은 노직(Nozick, R.)의 분배적 정의를 의미한다. ㄱ. 롤스의 입장, ㄹ. 소유권의 취득과 양도 과정에서 과오가 있거나 절차가 잘못되었을 경우 부정의를 바로잡기 위한 교정 과정에서 재분배가 이루어질 수 있다. 따라서 노직의 입장으로 옳은 것은 ㄴ, ㄷ이다.

13 정답 ④

절대적 평등을 기준으로 하는 분배는 재화를 모든 구성원에게 동등하게 분배하여 기회와 혜택이 균등하게 보장되지만 생산 의욕과 효율성, 자유와 책임 의식이 저하되는 문제점도 있다.

14 정답 ①

처벌을 사회 전체의 행복인 공익 증진을 위한 수단으로 보는 것은 공리주의 관점이다.

15 정답 ④

베카리아(Beccaria, C.)는 공리주의적 관점에서 사형보다 종신 노역형이 사회 이익에 부합하므로 사형 제도를 폐지해야 한다고 주장하였다.

16 정답 ②

사형 제도를 반대하는 입장에서는 사형이 인간의 존엄성과 가치를 훼손하는 형벌이고, 생명은 절대적인 가치를 지니므로 국가가 개인의 생명권을 박탈할 수 없다고 주장한다.

17 정답 ②

국가는 시민이 없으면 존재할 수 없으며, 시민은 국가가 없으면 생명과 재산을 보장받지 못한다는 점에서 국가와 시민이 상호 의존 관계에 있음을 보여주고 있다.

18 정답 ②

국가의 소극적 의무는 시민의 생명, 재산, 인권 등 기본적 자유권을 보호하는 것이며, 국가의 적극적 의무는 모든 국민이 인간다운 삶을 영위할 수 있도록 사회 복지를 증진하는 것이다.

19 정답 ①

오늘날 대부분의 국가에서는 「헌법」에 시민의 권리와 의무를 명시하고 있다. 시민은 국가의 정당한 권위를 존중하고 시민으로서의 권리와 의무를 다해야 한다.

20 정답 ④

정의롭지 못한 법이나 정부 정책을 변혁시키려는 목적으로 행하는 의도적인 위법 행위를 시민 불복종이라고 한다. 시민 불복종은 공개적으로 이루어져야 한다.

기출문제 체크

본문 84~93p

01 ①	02 ①	03 ①	04 ②	05 ④
06 ②	07 ①	08 ③	09 ②	10 ②
11 ③	12 ④	13 ③	14 ③	15 ①
16 ④	17 ④	18 ③	19 ④	20 ③
21 ④	22 ③	23 ③	24 ③	25 ②
26 ④	27 ③	28 ④	29 ②	30 ②
31 ④	32 ③	33 ②	34 ①	35 ①
36 ④	37 ④	38 ③	39 ②	40 ④
41 ③	42 ④	43 ②	44 ②	45 ②
46 ④	47 ④	48 ②	49 ④	50 ③
51 ②	52 ④	53 ③	54 ②	55 ③
56 ①	57 ①	58 ④		

01 정답 ①

공자의 정명 사상

『논어』의 "임금은 임금다워야 하고, 신하는 신하다워야 하며, 부모는 부모다워야 하고, 자식은 자식다워야 한다[君君臣臣父父子子]."라는 글귀는 자기의 맡은 바 직분에 충실해야 함을 나타낸다.

02 정답 ①

칼뱅 ➔ 직업은 신이 부여한 소명(召命)에 따라 행하는 것이고, 직업적 성공으로 부를 축적하는 것은 신의 축복이라고 주장하였다.

03 정답 ①

우리나라에서는 전통적으로 장인(匠人) 정신을 중요하게 여겨 왔다. 장인 정신이란 자기 일에 긍지를 가지고 전념하거나 한 가지 기술에 정통하려고 노력하는 것을 말한다. 최고의 물건을 만들기 위해 평생 한 가지 일에 헌신해 온 장인의 정신은 오늘날까지 강조되는 직업 윤리라고 할 수 있다.

04 정답 ②

직업의 기능은 생계유지, 사회적 역할 분담, 자아실현 등 삶의 의미를 찾고 행복을 느끼는 삶을 살 수 있게 해준다.

05 정답 ④

전문직에 종사하는 사람들은 자신의 전문 지식이나 기술을 통해 사회에 기여하는 '노블레스 오블리주' 정신을 최대한 발휘해야 한다.

06 정답 ②

직업 윤리는 직업 생활에서 지켜야 할 가치와 행동 규범으로 부정부패를 막고 개인의 자아실현과 공동체 발전에 기여할 수 있다.

07 정답 ①

직업인은 전문성을 바탕으로 소명 의식, 사회적 책임, 인간애와 연대 의식 등이 있어야 한다.

08 정답 ③

기업가는 합법적인 범위 내에서 건전하게 이윤을 추구하면서 소비자에게는 질 좋은 제품을 판매하고 근로자의 권리를 존중해야 한다.

09 정답 ②

기업가의 사회적 책임

- 경제적 책임 : 기업의 목적에 부합하는 본질적 책임
  - 예 재화와 서비스를 생산, 일자리 창출
- 법적 책임 : 법을 지키며 경제 활동을 해야 한다.
  - 예 환경 오염, 독과점, 담합, 탈세 등의 법을 어기지 않도록 조심해야 한다.
- 윤리적 책임 : 사회의 기대치에 맞는 윤리적 행동을 해야 한다.
  - 예 자발적 리콜, 고객에 대한 친절, 근로자의 복지 향상 등
- 자선적 책임 : 사회의 공익을 위한 기부 행위 등을 전개할 책임
  - 예 기부, 복지시설 운영 등

10 정답 ②

공직자는 국민을 위해 봉사하는 자세를 가져야 한다. 공직자는 국민을 위해 존재하는 것이다. 따라서 공직자는 국민으로부터 위임받은 권한을 남용하지 말고 국민을 위해 봉사하는 자세로 공적 임무를 수행해야 한다.

11 정답 ③

기업가가 지켜야 할 윤리

- 합법적인 범위 내에서 건전한 이윤 추구
- 소비자에게 좋은 제품을 판매하고 근로자의 권리를 존중한다.
- 기업 윤리를 지키며 투명하고 공정한 윤리 경영에 힘쓴다.
- 공익적 가치를 실현할 수 있도록 사회적 책임 이행

12 정답 ④

공직자는 위임받은 권한을 남용하지 않으며, 공익을 실현하기 위해 노력하고 국민을 위해 봉사하는 자세를 지녀야 한다.

13 정답 ③

부패란 금전적 · 사회적 이득을 얻거나 또는 다른 사람이 그것을 얻도록 돕는 일탈 행위로 경제적 손실, 시민의식 발달 저해(준법 의식 약화), 상대적 박탈감 조성, 국가 신인도 하락 등의 문제점이 나타난다.

14 정답 ③

제시된 자료는 공직자에게 필요한 윤리를 주장하면서 청백리 정신을 다루고 있다. 따라서 (가)에 들어갈 말은 '청렴'이다.

15 정답 ①

청렴은 사전적으로는 성품과 품행이 맑고 깨끗하며, 탐욕을 부리지 않는다는 의미이며, 포괄적으로는 반부패, 투명성, 공정성, 책임성 등을 포함하는 단어이다.

16 정답 ④

『목민심서』는 조선 후기 실학자 정약용이 목민관, 즉 수령이 지켜야 할 지침을 밝히면서 관리들의 폭정을 비판한 저서로 청백리 정신, 견리사의(見利思義)의 자세와 같이 청렴의 정신을 잘 설명하고 있다.

17 정답 ④

정약용은 『목민심서』에서 "수령 노릇을 잘하려는 자는 반드시 자애로워야 하고, 자애로워지려는 자는 반드시 청렴해야 한다."라고 하여 청렴의 중요성을 주장하였다.

18 정답 ③

제시문은 청렴을 위한 제도적 노력으로 청렴도 측정 제도, 청렴 계약제, 「부정청탁 및 금품등 수수의 금지에 관한 법률」 제정, 내부 공익 신고 제도 운영, 시민 단체의 감시 활동 강화 등이 있다.

19 정답 ④

청렴한 사회를 만들기 위해선 혈연, 지연을 중시하는 사회적 관행을 개선해야 한다.

20 정답 ③

사회의 갈등은 도덕적 권고만으로 해결하는 데 한계가 있으며, 이는 사회 구조와 제도의 차원에서 사회 정의의 실현을 통해 극복할 수 있다고 주장하였다.

21 정답 ④

니부어(Niebuhr, R.)는 개인의 도덕성과 집단의 도덕성을 구분하였고, 집단은 개인에 비해 충동을 억제할 수 있는 능력이 떨어지기 때문에 사회의 갈등을 사회 구조와 제도의 차원에서 사회 정의의 실현을 통해 극복할 수 있다고 주장하였다.

22 정답 ③

니부어는 개인의 도덕성만으로는 사회 집단의 비도덕성을 해결할 수 없기 때문에 잘못된 사회 구조와 제도를 개선하여 문제를 해결하고자 하였다.

23 정답 ③

니부어(Niebuhr, R.)는 개인적으로는 양심적이고 도덕적일지라도 개인이 만든 사회는 이기적이며 비도덕적일 수 있다고 강조하고 개인의 도덕성뿐만 아니라 사회 구조와 제도의 개선을 통한 윤리 문제 해결을 주장하였다.

24 정답 ③

니부어는 개인의 도덕성이나 양심만으로 해결할 수 없는 윤리 문제가 발생하는 것에 대해 부도덕하고 불공정한 사회 구조나 사회 제도 때문이라고 주장하며, 개인의 도덕성뿐만 아니라 사회 구조와 제도의 개선을 통해 윤리 문제를 해결할 것을 강조하였다.

25 정답 ②

정의롭지 못한 사회 구조와 제도는 구성원의 기본권을 침해하고 개인 간, 집단 간의 갈등을 일으키기 때문에 사회 정의가 필요하다.

26 정답 ④

정의롭지 못한 사회 구조나 제도는 구성원의 기본권을 침해하고 개인 간, 집단 간의 갈등을 일으키기 때문에 사회 정의가 필요하다. 사회적 정의, 즉 분배적 정의와 교정적 정의가 실현될 때 정의로운 사회가 될 수 있다.

ㄴ. 공권력의 남용은 국민의 기본권을 침해할 수 있기 때문에 옳지 않다.

27 정답 ③

제시문은 분배적 정의의 기준 중 능력을 기준으로 하는 분배는 개인의 노력에 비례하여 분배할 몫을 결정한다.

28 정답 ④

제시문은 분배의 기준 중에서 사회 구성원 간의 차이를 인정하지 않고 모든 사람에게 동일하게 분배하는 절대적 평등의 기준을 설명하는 것으로 사회 구성원 모두에게 같은 기회와 혜택을 제공하는 장점을 지닌다.

29 정답 ②

㉠은 사회적 이익과 부담을 공정하게 분배하는 분배적 정의에 대한 설명으로 그 기준은 절대적 평등, 업적, 능력, 필요 등이 있다. ㉡은 잘못에 대한 처벌이나 보상을 공정하게 하는 교정적 정의로 국가의 법 집행으로 불법 행위나 부정의를 바로 잡음으로써 실현될 수 있다.

30 정답 ②

제시문은 롤스의 절차적 정의에 대한 설명으로 정의로운 공동체를 구성하기 위해 모인 상호 무관심한 합리적 계약 당사자로 구성된 가상의 상황에서 자신의 재능이나 지위, 재산 등에 대해 모른다고 가정하는 무지의 베일을 통해 자신이 최소 수혜자가 될 것을 우려하여 최소 수혜자에게 최대 이익이 되는 원칙에 동의한다.

31 정답 ④

롤스는 ㄴ. 공정한 절차를 거쳐 합의된 평등한 자유의 원칙과 ㄷ. 기회 균등의 원칙, ㄹ. 차등의 원칙에 따를 때 정의가 실현될 수 있다고 보았다.

32 정답 ③

롤스의 제2원칙은 사회적 · 경제적 불평등이 가장 불리한 여건에 있는 최소 수혜자에게 최대의 이득이 되어야 한다고 주장하였다.

33 정답 ②

롤스의 정의의 원칙

- 제1원칙 : 각 개인은 기본적 자유에서 평등한 권리를 가져야 한다(평등한 자유의 원칙).
- 제2원칙
  - 최소 수혜자에게 최대의 이익을 보장하도록 이루어져야 한다(차등의 원칙).
  - 공정한 기회 균등의 조건 아래 모든 사람에게 개방된 직책이나 직위와 결부되도록 배정되어야 한다(기회 균등의 원칙).

② 공리주의에 대한 설명이다.

34 정답 ①

제시된 자료는 롤스의 분배적 정의에 대한 설명으로 정의의 제1원칙과 제2원칙을 제시하였다. ①의 내용은 제1원칙인 평등한 자유의 원칙에서 그 내용을 찾을 수 있다.

35 정답 ①

제시문은 롤스의 분배적 정의 제2원칙 중 차등의 원칙과 관계된 사례이다.

②·③ 노직의 분배적 정의 원칙이다.

36 정답 ④

롤스는 선천적으로 주어진 재산, 뛰어난 능력, 좋은 재능 등 임의적인 요소들에 의해 한 인간의 삶이 결정된다면 그것은 부정의라고 본다. 따라서 이러한 선천적 임의성을 제거하기 위해 사회적 재화의 배분에 있어서 사회적 최소 수혜자들을 우선 배려하는 것은 정의롭다고 할 수 있다. 이들의 삶의 수준이나 목표가 개선되지 못하는 사회는 부정의한 사회이다.

37 정답 ④

사회적 약자를 배려하는 소수자 우대 정책에 따라 교육에 취약한 농어촌 자녀에게 유리한 기회를 제공하는 농어촌 자녀 특례 입학 제도가 이에 해당한다.

38 정답 ③

사형 제도를 찬성하는 입장에서는 피해자의 생명을 앗아간 범죄자의 생명권을 제한해야 하며, 사형 제도가 극악한 범죄에 관한 처벌로서 적합하다고 주장한다.
①·②·④ 사형 제도에 반대하는 입장이다.

39 정답 ②

사형 제도를 반대하는 사람들은 사형 제도가 교화를 통한 공익 증진의 기회를 차단하며, 정치적으로 악용될 수도 있다고 주장한다. 또한 오판으로 사형이 집행되면 원상회복될 수 없다고 주장한다.

40 정답 ④

사형 제도의 찬성 논거에는 응보주의, 범죄 예방, 사회 방위론, 시기상조론, 평등의 논리 등이 있고, 반대 논거에는 인도주의, 범죄 억제 미흡, 응보주의 비판, 오판 가능성, 정치적 악용 등이 있다.

41 정답 ③

교정적 정의의 관점 중 응보주의는 처벌이 위법 행위에 대한 '응분의 대가'로 시행될 때 사회 정의가 실현된다고 본다. 하지만 범죄 예방과 범죄자의 교화에 무관심하다는 비판을 받는다.

42 정답 ④

아리스토텔레스 : 국가는 가장 높은 단계의 선을 추구하는 최상의 공동체로, 인간은 본질적으로 국가라는 정치 공동체 속에서 행복을 실현할 수 있다고 주장하였다.

43 정답 ②

제시문은 국가의 시장에 대한 개입을 최소화하고 국방과 외교, 치안 등 질서 유지의 역할만을 강조하는 소극적 국가관을 의미한다.

44 정답 ②

제시문은 국가의 시장에 대한 개입을 최소화하고 국방과 외교, 치안 등 질서 유지의 역할만을 강조하는 소극적 국가관을 의미한다.

45 정답 ②

제시문은 사회 계약설로 로크, 루소, 홉스와 관련 있다.

46 정답 ④

시민은 국가의 정당한 권위를 존중하고 시민으로서 권리와 의무를 다해야 한다.

47 정답 ④

다양한 시민 참여는 특정 개인 또는 집단의 이익을 위해서가 아니라 사회의 공공선을 목적으로 할 때 사회의 발전으로 이어질 수 있다.

48 정답 ②

시민 불복종은 '법이나 정부의 정책에 변화를 가져올 목적으로 행해지는 공공적이고 비폭력적이며 양심적이기는 하지만 법에 반하는 정치적 행위'를 의미한다. 시민 불복종은 부정의한 법과 정책에 저항하는 것이기 때문에 개인의 양심이나 사회 정의의 문제와 밀접한 관련이 있다.

49 정답 ④

시민 불복종은 시민 참여의 한 형태로, 정의롭지 못한 법을 개정하거나 정부 정책을 변혁하려는 목적으로 행하는 의도적인 위법 행위이다. 여성의 참정권 획득을 위한 미국과 영국의 시민 운동, 베트남 전쟁 반대 운동, 간디의 비폭력 불복종 운동, 마틴 루서 킹의 흑인 민권 운동 등이 있다.

50 정답 ③

시민 불복종은 사회의 정의롭지 않은 법률이나 정책 또는 명령을 의도적으로 거부하는 시민 저항 운동이다.

③ 시민 불복종은 특정 개인이나 집단의 이익이 아닌 보편적 도덕 가치를 추구해야 한다.

51 정답 ②

시민 불복종은 법이나 정부의 정책에 변화를 가져올 목적으로 행해지는 공공적이고 비폭력적이며 양심적이기는 하지만 법에 반하는 정치적 행위를 의미한다.

52 정답 ④

소로는 법보다 양심과 정의가 우선시되어야 한다고 주장하였고, 비폭력적이고 평화적인 방법으로 수행되어야 한다고 본다.

53 정답 ③

시민 불복종의 정당화 조건에는 행위 목적의 정당성, 공개성, 비폭력적 방법, 최후의 수단, 처벌의 감수 등이 있다.

54 정답 ②

민주 시민의 참여는 공동체 문제 해결 및 공정한 사회 제도 수립에 기여하고 정부가 좋은 정치를 할 수 있는 동기를 부여한다.

55 정답 ③

민주 시민은 적극적인 참여를 통해 국가의 권력 남용을 견제하고 공동체의 문제를 협력적으로 해결해야 한다.

56 정답 ①

시민 불복종의 정당화 조건에는 행위 목적의 정당성, 공개적 행위, 비폭력, 최후의 수단, 처벌 감수 등이 있다. 따라서 공개적으로 저항, 비폭력적인 방법으로 전개에만 표시를 한 A학생이 바르게 표시한 학생이다.

57 정답 ①

간디의 소금 행진, 소로의 세금 납부 거부 운동, 마틴 루서 킹의 흑인 차별 철폐 운동은 정의롭지 않은 법률이나 정책 또는 명령에 의도적으로 거부하는 시민 불복종의 사례가 맞으나, 나치의 유대인 대학살은 인류의 보편적 가치를 훼손한 인권 침해의 사례이다.

58 정답 ④

시민 불복종의 정당화 조건

- 기존 사회 질서와 법 질서를 존중하는 것을 전제로 한다.
- 합법적인 방법이 효과가 없을 때 고려하는 최후의 수단이다.
- 특정 개인이나 집단 이익이 아닌 보편적 도덕 가치를 추구한다.
- 폭력 행위에 가담하지 않고 비폭력적으로 전개한다.
- 위법 행위에 대한 처벌을 감수한다. → 기존 법 질서 존중

PART 04 과학과 윤리

적중예상문제 본문 112~115p

01 ①	02 ④	03 ④	04 ③	05 ③
06 ③	07 ③	08 ④	09 ③	10 ②
11 ③	12 ②	13 ②	14 ④	15 ④
16 ①	17 ③	18 ④	19 ②	20 ④
21 ③	22 ④			

01 정답 ①

과학 기술에 대한 종속 현상이라는 것은 과학 기술에 대한 의존도가 심화되는 것을 의미하는 것으로 과학 기술의 부정적 측면에 해당한다.

02 정답 ④

'판옵티콘' 사회나 '빅브라더'는 과학 기술의 발전으로 인한 감시 사회가 강화될 수 있다는 점을 지적하는 근거로 주로 사용된다.

03 정답 ④

과학 기술 지상주의의 문제점은 과학 기술 발전에 따른 부작용을 간과하고, 과학 기술의 힘으로 모든 문제를 해결할 수 있다고 맹신하며 인간의 반성적 사고능력을 훼손한다는 점이다.

04 정답 ③

과학 기술 혐오주의의 대표적인 사례로 러다이트 운동을 들 수 있다.

05 정답 ③

요나스는 윤리적 책임의 범위를 확대해 자연 전체와 미래 세대에 대한 책임을 중시하는 새로운 윤리가 필요하다고 보았다.

06 정답 ③

요나스는 현세대의 인간은 인류가 지구상에 영원히 존재하기 위해서 미래 세대와 자연에 대해 책임지는 자세를 지녀야 한다고 주장하였다.

07 정답 ③

정보 사회의 등장으로 의학, 법률 등 전문적인 정보를 검색함으로써 관련 지식을 쉽게 습득할 수 있게 되었다.

08 정답 ④

정보 기술 발달에 따라 수평적이고 쌍방향적인 의사소통이 가능해졌고, 다원적인 사회 분위기가 형성되었다.

09 정답 ③

타인의 신체를 물리적으로 직접 괴롭히는 폭력은 정보 사회에 새롭게 등장한 윤리적 문제로 보기 어렵다.

10 정답 ②

제시문은 정보와 그 산물은 개인의 사유 재산임을 주장하는 정보 사유론(카피라이트)에 대한 설명이다.

11 정답 ③

정보 윤리의 기본 원칙으로 세버슨은 지적 재산권 존중, 사생활 존중, 공정한 표현, 해악 금지를 제시하였다.

12 정답 ②

스피넬로가 강조한 정보 윤리의 기본 원칙에는 정의의 원리, 선행의 원리, 자율성의 원리, 해악 금지의 원리가 있다.

13 정답 ②

개인 정보 보호를 위해 정보의 유통 과정 전체를 개인이 통제하는 '정보의 자기 결정권'이나 '잊힐 권리'가 강조되고 있다.

14 정답 ④

사이버 공간에서는 다른 사람의 기본적 자유와 권리를 침해하지 않고, 정보의 진실성과 공정성을 추구하여 정의를 실현해야 한다.

15 정답 ④

제시문은 인간 중심주의 사상가인 베이컨의 주장이다.

인간 중심주의는 이성을 지닌 인간만이 도덕적 지위를 지닌 유일한 존재라고 여긴다.

16 정답 ①

인간 중심주의는 인간이 물질적 욕망을 좇아 자연을 함부로 훼손하는 것을 정당화하여 자원 고갈, 환경 오염, 생태계 파괴 등과 같은 환경 위기를 야기한다.

17 정답 ③

싱어는 동물이 인간과 마찬가지로 '쾌고 감수 능력'을 가지고 있다고 보고, 동물을 고통에서 해방해야 한다고 주장하였다.

18 정답 ④

제시문은 생명 외경 사상을 주장한 슈바이처의 견해이다. 슈바이처는 원칙적으로 모든 생명체가 동등한 가치를 지닌다고 하였으나, 불가피하게 생명을 해쳐야 하는 상황이 있을 수 있다는 점은 인정하였다.

19 정답 ②

생태 중심주의는 생태계 전체의 유기적 관계와 상호 의존성을 강조하는 전일론적 관점을 주장하였다.

20 정답 ④

제시문은 지속 가능한 발전으로 자연 개발을 강조하는 것은 환경 파괴로 이어질 수 있다.

21 정답 ③

현대 환경 문제는 책임 소재를 명확히 가리기 어려우며, 가해자와 피해자를 구분하기도 쉽지 않다.

22 정답 ④

기후 변화는 자연적 요인 외에도 인간 활동의 결과로 발생하며, 최근 화석 연료의 사용 증가와 산림 파괴 등으로 더욱 심화되고 있다. 기후 변화에 대비한 전 지구적 대책이 필요하다.

기출문제 체크

본문 116~122p

01 ②	02 ③	03 ①	04 ②	05 ③
06 ③	07 ①	08 ①	09 ①	10 ④
11 ②	12 ④	13 ④	14 ③	15 ①
16 ④	17 ①	18 ③	19 ③	20 ④
21 ①	22 ③	23 ①	24 ②	25 ①
26 ②	27 ②	28 ③	29 ②	30 ④
31 ①	32 ②	33 ②	34 ①	35 ④
36 ④	37 ④	38 ②		

01 정답 ②

과학 기술은 시·공간적 제약에서 벗어날 수 있게 해 주었다. 정보가 디지털화되고 전 세계가 인터넷망으로 연결됨에 따라 세계 어느 곳에 있는 사람과도 실시간으로 정보를 교환할 수 있게 되었으며, 교통 수단의 발달로 전 세계 어느 곳이든 자유롭게 여행할 수 있게 되었다.

02 정답 ③

판옵티콘은 영국 철학자 벤담이 죄수를 감시할 목적으로 제안한 원형 모양의 감옥 건축 양식이다. 이것은 감시자의 존재를 드러내지 않으면서 끊임없이 수용자를 감시할 수 있는 구조이다.

03 정답 ①

갑과 을 모두 과학 기술에 대한 가치중립성을 인정하는 입장이다.

04 정답 ②

과학 기술 지상주의는 과학 기술의 긍정적인 면만 강조하고 있다. 학생 2의 경우 과학 기술의 부정적인 면에만 주목하는 과학 기술 혐오주의에 대한 설명이다. 과학 기술의 바람직한 발달을 위해서는 긍정적인 면을 발전시키고, 부정적인 면을 비판적으로 바라보고 최소화해야 한다.

05 정답 ③

과학 기술의 발전으로 정보 통신 기술이 함께 발전함에 따라 다양한 윤리적 문제가 대두되었다.

06 정답 ③

요나스가 말하는 과학 기술 연구의 한계는 더 이상 진행되어서는 안 되는 과학 기술 연구를 의미한다. 현재가 아닌 미래를, 인간 중심에서 벗어나 자연의 목적을 고려하며 과학 기술을 발전시켜야 한다는 것이다. 따라서 위험한 예측 결과 앞에서 연구와 영향력 행사를 포기할 줄 아는 겸손한 자세가 필요하므로 과학 기술 연구의 한계를 주장한 것이다.

07 정답 ①

요나스는 책임의 범위를 현세대로 한정하는 기존의 전통적 윤리관은 과학 기술 시대에 발생하는 문제를 해결하는 데 한계가 있다고 지적하고 인간뿐만 아니라 자연, 미래 세대까지 윤리적 책임의 범위를 확대해야 한다고 주장하였다.

08 정답 ①

요나스는 책임의 범위를 현세대로 한정하는 기존의 전통적 윤리관은 과학 기술 시대에 발생하는 문제를 해결하는 데 한계가 있다고 주장하며 인간뿐만 아니라 자연, 미래 세대까지 윤리적 책임의 범위를 확대해야 한다고 보았다.

09 정답 ①

과학 기술의 발달이 우리의 삶을 풍요롭고 편리하게 변화시켰지만 정보 통신 기술의 발달과 함께 사생활 침해, 악성 댓글 및 사이버 폭력 등 다양한 윤리적 문제를 발생시켰다.

10 정답 ④

정보 기술의 발달로 저작물을 쉽게 복제하고 배포할 수 있게 되면서 다른 사람의 저작권을 침해하는 문제가 발생할 수 있다.

11 정답 ②

ㄴ. 정보의 무분별한 남용은 부정적 영향, ㅁ. 정보 격차로 경제적 불평등 심화가 옳은 설명이다.

12 정답 ④

사이버 공간에서 원하지 않는 언어, 이미지 등을 통해 정신적, 심리적 피해를 주는 행위를 사이버 폭력이라고 하며 윤리적이지 못한 행위이다.

13 정답 ④

정보 기술의 발달로 인해 발생할 수 있는 윤리적 문제에는 지적 재산권의 침해, 사생활 침해, 사이버 폭력, 정보 격차 등이 있다.

14 정답 ③

사이버 폭력 문제 해결 방안

- 정보를 자의적으로 해석하거나 왜곡해서는 안 된다.
- 객관성과 공정성을 가져야 한다.
- 시민의 알 권리를 충족하는 과정에서 특정 개인의 명예나 사생활, 인격권을 침해하지 않도록 유의해야 한다.
- 가상 공간에서 간접적으로 만나는 상대방을 배려해야 한다.

15 정답 ①

가상 공간을 뜻하는 사이버(cyber)와 집단 따돌림을 뜻하는 불링(bullying)에서 생겨난 신조어로 사이버상에서 특정인을 집단적으로 따돌리거나 집요하게 괴롭히는 행위를 말한다.

16 정답 ④

사이버 따돌림을 예방하기 위한 노력

- **개인적 차원** : 사이버 따돌림이 폭력임을 인식하고 공감의 자세를 지녀야 한다.
- **사회적 차원** : 사이버 따돌림을 예방할 수 있는 법적·제도적 장치를 마련해야 한다.

17 정답 ①

정보 격차는 정보 기술의 활용이 어렵거나 정보 처리 능력이 부족한 정보 소외 계층과 그렇지 않은 계층 간의 사회·경제적 격차가 발생할 수 있다.

18 정답 ③

올바른 정보 이해 및 표현 능력이란 정보를 검색하고 소비하는 사용자도 정보를 올바르게 다루는 태도와 능력이 요구된다. ㄱ은 정보의 진위 여부를 판단하여 옳은 정보를 수용할 수 있는 비판적 사고 능력이 요구되며, ㄹ은 타인의 지적 재산권을 존중하여 타인의 저작물을 마음대로 복제하거나 배포하면 안 된다.

19 정답 ③

스피넬로는 자율성, 해악 금지, 선행, 정의를 제시하였다. 이러한 원칙들은 정보 기술의 발전으로 새롭게 만들어진 미디어 환경이나 가상 공간 등과 관련하여 일정한 윤리적 규범을 준수할 것을 요구한다.

20 정답 ④

베이컨은 자연을 바라보는 관점으로 인간 중심주의를 주장하며, 자연은 인간을 위해 봉사해야 할 대상으로 보고 자연에 관한 지식을 활용해야 한다고 보았다.

21 정답 ①

베이컨은 과학의 목적을 자연을 정복해 인간의 물질적 삶을 향상하는 데 있다고 보았다.

22 정답 ③

도구적 자연관을 주장한 베이컨은 인간이 자연을 지배·정복할 수 있는 권한과 능력이 있다고 보았다. 즉, 자연을 이용할 수 있는 지식이 곧 힘이다.

23 정답 ①

인간 중심주의 윤리는 인간을 자연과 구별되는 유일한 존재로 여기고 인간만이 도덕적 가치를 지닌다고 보는 입장이다. 자연을 인간의 이익과 욕구 충족을 위한 수단으로 삼는 '도구적 자연관'을 지닌다.

24 정답 ②

인간 중심주의는 인간과 자연을 분리하여 바라보며 인간이 자연보다 우월하다고 본다. 또한 이성을 가진 인간만이 도덕적 지위를 가지기 때문에 동식물을 포함한 자연은 그 자체로 가치 있는 것이 아니라, 인간의 풍요로운 삶을 위한 도구에 불과하다고 본다.

25 정답 ①

동물 중심주의는 동물도 고통과 쾌락의 감수 능력을 지닌 존재로 도덕적 고려의 대상으로 간주해야 한다는 입장이다.

26 정답 ②

싱어는 고통은 그 자체로 나쁜 것이므로 감소시켜야 한다는 공리주의적 관점에 근거하여 동물을 해방시켜야 한다고 주장하였다.

27 정답 ②

슈바이처는 생명 외경 사상을 주장하였는데, 생명을 유지하고 고양하는 것은 선이고, 생명을 훼손하고 파괴하는 것은 악이라고 주장하였다. 또한 그는 생명을 지상 최고의 가치로 정하고, 생명을 대하는 윤리적 자세를 선악 판단의 중요한 기준으로 삼아야 한다고 보았다.

28 정답 ③

슈바이처의 생명 외경(畏敬) 사상은 생명을 고양하는 것은 선이고, 생명을 훼손하는 것은 악이며, 불가피하게 다른 생명을 해쳐야 할 때도 생명을 함부로 죽여서는 안 되며 그에 대한 도덕적 책임을 자각해야 한다고 주장하였다.

29 정답 ②

테일러는 모든 생명체를 의식의 여부에 상관없이 자기 보존과 행복이라는 목적을 지향하는 '목적론적 삶의 중심'으로 보았다. 다시 말해 모든 생명체는 자신의 고유한 방식으로 자신의 선(善)을 추구한다는 점에서 인격체와 다름없는 내재적 존엄성을 지니므로 도덕적으로 고려되어야 한다는 것이다.

30 정답 ④

생명 중심주의는 도덕적 고려의 범위를 모든 생명체로 확장해야 한다고 주장하였다. 따라서 모든 생명체의 고유한 가치를 인정하고 도덕적 고려의 범위를 모든 생명체까지 확장하고 생명을 존중하는 태도를 강조한다.

①·③ 인간 중심주의, ② 생태 중심주의

31 정답 ①

생명 중심주의는 도덕적 지위를 갖는 기준이 생명이며 도덕적 고려 범위를 모든 생명체로 확대해야 한다고 주장한다. 즉, 모든 생명은 그 자체로 고유한 가치를 지니므로 모든 생명체를 도덕적으로 대우해야 한다고 주장한다.

• 자연은 인간에게 편리한 도구이다.
  → 도구적 자연관으로, 베이컨의 주장이다.

32 정답 ②

㉠은 도덕적 고려의 범위를 무생물을 포함한 생태계 전체로 보는 전일론적 입장의 생태 중심주의로, 레오폴드의 대지 윤리와 네스의 심층 생태주의가 대표적이다. ㉡은 고통과 쾌락의 감수 능력을 지닌 존재를 도덕적 고려의 대상으로 간주하는 동물 중심주의로, 싱어의 동물 해방론과 레건의 동물 권리론이 대표적이다.

33 정답 ②

생태 중심주의는 생태계 전체를 도덕적 고려의 대상으로 삼고, 개체론적 환경 윤리로는 환경 문제를 해결하기 힘들기 때문에 생태계 전체의 유기적 관계와 상호 의존성을 강조하는 전일론(全一論)적 관점을 주장한다.

34 정답 ①

생태 중심주의는 무생물을 포함한 생태계 전체를 도덕적 고려의 대상으로 여긴다. 대표적인 사상가로는 대지 윤리를 주장한 레오폴드와 심층적 생태주의를 주장한 네스가 있다.

35 정답 ④

인간 중심주의적 태도의 인간은 무분별한 자연 개발로 환경 오염 및 파괴를 가져왔다. 따라서 지속 가능한 발전을 위한 노력이 필요하다.

36 정답 ④

기후 변화란 자연적 요인 또는 인간 활동의 결과로 장기적으로 기후가 변하는 현상으로, 이는 인류의 생존을 위협하고 지구 생태계를 파괴한다.

37 정답 ④

일회용품 사용을 권장하는 것은 지속 가능한 발전의 실천 방법이라고 볼 수 없다.

38 정답 ②

지속 가능한 발전은 생태 지속 가능성의 범위에서 환경 개발을 추구함으로써 인간과 자연이 공존하며, 개발과 보존은 양자택일이 아니라 조화와 균형을 추구하는 관점이다.

PART 05 문화와 윤리

적중예상문제 본문 138~143p

01 ①	02 ①	03 ③	04 ①	05 ④
06 ②	07 ③	08 ②	09 ④	10 ③
11 ④	12 ②	13 ④	14 ④	15 ③
16 ①	17 ①	18 ③	19 ②	20 ④
21 ③	22 ③	23 ②	24 ①	25 ②
26 ③	27 ④	28 ③		

01 정답 ①

예술에 대한 도덕주의 입장에서는 미적 가치가 도덕적 가치를 실현하는 데 기여할 때 의미가 있다고 본다. 따라서 도덕주의에서 예술은 도덕을 위한 수단이 되어야 한다고 본다.

02 정답 ①

(가)는 도덕주의의 대표적인 학자 플라톤의 주장이고, (나)는 심미주의의 대표적인 학자 스핑건의 주장이다.

03 정답 ③

제시문은 공자의 주장이다. 공자는 예술에 대한 도덕주의 입장으로, 예술의 심미적 기능을 강조함과 동시에 예술이 인간의 바람직한 인격 형성이나 도덕성 발달에 긍정적 영향을 줄 수 있다고 주장한다.

04 정답 ①

예술의 상업화로 인해 오히려 일부 계층만 누리던 예술을 대중이 누릴 수 있게 되었다.

05 정답 ④

대중문화는 문화의 대중화에 이바지한다. 또한, 대중이 사회에 관심을 가지고 참여하도록 기회를 제공하기도 한다.

06 정답 ②

대중문화의 자본 종속 문제는 획일화된 문화 상품만이 양산되어 문화의 다양성을 위축시키고 소비자의 관심을 끌기 위해 폭력성과 선정성을 극대화하는 문제가 발생할 수 있다.

07 정답 ③

ㄱ·ㄷ 대중문화의 윤리적 규제에 대한 찬성 입장이다.

08 정답 ②

제시문은 의복이 시대의 사회와 문화를 반영한다는 것을 보여준다. 의복은 직위나 시대, 사회 분위기를 반영하는 기능을 한다.

09 정답 ④

패스트 패션은 의복을 생산·유통하는 단계뿐만 아니라 쉽게 버려지는 의복을 폐기하는 과정에서 쓰레기와 탄소 배출량이 크게 늘어나 환경을 해치는 문제가 발생할 수 있다. 또한 의복의 상품 단가를 낮추기 위해 근로자의 인권과 노동 환경을 제대로 보장해 주지 못한다는 문제를 야기할 수 있다.

10 정답 ③

과시적 소비는 '베블런 효과'라고도 하는데, 이는 가격이 오르고 있음에도 불구하고 과시욕 때문에 수요가 증가하는 현상을 말한다.

11 정답 ④

㉣은 유전자 변형 농산물의 개발에 찬성하는 입장이다.

12 정답 ②

로컬 푸드 운동은 장거리 운송을 거치지 않은 지역 농산물 소비 운동을 말한다. 수송 과정에서 발생하는 탄소 배출량을 줄이고, 신선한 식재료의 공급이 가능함에 따라 생산자와 소비자 모두에게 이익을 줄 수 있다.

13 정답 ④

집은 외부의 위험으로부터 인간을 보호하고, 개인의 사생활을 영위하게 해 주는 동시에 정서적 안정을 취하게 해 준다. 따라서 집은 인간의 신체 안전과 마음의 안정을 도모하고, 나아가 인간의 행복한 삶을 위한 기본 터전이라고 할 수 있다.

14 정답 ④

하우스 푸어는 집을 재산 증식의 수단으로 여기는 부동산 투기 현상의 과열 때문에 발생한 현상이다.

15 정답 ③

갑은 합리적 소비를 하고, 을은 윤리적 소비를 한다. 을은 갑에 비해 도덕적 동기를 중시하고 도덕적 욕구를 충족하려 하며, 경제 활동 전반의 도덕성에 관심을 가진다.

16 정답 ①

책임 여행(공정 여행)을 하는 사람은 현지 생산자나 판매자에게 정당한 대가를 지불하려 한다는 점에서 지나치게 물건 가격을 깎지 않는다.

17 정답 ①

다문화 시대에는 관용, 공감, 존중 등의 덕목이 필요하다.

18 정답 ③

다문화 사회에서는 다른 문화에 대한 열린 마음이 필요하며, 자민족 중심주의를 바탕으로 한 우월감이나 배타적 민족주의를 바탕으로 한 배타심 등은 세계화 시대에 지양해야 할 태도이다.

19 정답 ②

다문화 사회는 동일성보다 차이를 강조한다. 현대 철학자들은 다문화 사회에서의 다양성과 차이를 존중해야 한다는 점을 강조한다.

20 정답 ④

다문화주의가 대등한 관점에서 다양한 문화를 인정하는 정책이라면, 문화 다원주의는 주류 문화를 바탕으로 문화적 다원성을 수용하는 정책이다.

21 정답 ③

관용의 역설이란 관용을 무제한적으로 허용한 결과 관용 자체를 부정하는 사상이나 태도까지 인정하게 되어 인권을 침해하고 사회 질서가 무너지는 현상을 의미한다.

22 정답 ③

종교는 초월적 대상에 의지하여 불안함을 극복하려는 인간의 성향으로부터 나타나게 되었다. 엘리아데는 동물 중에 유일하게 인간만 종교를 갖는다고 하였다.

23 정답 ②

종교는 부조리한 사회 현실에 대해 비판하기도 하고 올바른 사회 정의를 제시하며, 어렵고 가난한 이웃에 대한 사랑과 자비를 실천한다는 것을 설명하고 있다. 이는 사회를 바람직한 방향으로 이끄는 종교의 기능에 해당한다.

24 정답 ①

종교와 윤리는 모두 도덕성과 윤리의 실천을 중시한다는 공통점을 가진다.

25 정답 ②

종교와 윤리는 도덕성을 중시한다는 공통점을 가진다. 대부분의 건전한 종교는 인간의 존엄성을 실현하는 윤리적인 계율과 덕목을 중시한다.

26 정답 ③

종교학자 엘리아데는 종교적 지향성을 인간의 근본적 성향이라고 보면서 인간을 '종교적 존재'로 규정하였다.

27 정답 ④

종교 간의 공존을 위해서는 타 종교에 대한 자율성을 인정하고 이해하는 태도를 지녀야 한다.

28 정답 ③

종교적 갈등을 극복하기 위해선 타 종교에 대한 배타적인 태도를 지양해야 한다.

기출문제 체크 본문 144~150p

01 ③	02 ①	03 ④	04 ③	05 ④
06 ③	07 ②	08 ②	09 ③	10 ④
11 ①	12 ④	13 ②	14 ③	15 ④
16 ①	17 ②	18 ④	19 ①	20 ③
21 ①	22 ④	23 ①	24 ①	25 ①
26 ④	27 ④	28 ①	29 ④	30 ①
31 ③	32 ③	33 ④		

01 정답 ③

(가)는 예술이 교훈적이고 모범적인 내용을 담아야 하고, 조화와 균형의 아름다움을 보여주어야 한다고 보는 도덕주의이고, (나)는 예술은 미적 가치를 구현할 뿐이지, 도덕적 선을 추구하거나 도덕을 위해 존재할 필요는 없다고 보는 심미주의이다.

02 정답 ①

윤리적 가치가 미적 가치보다 우위에 있으므로 예술은 윤리의 지도를 받아야 한다고 보는 입장을 도덕주의라고 한다.

03 정답 ④

①·②·③ 미적 가치와 윤리적 가치를 독립된 영역으로 보며, 예술을 위한 예술을 주장하는 심미주의에 대한 설명이다.

04 정답 ③

(가)는 심미주의로 예술은 그 자체가 아름다움을 추구하는 것으로 예술의 자율성을 강조하는 순수 예술론을 지지한다. 즉, 미적 가치와 도덕적 가치는 무관하여 윤리가 예술에 관여할 수 없다고 본다.
(나)는 도덕주의로 예술은 인간의 올바른 품성 함양과 도덕적 교훈이나 본보기를 제공해야 한다고 주장하며 예술의 사회성을 강조하는 참여 예술론을 지지한다.

05 정답 ④

예술에 대한 도덕주의 입장은 윤리적 가치가 미적 가치보다 우위에 있어 예술은 인간의 올바른 품성 함양을 목적으로 하거나 도덕적 교훈을 제공해야 함을 강조하는 참여 예술론을 지지한다.
①・②・③ 심미주의(예술 지상주의)에 대한 설명이다.

06 정답 ③

도덕주의는 도덕적 가치가 미적 가치보다 우위에 있으므로 예술은 윤리의 인도를 받아야 한다는 견해이다. 도덕주의에 의하면 예술의 목적은 올바른 품성을 기르고 도덕적 교훈이나 모범을 제공하는 것이다. 또한 예술은 사회의 도덕적 성숙에 도움이 되어야 하며 더 좋은 사회가 되게 할 때 가치를 지닌다고 본다. ㄱ, ㄷ은 예술 지상주의에 대한 설명이다.

07 정답 ②

제시문은 예술에 대한 도덕주의 입장이다. 도덕주의는 윤리적 가치가 미적 가치보다 우위에 있고 예술은 인간의 올바른 품성 함양을 목적으로 하거나 도덕적 교훈을 제공해야 한다고 본다. ④ 예술 지상주의(심미주의)는 윤리적 가치와 미적 가치는 무관하고 예술은 '예술을 위한 예술'로 미적 가치 추구만이 목적이라고 본다.

08 정답 ②

공자는 예술의 심미적 기능을 강조하면서 동시에 예술을 도덕적 품성을 함양하는 방편으로 예와 악을 상호 보완 관계로 보았다.

09 정답 ③

공자와 정약용은 예술의 자율성을 인정하면서도 윤리와의 상호 연관성을 함께 고려해야 한다고 주장하였다.
②・④ 심미주의에 대한 설명이다.

10 정답 ④

예술 상업화의 영향

〈긍정적 영향〉
- 일부 부유층이 누리던 예술을 대중도 누리게 된다.
- 대중의 취향과 가치를 반영한 다양한 예술 분야가 발달한다.
- 예술가에게 경제적 이익은 물론 예술 활동을 할 수 있는 기반을 마련해 줌으로써 창작 의욕을 높여 준다.

〈부정적 영향〉
- 예술 작품을 단지 하나의 상품이자 부의 축적 수단으로 바라보게 한다(예술의 본질 왜곡).
- 경제적 가치만을 중시한 나머지 예술 작품의 미적 가치와 윤리적 가치를 간과한다. → 상품성이 높은 예술만을 생산하여 예술의 규격화, 획일화, 몰개성화의 문제를 가져올 수 있다.

11 정답 ①

윤리적 소비는 소비자의 영향력 확대와 다양한 사회 문제에 대한 관심 속에서 도덕적 가치에 따라 재화나 서비스를 구매하고 사용하며 처리하는 소비이다.

12 정답 ④

윤리적 소비는 합리적 소비에 비해 도덕적 가치 실현을 중시하고 경제 활동 전반의 윤리성에 관심을 가진다. 또한 개인의 욕구 충족뿐만 아니라 타인과 사회를 고려하며 인간만이 아니라 동물의 복지와 권리, 더 나아가 환경까지 고려한다.

13 정답 ②

상품이나 서비스를 구매할 대 윤리적 가치 판단에 따라 올바른 소비를 하는 것을 윤리적 소비라고 한다.

14 정답 ③

윤리적 소비에는 로컬 푸드, 슬로 패션, 공정 무역을 통해 생산된 제품의 소비, 공정 여행, 친환경적 소비 등이 있다.

15 정답 ④

합리적 소비는 소비자가 상품의 가격, 품질 등을 따져 경제적 효용을 극대화하고 최대의 만족을 추구하는 소비이고, 윤리적 소비는 윤리적 가치 판단과 신념에 따라 환경, 인권, 노동, 빈곤 등 각종 사회 문제에 접근하여 상품을 선택하는 소비 행위를 말한다.

16 정답 ①

(가)는 합리적 소비의 입장, (나)는 윤리적 소비의 입장이다. 과시적 소비는 부를 과시하는 것을 의식하면서 행하는 소비를 말한다.

17 정답 ②

윤리적 소비란 윤리적 가치 판단과 신념에 따라 환경, 인권, 노동, 빈곤 등 각종 사회 문제에 접근하여 상품을 선택하는 소비 행위를 말한다. ㄴ. 베블런 효과(과시적 소비)에 대한 설명이다. ㄷ. 충동 구매에 대한 설명이다.

18 정답 ④

소비자는 유행만을 따라가는 무비판적 소비를 지양하고 인권과 생태 환경을 고려하는 윤리적 소비를 해야 한다.

19 정답 ①

다문화 사회에서는 다른 나라의 문화를 상대의 관점에서 인정하고 존중하는 문화 상대주의의 자세가 필요하다.

20 정답 ③

다문화 사회의 시민은 다른 나라의 문화를 보편적 가치에 비추어 바라보며 다문화에 대한 존중과 관용에도 한계가 있음을 인식해야 한다.

21 정답 ①

문화는 그 사회의 독특한 환경에서 형성된 것이므로 각 문화가 지니고 있는 고유성과 상대적 가치를 올바르게 이해하고 존중해야 한다.

22 정답 ④

사회 구성원들은 존중과 배려의 태도를 갖고 다양한 문화를 포용하는 마음으로 이주민과 공존하며 조화를 모색해야 한다.

23 정답 ①

관용은 자기 생각에 잘못이나 한계가 있음을 자각하고, 다른 생각이나 문화를 인정하고 받아들이려는 이성적 태도를 가리킨다.

24 정답 ①

다문화에 대한 관용은 자신과 다른 문화적 배경을 가진 사람의 가치관이나 생각을 존중하는 이성적 태도이다.

25 정답 ①

㉠에 들어갈 말로 가장 적절한 것은 관용이다.

26 정답 ④

자민족 중심주의는 자신의 문화가 다른 문화보다 우월하다고 믿고, 자기 문화의 기준에 따라 다른 문화를 평가하고 무시하는 태도이다. 이러한 태도는 국가 사이의 국제적 고립이나 다른 문화권과의 갈등을 초래하고, 인류 문화의 발전을 위협할 수 있다.

27 정답 ④

제시문은 민족이나 문화의 다양성을 인정하고 고유한 문화를 유지할 수 있도록 하는 다문화 모델 중 국수 대접 이론(문화 다원주의)에 대한 설명이다.

③ 샐러드 볼 이론 또한 다문화 모델에 포함되지만 한 국가 또는 사회 안에 살고 있는 다양한 문화를 평등하게 인정하는 것이 차이점이다.

28 정답 ①

샐러드 볼 이론(다문화주의)은 한 국가 또는 사회 안에 살고 있는 다양한 문화를 평등하게 인정하여 소수자의 문화를 존중하고 문화 간 다양성을 확보할 수 있는 장점을 가지고 있는 반면에, 사회적 연대감이나 결속력이 부족하여 사회적 통합을 이루기 어려운 단점을 가지고 있다.

29 정답 ④

지구촌 시대에 지녀야 할 자세는 다문화주의, 열린 민족주의, 관용, 문화 상대주의 등이 있다. ④ 배타적 민족 정체성을 고집하는 것은 세계화 시대에 알맞지 않은 태도이다.

30 정답 ①

다른 문화를 기준으로 자신의 문화에 대한 열등감을 갖는 문화 사대주의는 문화를 올바르게 이해하는 태도로 보기 어렵다.

31 정답 ③

종교 간의 공존을 위해서는 타 종교에 대한 자율성을 인정하고 이해하는 태도를 지녀야 한다. 배타적인 태도는 종교 간의 갈등이 발생하는 원인에 해당한다.

32 정답 ③

종교 간의 공존을 위해서는 타 종교에 대한 자율성을 인정하고 이해하는 태도를 지녀야 한다.

33 정답 ④

종교 간의 갈등은 타 종교에 대한 자율성을 인정하고 이해하는 태도와 다른 종교인은 물론 종교를 갖지 않은 사람에게도 관용의 자세를 가져야 하며 사랑과 자비, 평등과 평화와 같은 보편적 가치를 바탕으로 협력하고자 하는 종교 간의 노력이 필요하다.

PART 06 평화와 공존의 윤리

적중예상문제 본문 165~169p

01 ①	02 ④	03 ①	04 ②	05 ③
06 ③	07 ④	08 ①	09 ②	10 ③
11 ③	12 ④	13 ③	14 ④	15 ①
16 ③	17 ①	18 ③	19 ①	20 ③
21 ④	22 ②	23 ②	24 ④	25 ②

01 정답 ①

㉠은 갈등이다. 갈등은 서로 다른 생각과 이해관계를 가진 사람들 사이에서 일어나는 충돌이다.

02 정답 ④

지역 갈등은 철도, 공항, 산업 시설 등 지역 발전을 위한 시설이나 투자를 자신의 지역에 유치하려는 경쟁의 과정이나 다른 지역에 대한 편견이나 좋지 않은 감정에서 비롯되는 경우가 많다.

03 정답 ①

갑은 부의 분배를, 을은 경제 성장을 우선적으로 추구해야 한다고 주장하고 있다. 이처럼 추구하는 이념이 다를 경우 발생하는 갈등을 '이념 갈등'이라고 한다.

04 정답 ②

제시문은 지역 갈등에 대한 설명으로 지역마다 특색 있게 발전할 수 있도록 국가와 사회가 지원해야 하며, 지역주의에서 벗어나 화합을 위해 노력해야 한다.

05 정답 ③

제시문은 영역과 자원을 둘러싼 갈등과 관련 깊다.

06 정답 ③

사회 갈등은 자신의 생각이나 가치관만을 절대시하거나 소통이 부족할 때 발생한다.

07 정답 ④

사회 통합을 위해서는 정책 결정 과정에 해당 분야의 전문가뿐만 아니라 이해 당사자가 참여할 수 있도록 제도화해야 한다.

08 정답 ①

공자는 자기 것을 지키되 남의 것도 존중하여 서로 다른 생각이 공존하도록 노력해야 한다는 화이부동의 정신을 제시하였다. 이는 갈등 극복의 정신적 바탕이 될 수 있다.

09 정답 ②

제시문은 원효의 화쟁 사상으로 다양한 이해관계가 대립하고 있는 현대 사회의 문제에 대한 해결 자세를 알 수 있다.

10 정답 ③

하버마스는 담론의 과정에 돈이나 권력과 같은 사회적 지위에 의한 억압과 영향이 없어야 한다고 강조하였다.

11 정답 ③

남북한이 서로 어떻게 같고 다른지 알고, 다른 것은 왜 다르게 되었는지 이해하며, 서로 다른 것을 인정하면서도 배척하지 않고 공존하려는 방법을 배워나가야 한다.

12 정답 ④

통일은 남북한 모든 주민에게 평화, 인권, 자유 등과 같은 보편적 가치를 보장하고 새로운 민족 공동체를 건설한다는 점에서 인도적이고 당위적인 목표이다.

13 정답 ③

㉠은 분단 비용, ㉡은 통일 비용, ㉢은 통일 편익에 대한 설명이다.

14 정답 ④

남북한은 서로의 차이와 다른 모습을 버리는 것이 아니라, 이질성을 인정하고 배우면서 새로운 민족 정체성을 만들어 나가야 한다.

15 정답 ①

통일은 평화적 방법을 통해 점진적이고 단계적으로 이루어져야 하고, 남북한이 같은 민족이라는 공동체 의식을 기반으로 지속해서 교류하고 협력해야 한다.

16 정답 ③

국가 간 빈부 격차의 해소는 국제 평화를 실현하기 위한 노력에 해당한다.

17 정답 ①

하나의 국제 분쟁은 여러 유형의 국제 분쟁에 속할 수 있다.

18 정답 ③

묵자는 모든 인간을 차별 없이 사랑하라는 겸애설을 주장하였다.

19 정답 ①

제시문은 국제 분쟁의 원인을 자국의 이익만을 추구하는 외교 정책으로 인해 발생한다고 보며, 국가의 힘을 키워 세력 균형을 이루어야 해결할 수 있다고 주장하는 현실주의적 관점이다.

20 정답 ③

국제 관계에 대한 이상주의의 관점에서는 인간이 이성적 존재이듯 국가도 이성적이고 합리적이라고 보고, 국제 관계에서 국가 간 도덕과 규범을 강조한다.

21 정답 ④

우리는 지구촌 공동체의 구성원으로서 지구촌의 이웃들이 분쟁으로 겪고 있는 고통에 공감하며 평화로운 지구촌을 실현하기 위한 활동에 적극적으로 동참해야 한다.

22 정답 ②

제시문은 국가 간 교류가 활발해지고 자유 무역이 발달하는 세계화에 대한 설명이다.

23 정답 ②

제시문은 선진국과 개발도상국 사이의 경제적 격차가 생기는 남북 문제에 대한 설명이다.

24 정답 ④

형사적 정의란 범죄의 가해자를 정당하게 처벌하는 것으로 범죄의 규정, 체포나 심문 등 절차 문제, 처벌의 문제 등을 다룬다.

25 정답 ②

노직은 해외 원조를 윤리적 의무로 인식한 싱어와 롤스의 주장에 반대한다. 그러나 그는 어떤 개인이 자발적으로 자신의 부를 빈곤으로 고통받는 사람을 위해 사용한다면 그것은 훌륭한 일이자 윤리적 행위라고 보았다.

기출문제 체크 본문 170~175p

01 ③	02 ④	03 ③	04 ③	05 ①
06 ③	07 ④	08 ④	09 ①	10 ③
11 ③	12 ④	13 ③	14 ①	15 ④
16 ①	17 ④	18 ②	19 ③	20 ③
21 ②	22 ①	23 ④	24 ①	25 ②
26 ①	27 ②	28 ③	29 ③	30 ③

01 정답 ③

제시된 그림은 사용자와 노동자 간의 갈등을 의미한다. 따라서 경제적 이해관계의 차이로 인한 갈등이라고 볼 수 있다.

02 정답 ④

ㄱ. 역지사지의 자세는 사회적 갈등을 해결하기 위한 바람직한 태도에 해당한다.

03 정답 ③

사회 갈등을 해결해 나가는 과정에서 더 나은 방향으로 사회가 발전할 수 있다.

04 정답 ③

전통 사회에서 기성 세대가 가졌던 권위가 상대적으로 약화하면서 신세대에게 존경심을 잃고 있는 것도 세대 갈등의 원인 중 하나이다.

05 정답 ①

자기 가족의 이익만을 고려하는 이기주의로 인해 갈등이 발생한다.

06 정답 ③

사회 통합은 사회 내 개인이나 집단이 상호작용을 통해 하나로 통합되는 과정을 의미한다. ③ 개인의 이익을 우선하는 것은 다른 사람의 이익 혹은 사회 전체의 이익과 충돌할 때 갈등을 유발할 수 있기 때문에 잘못된 태도이다.

07 정답 ④

하버마스는 서로 다른 의견과 갈등, 폭력 등을 극복하기 위해 합리적 의사소통을 위한 담론 윤리를 주장하였고 이상적 대화 상황의 조건으로 이해 가능성, 정당성, 진리성, 진실성을 제시하였다.

08 정답 ④

하버마스의 이상적 담화 조건에는 이해 가능성, 정당성, 진리성, 진실성 등이 있다.

09 정답 ①

하버마스는 사회 통합을 위한 소통과 담론의 필요성을 주장하였는데, 담론이란 갈등이나 문제를 해결하기 위한 의사소통 행위로 주로 토론의 형태로 이루어진다.

10 정답 ③

하버마스는 담론을 통해 합의된 규범이 정당성을 지닌 원리가 되기 위해서는 대화 당사자들이 서로의 표현을 제대로 이해할 수 있다는 것을 전제로 다음과 같은 담론의 타당성이 요구된다고 본다.

- 진리성 : 대화 당사자들의 말하는 내용이 참이어야 한다.
- 정당성 : 대화 당사자들은 논쟁의 절차를 준수하여 정당성을 확보해야 한다.
- 진실성 : 대화 당사자들은 기만하거나 속이려는 의도 없이 말하는 바를 진실하게 표현해야 한다.

11 정답 ③

하버마스는 담론 윤리에서 이상적 대화 상황의 조건으로 이해 가능성, 정당성, 진리성, 진실성 등을 제시하였다.

12 정답 ④

무력 통일 기반 마련은 바람직한 통일 방법이라고 볼 수 없다.

13 정답 ③

분단 비용은 분단이 계속되는 한 지속적으로 발생하며, 민족 구성원 모두의 손해로 이어지는 소모적인 성격의 비용이다. 그러나 통일 비용은 통일 과정 및 통일 이후에 한시적으로 발생하는 비용이며, 통일 한국의 번영을 위한 투자적인 성격의 비용으로 다양한 통일 편익으로 이어질 수 있다.

14 정답 ①

분단 비용은 분단 상태에서 소모되는 유・무형의 모든 비용으로 국방비, 외교비, 교육비 등의 경제적 비용과 전쟁 가능성에 대한 공포, 이산가족의 고통, 이념적 갈등과 대립, 국토의 불균형 발전 등과 같은 경제 외적 비용을 말한다.

15 정답 ④

통일 편익은 통일로 얻게 되는 이익과 혜택으로 단기적이 아닌 지속적으로 발생하는 이익을 말한다.

16 정답 ①

㉠은 분단 비용, ㉡은 통일 비용을 의미한다.

17 정답 ④

평화 비용이란 통일 이전에 한반도의 평화 유지 및 정착을 위해 사용하는 비용으로 분단 비용과 통일 비용을 절감하게 해주고 한반도 평화 정착에 기여하여 다양한 통일 편익으로 이어질 수 있는 비용이다.

18 정답 ②

북한 이탈 주민이 안정적으로 정착할 수 있도록 경제적 자립 지원 및 문화적 적응을 위한 교육에 힘써야 한다.

19 정답 ③

통일은 평화와 인권, 인도주의적 차원에서 보편적 가치를 실현하기 위해 필요하다. 남북 분단은 전쟁의 위협에 대한 불안감을 높여 과도한 군비 경쟁으로 이어지고, 이는 다시 전쟁의 위험성을 높이는 악순환을 야기하고 있다. 따라서 통일은 전쟁의 공포를 없애고 한반도의 평화를 정착시키는 지름길이며, 세계 평화에도 기여할 것이다.

20 정답 ③

한반도 통일을 위해서는 동북아시아 주변국뿐만 아니라 국제 사회와 협력 관계를 긴밀히 하여 우호적인 통일 환경을 조성하는 데 노력해야 한다.

21 정답 ②

남북의 정치·경제적 통합뿐만 아니라 사회·문화적 통합까지 이룰 때 진정한 통일이 될 수 있다.

22 정답 ①

갈퉁(Galtung, J.)은 평화를 물리적 폭력은 물론 폭력을 자행하게 만드는 구조적 폭력과 이를 뒷받침하는 문화적 폭력까지 없는 상태로 정의하였다.

23 정답 ④

제시된 상황은 국제 관계를 설명하는 대표적인 이론인 A 현실주의, B 이상주의에 대한 설명이다. 이상주의는 국가 간의 이성적인 대화와 협력을 바탕으로 평화를 이룰 수 있다는 입장이다.

24 정답 ①

오늘날 국제 사회는 세계화로 상호 의존성이 증가하고 긴밀한 사회 체계로 통합되고 있다.

25 정답 ②

세계화 시대에는 상대방의 가치관을 인정하고 합리적 의견은 흔쾌히 받아들이고 소통하는 동반자 관계를 만들어 가야 한다.

26 정답 ①

문화 사대주의는 문화가 우열의 차이가 있다는 관점으로 바람직하지 못한 문화 이해 태도이다.

27 정답 ②

현실주의는 국가는 이기적인 인간들로 구성되어 자국의 이익만을 추구한다고 보았다. 또한 자국의 이익만을 추구하는 외교 정책으로 국제 분쟁이 발생한다고 보았다. ㉡은 이상주의에 대한 설명이다.

28 정답 ③

싱어는 공리주의 관점에서 해외 원조의 의무를 주장하였으며, 고통과 쾌락을 느낄 수 있는 모든 존재를 고려해야 하고, 다른 사회 구성원을 배제하는 것은 공리주의 원칙에 어긋나기 때문에 적극적인 해외 원조에 임하는 것은 윤리적 의무라고 주장하였다.

29 정답 ③

싱어는 공리주의 관점에서 해외 원조의 의무를 강력하게 주장한다. 공리를 산출할 때는 고통과 쾌락을 느낄 수 있는 모든 존재를 고려해야 하므로 다른 사회 구성원을 배제하는 것은 공리주의 원칙에 어긋난다고 본다.

30 정답 ③

싱어는 공리주의 관점에서 해외 원조의 의무를 강조하였다. 싱어는 고통과 쾌락을 느낄 수 있는 모든 존재를 고려해야 하므로 다른 사회 구성원을 배제하는 것은 공리주의 원칙에 어긋나기 때문에 해외 원조는 빈곤으로 고통받는 사람들의 고통을 줄여주는 것이므로 적극적으로 해외 원조에 임하는 것은 윤리적 의무임을 주장하였다.

PART 07 실전모의고사

제1회 정답

본문 178~182p

01 ①	02 ④	03 ①	04 ④	05 ②
06 ②	07 ③	08 ④	09 ③	10 ④
11 ②	12 ①	13 ②	14 ①	15 ④
16 ③	17 ①	18 ②	19 ④	20 ④
21 ③	22 ③	23 ②	24 ④	25 ②

01 정답 ①

① 규범 윤리학에 대한 설명이다.

오답 피하기

② **메타 윤리학** : 언어의 논리적 타당성과 의미를 분석하는 것이 윤리학 탐구의 본질이라고 보는 학문이다.
③ **기술 윤리학** : 가치 중립적인 성격을 가지며 도덕적 관습을 있는 그대로 묘사하는 학문이다.
④ **생명 윤리학** : 응용 윤리학의 한 영역이다.

02 정답 ④

제시된 내용은 생명 윤리에 대한 설명이다.

03 정답 ①

유교 윤리의 이상적인 인간상으로 자기 수양을 통해 도덕적으로 완성된 사람인 군자, 성인 등이 있다.

04 정답 ④

제시문은 도가 윤리에서 추구하는 이상 사회로 소국과민(小國寡民)에 대한 설명이다.

05 정답 ②

불교 윤리에서는 모든 존재와 현상은 다양한 원인과 조건에 의해 생겨나는 자연 만물의 상호 의존성을 강조한 연기설을 주장하였다.

06 정답 ②

칸트는 도덕 법칙을 무조건 따라야 하는 정언 명령의 형태로 제시하였고, 도덕 법칙에 따르는 의무 의식과 선의지에 근거한 행위만이 도덕적 가치를 지닌다고 보았다.

07 정답 ③

제시문은 쾌락과 행복을 증진하는 유용성(공리)의 원리에 따라 행위의 옳고 그름을 판단한다.

08 정답 ④

소수의 의견도 존중하면서 토론을 통해 최선의 대안을 마련해야 한다.

09 정답 ③

윤리적 성찰이란 자신이 가진 인간관, 가치관, 세계관 등을 전체적으로 검토하고 반성하는 과정을 의미한다.

10 정답 ④

제시문은 증자의 일일삼성에 대한 설명이다.

오답 피하기

① **이황의 경** : 마음을 한 군데 집중하고, 몸가짐을 단정히 하고 엄숙한 태도를 유지하며, 항상 또렷한 정신 상태를 유지해야 한다.
② **불교의 참선** : 자신의 맑은 본성을 찾아 바르게 살기 위해 하는 수행 방법
③ **유교의 신독** : 홀로 있을 때에도 도리에 어그러짐이 없도록 몸가짐을 바로하고 언행을 삼가는 것

11 정답 ②

인공 임신 중절의 찬성 입장(선택 옹호론)의 자율 근거이다.

오답 피하기

① 반대(생명 옹호론)의 존엄성 근거, ③ 반대(생명 옹호론)의 무고한 인간의 신성불가침 근거, ④ 반대(생명 옹호론)의 잠재성 근거

12 정답 ①

공자는 죽음에 집착하기보다 현실에서의 도덕적 삶을 강조하였다.

13 정답 ②

의무론 윤리설의 대표자인 칸트는 자살을 자신의 생명과 인격을 수단으로 이용하는 행위라고 보았으며, 자율적 인간으로서 지켜야 할 도덕 법칙(자기를 보존해야 할 의무)을 위반한 것으로 평가하였다.

14 정답 ①

안락사는 불치병으로 극심한 고통을 겪고 있는 환자 드는 그 가족의 요청에 따라 인위・의도적으로 개입해 환자의 생명을 단축시키는 행위이다.

15 정답 ④

싱어는 인간과 동물은 감정을 지닌 존재이므로 인간과 동물의 이익을 동등하게 고려해야 한다고 주장하였다.

16 정답 ③

제시문은 타인에게 해악을 주지 않는 범위 내에서 개인의 자유로운 선택에 따른 성적 자유를 허용하는 자유주의의 관점이다.

17 정답 ①

배려 윤리는 보편성, 합리성에 치중한 남성 중심의 정의 윤리를 보완하기 위해 돌봄, 공감, 관계성 등 여성 중심의 덕목을 중시하는 윤리이다.

18 정답 ②

제시문은 견리사의(見利思義)의 자세, 사익보다 공익을 중시하는 자세인 청렴의 자세에 대한 설명이다.

19 정답 ④

니부어는 개인이 아무리 합리적이고 도덕적이라 하더라도 그러한 개인이 모인 집단은 이기적 충동을 억제하기 어렵다고 본다. 또한 개인 간의 갈등은 합리적인 대화로 해결이 가능하지만, 집단 간의 갈등은 개인의 선의지뿐만 아니라 사회 구조와 제도를 개선하여 해결해야 한다고 본다.

20 정답 ④

사회 문제는 부도덕하고 불공정한 사회 구조나 사회 제도 때문에 발생하는데 특정 계층의 이익을 추구하는 것은 바람직하지 못한 현상이다.

21 정답 ③

㉠은 차등의 원칙으로 최소 수혜자인 장애인의 이익을 보장하도록 이루어져야 하며, ㉡은 기회 균등의 원칙으로 공무원 시험의 학력 폐지를 통해 모든 사람에게 개방된 직책이나 직위와 결부되도록 배정되어야 한다고 주장하였다.

22 정답 ③

민주 시민은 사회의 정의롭지 않은 법률이나 정책 또는 명령을 바로 잡기 위해 사회의 공공선을 도적으로 적극적인 참여 자세를 가져야 한다.

23 정답 ②

시민 불복종의 정당화 요건은 특정 개인이나 집단의 이익이 아닌 보편적인 도덕 가치를 추구해야 한다.

24 정답 ④

요나스는 책임의 범위를 현세대로 한정하는 기존의 전통적인 윤리관은 과학 기술 시대에 발생하는 문제를 해결하는 데 한계가 있어 그 책임의 범위를 확대해야 한다고 주장하였다.

25 정답 ②

관용이란 자기 생각에 잘못이나 한계가 있음을 자각하고, 다른 생각이나 문화를 인정하고 받아들이려는 이성적 태도를 가리킨다.

제2회 정답

본문 183~187p

01 ②	02 ②	03 ①	04 ③	05 ②
06 ③	07 ②	08 ④	09 ①	10 ①
11 ①	12 ④	13 ③	14 ①	15 ④
16 ①	17 ④	18 ②	19 ②	20 ④
21 ②	22 ②	23 ③	24 ④	25 ②

01 정답 ②

생명 윤리와 관련된 주제는 인공 임신 중절, 자살, 안락사, 뇌사, 생명 복제, 유전자 치료, 동물 실험 등이 있다.

02 정답 ②

도덕적 자율성은 외부의 권위나 명령에 의존하지 않고 자기 스스로 획득한 원리를 따르는 도덕적 능력 또는 성향

03 정답 ①

제시문은 도가 윤리의 특징으로 억지로 하지 않고 자연스러운 도(道)의 흐름에 맡기는 무위자연의 삶을 의미한다.

04 정답 ③

도덕적 탐구의 과정 중 입장 채택 및 정당화 근거 제시 과정에서는 역할 교환 검사법과 보편화 가능성 검사법의 적용과 공감, 배려와 같은 도덕적 정서를 고려해야 한다.

05 정답 ②

제시문은 도교의 이상적인 인간상으로 무위자연의 삶을 사는 사람인 지인(至人), 신인(神人) 등을 의미한다.

06 정답 ③

쾌락과 행복을 증진하는 유용성(공리)의 원리에 따라 행위의 옳고 그름을 판단하는 것은 공리주의적 접근이다. 벤담과 밀이 대표적인 공리주의자이며, 칸트는 의무론의 대표학자이다.

07 정답 ②

윤리적 탐구에 필요한 사고 유형으로는 논리적 사고, 합리적 사고, 비판적 사고가 있다. 비판적 사고란, 주장의 근거와 그 적절성을 따져 보는 것으로 논리적인 사고와 합리적 사고를 포괄하는 것이다.

08 정답 ④

제시문은 니부어의 사회 윤리로 사회 문제의 원인은 부도덕하고 불공정한 사회 구조나 사회 제도 때문이며, 개인의 도덕성뿐만 아니라 사회 구조와 제도의 개선을 통해 윤리 문제를 해결해야 한다고 주장하였다.

09 정답 ①

자율은 합리적인 개인이 관련된 내용을 충분히 인지하고 강요되지 않은 결정을 스스로 내릴 수 있는 능력을 말한다.

10 정답 ①

제시문은 개인 간의 올바른 도리 또는 사회를 구성하고 유지하는 공정한 도리인 정의에 대한 설명이다.

11 정답 ①

롤스는 공정한 배분 절차를 통해 합의한 원칙에 따른 결과는 정의롭다는 절차적 정의를 주장하였다.

12 정답 ④

제시문은 롤스의 제2의 정의의 원칙(차등의 원칙)으로 농어촌 자녀(최소 수혜자)에게 최대의 이익을 보장하기 위해 만들어진 제도이다.

13 정답 ③

제시문은 시민 불복종에 대한 설명이다.

14 정답 ①

배려적 사고란 다른 사람의 필요 욕구나 감정이 무엇인지 관심을 갖고, 그의 입장에서 생각해 보고 그의 욕구나 감정을 존중해 주는 것을 의미한다.

15 정답 ④

가상 공간을 뜻하는 사이버(cyber)와 집단 따돌림을 뜻하는 불링(bullying)에서 생겨난 신조어로 사이버상에서 특정인을 집단적으로 따돌리거나 집요하게 괴롭히는 행위를 말한다.

16 정답 ①

생태 중심주의는 생태계 전체를 도덕적 고려의 대상으로 삼고, 개체론적 환경 윤리로는 환경 문제를 해결하기 힘들기 때문에 생태계 전체의 유기적 관계와 상호 의존성을 강조하는 전일론(全一論)적 관점을 주장하였다.

17 정답 ④

심미주의는 예술의 자율성을 강조하는 순수 예술론을 지지하고 예술에 대한 윤리적 규제에 반대하였다.

18 정답 ②

공자는 예술의 심미적 기능을 강조하면서 동시에 예술을 도덕적 품성을 함양하는 방편으로 예와 악을 상호 보완 관계로 보았다.

19 정답 ②

② 명품 선호 현상에 대한 긍정적 관점에 해당한다.

20 정답 ④

윤리적 소비란 윤리적 가치 판단에 따라 상품이나 서비스를 구매하고 사용하는 것을 뜻한다.

21 정답 ②

② 국수 대접 이론(문화 다원주의)의 장점에 대한 설명이다.

22 정답 ②

화쟁 사상은 원효의 핵심 사상으로, 서로 다른 종파들 간의 다툼[諍]을 더 높은 차원에서 조화[和]하고자 하는 것이다.

23 정답 ③

하버마스의 이상적 대화 상황의 조건에는 이해 가능성, 정당성, 진리성, 진실성 등이 있다.

24 정답 ④

통일 편익이란 통일로 얻게 되는 이익과 혜택으로 경제적 편익과 비경제적 편익이 있다.

25 정답 ②

제시문은 국가는 도덕성을 고려해야 하고 국가의 이익보다 인간의 존엄성, 자유, 평등과 같은 보편적 가치를 중시해야 한다는 이상주의적 관점이다.

PART 08 2025년 기출문제

제1회 정답 본문 190~194p

01 ④	02 ④	03 ④	04 ①	05 ②
06 ③	07 ③	08 ④	09 ④	10 ③
11 ①	12 ②	13 ②	14 ③	15 ①
16 ①	17 ④	18 ②	19 ②	20 ④
21 ①	22 ①	23 ③	24 ②	25 ①

01 정답 ④

환경 윤리 영역에서는 자연을 바라보는 동서양의 관점과 오늘날 나타나는 다양한 환경 문제를 다룬다.

오답 피하기

① 예술과 대중문화 윤리, 의식주와 윤리적 소비 문제, 다문화 사회의 윤리를 다룬다.
② 사이버 공간의 표현의 자유 문제, 저작권 문제, 사생활 침해 문제, 누리 소통망 서비스(SNS)와 같은 다양한 매체를 사용하면서 나타날 수 있는 윤리 문제를 다룬다.
③ 직업 생활을 하면서 지켜야 할 윤리 규범을 말한다.

02 정답 ④

도가 사상은 노자와 장자의 사상을 일컫는 말로 노장사상이라고도 한다. 장자는 소요와 제물을 통해 인간의 자연성을 회복하고 진정한 행복에 이르는 길을 제시하였다.

오답 피하기

①·③ 유교 사상가
② 초기 전국 시대에 제자백가 중 묵가를 대표하는 사상가

03 정답 ④

도덕적 탐구란 도덕 문제의 해결 방안을 찾기 위해 도덕 원리와 사실 판단을 조사, 분석 비교, 평가하며 타당한 결론을 내리는 과정이다.

오답 피하기

• 독단적 : 남과 상의하지 않고 혼자서 판단하거나 결정하는 것.

04 정답 ①

우대 정책은 과거 오랜 기간 부당한 차별로 고통받아 온 사회적 약자의 삶을 보장해 주기 위한 제도로, 이들의 차별에 대한 윤리적 반성에서 시작되어 지속적으로 발전해 왔다.

예 대학의 농어촌 특별 전형, 지역 균형 선발, 정부의 지역 인재 채용 목표제 등

① **환경 영향 평가 제도** : 환경에 중대한 영향을 미치는 부정적인 영향을 미리 분석하여 해로운 환경 영향을 피하거나 줄이는 방안을 마련하는 제도로 소수자 우대 정책과 관련이 없다.

05 정답 ②

의무론 윤리는 행위가 의무에 부합하는가에 따라 옳고 그름을 판단한다. 의무론 윤리의 대표 이론으로는 자연법 윤리와 칸트 윤리가 있다.

오답 피하기

③ 공리주의는 쾌락이나 행복을 증진하는 유용성에 따라 행위의 옳고 그름을 판단한다.

06 정답 ③

통일은 남북 분단으로 가족과 떨어져 지내는 이산가족의 고통을 해소해 줄 수 있다. 또한, 통일은 남북한 구성원들이 자유롭고 평화로우며 풍요로운 삶을 향유할 수 있게 해주고, 인간으로서 존엄과 가치, 인권을 보장받으며 살아갈 수 있게 한다.

③ 통일 비용보다 통일 편익이 큰 것은 통일 찬성 논거의 하나이다.

07 정답 ③

제시문은 청렴에 대한 설명이다.

• 견리사의(見利思義) : 눈앞의 이익을 보면 의리를 먼저 생각함.

오답 피하기

① **부정** : 올바르지 아니하거나 옳지 못함.
② **소외** : 어떤 무리에서 기피하여 따돌리거나 멀리함.
④ **편견** : 공정하지 못하고 한쪽으로 치우친 생각.

08 정답 ④

싱어와 롤스는 절대 빈곤을 해결을 위한 해외 원조를 보편적 의무로 보았다. 싱어는 공리주의의 입장에서 절대 빈곤을 해결하여 사람들의 고통을 줄이고 쾌락을 증진하는 것을 목적으로 하며, 롤스는 고통받는 사회가 질서 정연한 사회가 되도록 하는 것을 목적으로 한다.

09 정답 ④

현실주의 관점에서는 국가란 이기적인 인간들로 구성되어 있고, 세계도 자국의 이익을 추구하는 국가들로 이루어져 있다고 본다.

오답 피하기

① 이상주의 관점에서는 평화는 국가 간의 이성적인 대화와 협력을 바탕으로 도덕, 여론, 법률, 제도를 통해 만들어 갈 수 있다고 주장한다.

10 정답 ③

인공 임신 중절에 찬성하는 선택 옹호주의는 임신의 지속 여부를 결정하는 주체는 여성이며, 여성이 원하지 않는 출산을 법으로 강제해서는 안 된다고 강조한다.

오답 피하기

①·②·④ 인공 임신 중절에 반대하는 생명 옹호주의 입장이다.

11 정답 ①

가족은 구성원 간의 사랑과 이해, 존중을 바탕으로 정서적 안정을 느끼게 해준다. 또한, 가족 구성원은 가족 간의 관계에서 사회생활에 필요한 규칙과 예절을 습득하고 바람직한 인격을 형성한다.

12 정답 ②

소비자가 윤리적 가치 판단과 신념에 따라 환경, 인권, 노동, 빈곤 등 각종 사회 문제에 접근하여 상품을 선택하는 소비 행위를 윤리적 소비라고 한다.

② 윤리적 소비 실천 방법과 거리가 멀다.

13 정답 ②

종교 간의 공존을 위해서는 타 종교에 대한 자율성을 인정하고 이해하는 태도를 지녀야 한다. 종교 간 갈등은 단기간에 해결되기 어렵기 때문에 사랑과 자비, 평등과 평화와 같은 보편적 가치를 바탕으로 서로 대화하고 협력하고자 하는 종교 간의 노력을 기울여야 한다.

오답 피하기

① **강요** : 억지로 또는 강제로 요구함.
③ **집착** : 어떤 것에 늘 마음이 쏠려 잊지 못하고 매달림.
④ **차별** : 둘 이상의 대상을 각각 등급이나 수준 따위로 차이를 두어서 구별함.

14 정답 ③

프롬은 책임, 이해, 존경, 보호의 속성을 사랑의 기본 요소로 제시하고 있다. 각 질문에 대한 점수는 1점이고, 질문에 '예'라고 답한 것이 두개이므로 채점 결과는 2점이다.

15 정답 ①

과학 기술이 발달하면서 인간은 물질적으로 풍요로운 삶을 누리게 되었고, 생활의 편리함과 효율성이 증진되었다. 또한, 생명 과학과 의료 기술의 발달로 평균 수면이 연장되고 있으며, 많은 사람들이 건강한 삶을 누리게 되었다.

오답 피하기

②·③·④ 과학 기술의 발달에 따른 윤리 문제의 사례이다.

16 정답 ①

정보 공유를 주장하는 사람들은 그동안 축적된 문화유산을 바탕으로 저작물을 만든 것이기 때문에, 이는 개인의 자산인 동시에 인류 공동의 자산이라고 주장한다. 그러므로 저작물이 저작자의 이익뿐만 아니라 모든 사람의 공동선을 위해 활용되어야 한다고 본다.

17 정답 ④

대의 민주주의의 한계를 보완하고 사회 문제를 효과적으로 해결하기 위해서는 시민이 정책의 입안, 결정, 집행 과정에 적극 참여하는 자세가 필요하다.

18 정답 ②

자기 지역에서 생산된 먹거리를 소비하자는 운동인 로컬 푸드 운동은 생산자와 소비자를 직접 연결함으로써 식품의 안전성과 가격의 효율성을 높일 수 있다.

19 정답 ②

요나스는 윤리적 책임의 범위를 인간을 포함하는 자연으로, 시간적으로는 미래 세대로 확대하였다. 또한, 과거의 행위에 대한 책임에서 더 나아가 미래의 결과에 대한 책임까지 강조한다.

20 정답 ④

동화주의는 '용광로 모형'이 대표적인데, 이주민이 출신국의 언어, 문화, 사회적 특성을 포기하고 주류 사회의 일원이 되게 한다. 반면 조화를 추구하는 다문화주의는 '샐러드 볼' 또는 '모자이크' 유형이 대표적이다.

21 정답 ①

생태 중심주의의 대표적인 이론은 레오폴드의 대지 윤리이다. 이는 인간을 동식물, 물, 바위, 공기 등과 함께 거대한 대지 공동체의 구성원으로 바라보아야 한다는 입장이다. 인간이 자연보다 우월한 지위를 가진다는 질문은 인간 중심주의에 대한 설명이다.

22 정답 ①

'예술을 위한 예술'이라는 말로 표현할 수 있는 예술 지상주의는 예술에 대한 윤리적 규제에 반대한다.

ㄷ, ㄹ은 도덕주의에 대한 설명이다.

23 정답 ③

정명사상을 주장한 공자는 각자가 자신의 이름에 걸맞은 행동을 할 때 이상 사회가 완성될 수 있다고 보았다.

- **정명사상** : 임금은 임금답고 신하는 신하답고 부모는 부모답고 자식은 자식다워야 한다.

오답 피하기

① **겸애** : 가리지 않고 모든 사람을 똑같이 두루 사랑함.

② **무위** : 자연에 따라 행하고 인위를 가하지 않는 것.

④ **해탈** : 번뇌의 얽매임에서 풀리고 미혹의 괴로움에서 벗어남.

24 정답 ②

동물 중심주의 입장에서는 동물의 도덕적 지위와 권리에 대한 범위를 동물에게까지 확대함으로써 인간의 무분별한 동물 실험, 공장식 동물 사육, 오락성 동물 사냥과 같은 비도덕적 관행을 반성하게 하였다.

② 동물 실험에 찬성하는 논거이다.

25 정답 ①

갈퉁은 평화를 물리적 폭력은 물론 폭력을 자행하게 만드는 구조적 폭력과 이를 뒷받침하는 문화적 폭력까지 없는 상태로 정의하였다.

제2회 정답

본문 195~199p

01 ①	02 ②	03 ③	04 ③	05 ②
06 ③	07 ①	08 ④	09 ①	10 ③
11 ④	12 ④	13 ①	14 ①	15 ③
16 ③	17 ②	18 ④	19 ②	20 ④
21 ①	22 ②	23 ②	24 ③	25 ④

01 정답 ①

제시된 문제들은 모두 정보통신기술의 발전과 활용 과정에서 발생하는 윤리적 쟁점들이다. 사생활 침해, 사이버 폭력, 저작권 침해, 해킹 등은 정보 사회에서 올바른 행동 기준을 다루는 '정보 윤리'의 주요 영역에 해당한다.

- 정보 윤리 : 정보 기술의 발전과 함께 발생하는 윤리적 문제들을 다루는 실천 윤리의 한 분야이다. 정보의 생산, 유통, 활용 전반에 걸쳐 올바른 가치 판단과 행동 기준을 제시한다.
- 실천 윤리 : 삶의 구체적인 영역(예 생명, 환경, 정보 등)에서 발생하는 도덕적 문제를 해결하고 올바른 가치관과 행동 원칙을 모색하는 윤리학의 한 분야이다.

02 정답 ②

보살은 스스로 깨달음을 얻었음에도, 그 깨달음을 자신만을 위해 쓰지 않고, 고통받는 모든 존재를 구제하기 위해 지혜와 자비를 실천하며 이 세상에 남아 끊임없이 노력하는, 이타적인 삶을 사는 존재이다.

① 유교, ③ 도교의 이상적인 인간상이다.

오답 피하기

- 군자(君子) : 유교에서 어질고 덕이 높으며 학식과 교양이 풍부하여 사회의 모범이 되는 이상적인 사람을 뜻한다. 특히 인(仁)을 실천하여 백성을 사랑하고 공정하게 다스리는 존재를 의미한다.

03 정답 ③

제시된 내용은 메타 윤리학의 주요 물음에 대한 설명이다. 메타 윤리학의 주요 물음은 '좋은(good)'과 '옳은(right)'이라는 용어의 의미는 무엇인가?, '해야 한다'는 것과 '해서는 안 된다'는 것의 의미는 무엇인가?, 도덕 판단을 어떻게 논리적으로 정당화할 수 있는가? 등이 있다.

오답 피하기

- **규범(規範)** : 인간이 사회생활을 하면서 지켜야 할 도리나 행동의 기준으로, 윤리적 판단의 근거가 되는 원칙이나 표준을 의미한다(예 도덕 규범, 법 규범).

04 정답 ③

ㄴ. 유교는 덕치(德治)를 통해 만인이 평등하고 조화로운 '대동 사회(大同社會)'를 이상적인 사회로 제시한다.
ㄹ. 유교에서는 덕을 갖춘 '군자(君子)'와 완전한 덕성을 이룬 '성인(聖人)'을 이상적인 인간상으로 본다.

- **대동 사회** : 유교에서 모든 사람이 평등하고 화목하게 어울려 사는 이상적인 사회를 뜻한다. 재화가 공유되고 약자가 보호받으며, 모든 사람이 자신의 역할을 다하여 조화를 이루는 사회를 목표로 한다.
- **좌망(坐忘)·심재(心齋)** : 도가(道家) 사상에서 강조하는 수양 방법으로, 외부의 모든 것을 잊고 마음을 비워 도(道)와 하나되는 경지에 이르는 것을 목표로 한다.
- **불성(佛性)** : 불교에서 모든 중생에게 부처가 될 수 있는 성품이 내재되어 있다는 가르침이다.

오답 피하기

ㄱ. '좌망(坐忘)'과 '심재(心齋)'는 도가(道家) 사상에서 강조하는 수양 방법이다.
ㄷ. '불성(佛性)'은 불교에서 말하는 개념으로, 모든 존재가 부처가 될 수 있는 성품을 지녔다는 사상이다.

05 정답 ②

'정언 명령', '보편적으로 타당함', '어떤 상황에서도'와 같은 표현은 독일의 철학자 칸트(Immanuel Kant)의 의무론적 윤리 사상에서 핵심적인 개념이다. 칸트는 행위의 결과가 아니라 그 행위가 도덕 법칙에 부합하는지에 따라 옳고 그름을 판단해야 한다고 주장한다.

06 정답 ③

남북한은 오랜 세월 서로 다른 제도와 이념 속에서 살아왔기 때문에 남북 통합 과정에서 각자의 입장만을 고집한다면 많은 혼란과 갈등이 생겨날 수 있다. 따라서 모두가 행복한 통일을 위해서는 인류가 공동으로 추구하는 보편적 가치를 바탕으로 통합하여야 한다.

07 정답 ①

로버트 노직(Robert Nozick)의 '소유 권리론'에서 제시하는 정의의 원칙 중, 과거의 부정의한 소유 취득이나 이전을 바로잡는 것은 '교정의 원칙'에 해당한다.

- **교정의 원칙** : 노직의 정의 원칙 중 하나로, 과거의 부정의한 소유 취득이나 이전을 바로잡기 위한 원칙이다.

08 정답 ④

상대방의 요구와 감정에 귀 기울이고 공감하며 반응하는 도덕적 태도를 강조하는 것은 '배려 윤리'의 핵심 특징이다. 배려 윤리는 관계 속에서 타인과의 상호 이해와 보살핌을 중시한다.

- **배려 윤리** : 인간관계를 중시하며, 타인의 고통과 요구에 공감하고 책임감을 가지고 보살피는 행위를 도덕적 판단의 중요한 기준으로 삼는 윤리 사상이다. 길리건(C. Gilligan) 등이 주장하였다.

09 정답 ①

시민 불복종은 공동체의 정의를 회복하기 위한 도덕적 행위이므로, 비폭력적이고 양심적이며 공개적으로 이루어져야 한다. 또한 모든 합법적인 수단을 다한 후 선택하는 '최후의 수단'이어야 한다. 특정 법이나 정책에 대한 항거이지, 법 체계 전체에 대한 항거가 아니며, 사적 이익이 아닌 공공의 정의를 목적으로 해야 한다.

10 정답 ③

제시된 설명은 모든 생명체(식물, 동물 등)가 도덕적 지위를 가진다고 보는 '생명 중심주의'의 특징이다. 슈바이처의 '생명 외경 사상'이나 테일러의 '생명 중심적 윤리'가 대표적이며, 생태계 전체를 고려하지 못한다는 점이 한계로 지적된다.

- **생명 중심주의** : 모든 생명체는 고유한 가치를 지니므로 도덕적으로 존중받아야 한다는 자연관이다. 인간만이 아닌, 모든 살아있는 것들의 생명을 소중히 여겨야 한다고 주장한다.

11 정답 ④

'장기적인 연명 치료로 인한 가족의 부담을 줄일 수 있다.'는 오히려 연명 치료 중단 또는 뇌사 판정 후 죽음을 받아들이는 측면에서의 긍정적 효과이다.

- **뇌사** : 뇌간을 포함한 뇌 전체의 기능이 완전히 정지하여 회복 불가능한 상태를 말한다. 심장은 뛸 수 있지만, 의식 회복이나 자발적인 호흡이 불가능한 상태이다.
- **연명 치료** : 회생 가능성이 없는 환자에게 생명 유지를 목적으로 하는 의학적 시술(인공호흡기, 심폐소생술 등)을 계속하는 것을 말한다.

오답 피하기

①·② 뇌사 시 장기 기증의 긍정적인 측면(다른 환자 생명 구원, 의료 자원 효율화)이다.
③ 뇌사 판정의 오류 가능성으로 인한 인간 존엄성 훼손이라는 부정적 측면에 해당한다.

12 정답 ④

성 자체를 상품처럼 매매하거나, 성적인 요소를 이용해 상업적 이익을 얻으려는 행위를 '성 상품화'라고 한다. 이는 인간의 존엄성을 훼손할 수 있는 윤리적 문제로 인식된다.

- **성 상품화** : 성을 돈벌이 수단이나 상업적인 이득을 위한 도구로 이용하는 행위를 말한다. 인간의 성을 비인격적으로 대상화하고 물질적으로 평가하는 경향을 보인다.

13 정답 ①

톰 레건(Tom Regan)은 동물도 고유한 삶의 중심으로서 '삶의 주체(subject-of-a-life)'이므로 인간과 마찬가지로 본래적 가치를 지니며 존중받아야 한다고 주장한다. 그는 특정 능력(믿음, 욕구, 자각 등)을 가진 동물들을 삶의 주체로 보았다.

- **삶의 주체(subject-of-a-life)** : 레건이 제시한 개념으로, 믿음, 욕구, 기억, 자기 인식 등의 복합적인 정신적 능력을 가진 존재를 의미한다. 레건은 이러한 삶의 주체가 되는 동물들은 내재적 가치를 지니므로 인간과 마찬가지로 권리를 가진다고 보았다.

14 정답 ①

벤담은 '양적 공리주의'를 주장하며 모든 쾌락은 질적인 차이 없이 양적으로 측정하고 계산할 수 있다고 보았다. 따라서 A는 '예' 이다. 벤담의 공리주의는 '최대 다수의 최대 행복'을 기본 원리로 한다. 따라서 B는 '예' 이다.

- **벤담(Jeremy Bentham)** : 18세기 영국의 철학자로, 양적 공리주의를 주창하였다. 쾌락의 양을 계산하는 '쾌락 계산법'을 제시하며, 쾌락의 질적 차이는 없다고 보았다.

15 정답 ③

하버마스는 시민이 누구나 자유롭게 소통에 참여할 자격이 있다는 것을 강조하고 있다. 사회 구성원 모두는 사회적인 문제를 직접 결정하는 주체로서 어느 누구도 사회적·경제적 지위 등을 이유로 소통에서 배제되지 않아야 한다.

16 정답 ③

윤리적 성찰은 자신과 타인의 삶, 그리고 사회 전반에 걸쳐 올바른 가치를 탐구하고, 자신의 행동과 사고를 비판적으로 검토하여 더 나은 존재로 나아가기 위한 과정이다. 유행이나 사회적 분위기에 무비판적으로 동조하는 것은 성찰의 목적과 거리가 멀다. 오히려 성찰을 통해 주체적인 판단을 내리는 것이 중요하다.

- **윤리적 성찰** : 자신과 사회의 윤리적 문제에 대해 깊이 생각하고, 자신의 행동과 가치관을 돌아보며 반성하는 활동이다. 이를 통해 올바른 가치관을 확립하고 더 나은 삶의 방향을 모색할 수 있다.

17 정답 ②

장자(莊子)는 도가(道家) 사상가로, 죽음을 삶의 자연스러운 한 과정이자 변화의 일부로 보았다. 삶과 죽음을 구별하지 않고 자연의 순리에 맡기는 태도를 강조하였다.

- **학생 B** : 죽음을 삶의 변화 과정이자 자연스러운 받아들임으로 보는 것은 장자의 관점과 일치한다.

18 정답 ④

(가)는 국가가 자신의 힘을 바탕으로 자국의 이익을 극대화하려 하며 국제 관계가 갈등과 경쟁으로 이루어진다고 보는 '현실주의' 관점이다. (나)는 국제법, 국제 기구, 국제 규범 등을 통해 국제 사회의 갈등을 해결하고 평화를 이룩할 수 있다고 보는 '이상주의' 관점이다.

19 정답 ②

다양한 문화가 고유한 특성을 유지하면서도 서로 어우러져 조화를 이루는 상태를 '샐러드 볼(Salad Bowl) 모형'에 비유한다. 이는 여러 재료가 섞여 있지만 각각의 맛과 형태를 잃지 않는 샐러드처럼, 다양한 문화가 공존하는 다문화 사회를 설명하는 방식이다.

- **샐러드 볼 모형(Salad Bowl Model)** : 다문화 사회의 한 형태로, 다양한 문화가 고유한 특성과 정체성을 유지하면서도 전체적으로 조화를 이루는 사회를 의미한다.

20 정답 ④

공자와 순자의 주장에서는 공통적으로 자신이 맡은 바 임무와 역할을 충실히 수행하라는 직업 윤리를 포함하고 있다.

21 정답 ①

사회 갈등은 피할 수 없는 현상이며, 적절히 관리되고 해결될 경우 오히려 사회 발전에 긍정적인 영향을 줄 수도 있다. 갈등을 무조건 회피하는 것은 문제 해결에 도움이 되지 않으며, 대화와 소통을 통해 해결하려는 노력이 중요하다.

- **사회 갈등** : 개인이나 집단 간의 이해관계, 가치관, 목표 등이 달라 발생하는 대립과 충돌이다. 갈등은 부정적일 수도 있지만, 사회 발전을 위한 변화의 동기가 될 수도 있다.

22 정답 ②

사회 계약론적 입장에서 살인자를 사회 구성원의 자격이 없는 것으로 간주하고, 사회의 안녕과 질서를 유지하기 위한 '사회 방위론'의 입장에서 사형제를 찬성한 대표적인 사상가는 '루소(Jean-Jacques Rousseau)'이다.

- **사회 방위론** : 사회의 질서와 안전을 유지하기 위해 범죄자를 처벌하는 것이 정당하다는 주장이다. 사형제 찬성 논리로 사용되기도 한다.

> **오답 피하기**
> ④ 베카리아는 사형제 반대론자이다.

23 정답 ②

도덕주의는 미적 가치와 윤리적 가치의 관련성을 강조한다. 이 입장에서는 예술이 올바른 품성을 기르고 도덕적 교훈이나 모범을 제공하는 것이라고 보며, 예술의 사회성을 강조하는 '참여 예술론'을 지지한다.

> **오답 피하기**
> ①·③·④ 예술 지상주의 입장이다.

24 정답 ③

소비자가 단순히 자신의 이익이나 만족만을 추구하는 것이 아니라, 사회적·환경적 문제에 대한 윤리적 고려를 바탕으로 상품을 구매하는 행위를 '윤리적 소비'라고 한다. 이는 공정 무역 상품 구매, 동물 복지 제품 선택 등이 해당된다.

- 윤리적 소비 : 소비자가 상품을 구매할 때 가격, 품질뿐만 아니라 생산 과정, 기업의 사회적 책임, 환경 보호, 노동 인권 등 윤리적 가치를 고려하여 선택하는 소비 행태이다.

25 정답 ④

오늘날 환경 문제는 인간의 무분별한 행위에 의해 발생한 것이며, 인류의 생존을 위협하고 있다는 측면에서 윤리적으로 접근해야 할 문제라고 할 수 있다. 따라서 우리는 생태계와 미래 세대에 대한 책임 의식을 갖고 생태 지속 가능한 발전을 통해 기후 변화 등 환경 문제에 적극적으로 대처해야 한다.

합격에 필요한 것은 다 있다!

6단계 완성 합격 커리큘럼

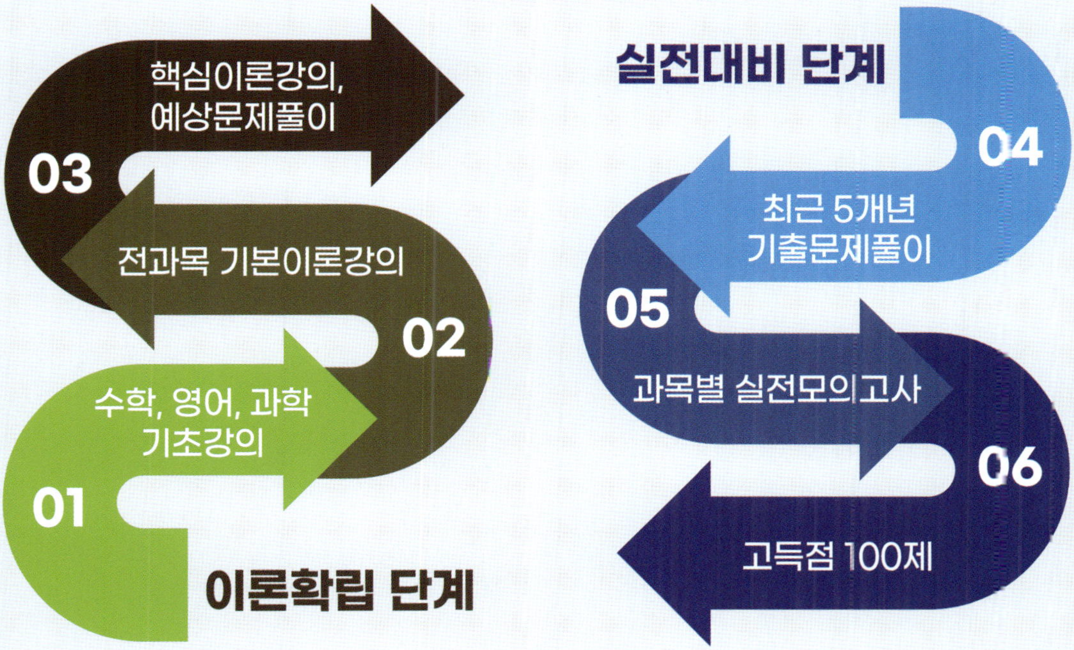

1단계 : 수학,영어, 과학 기초강의 | PDF 무료 다운
2단계 : 개념완성 및 문제풀이 | EBS 검스타트 검정고시 기본서
3단계 : 핵심요약 정리 | EBS 검스타트 검정고시 핵심총정리
4단계 : 기출문제 해설강의 | EBS 검스타트 검정고시 기출문제집
5단계 : 실전모의고사 및 해설 | EBS 검스타트 검정고시 실전모의고사
6단계 : 고득점 합격 100제 | PDF 무료 다운

G 검스타트

검스타트
검정고시
고졸 도덕

정답 및 해설

인터넷강의 검스타트 www.gumstart.co.kr

EBS 교육방송교재

고졸 검정고시

- 최신기출 완벽분석
- 시험에 꼭 나오는 핵심 이론 정리
- 적중률 높은 문제 구성

합격에 필요한 것은 다 있다!

6단계 완성 합격 커리큘럼

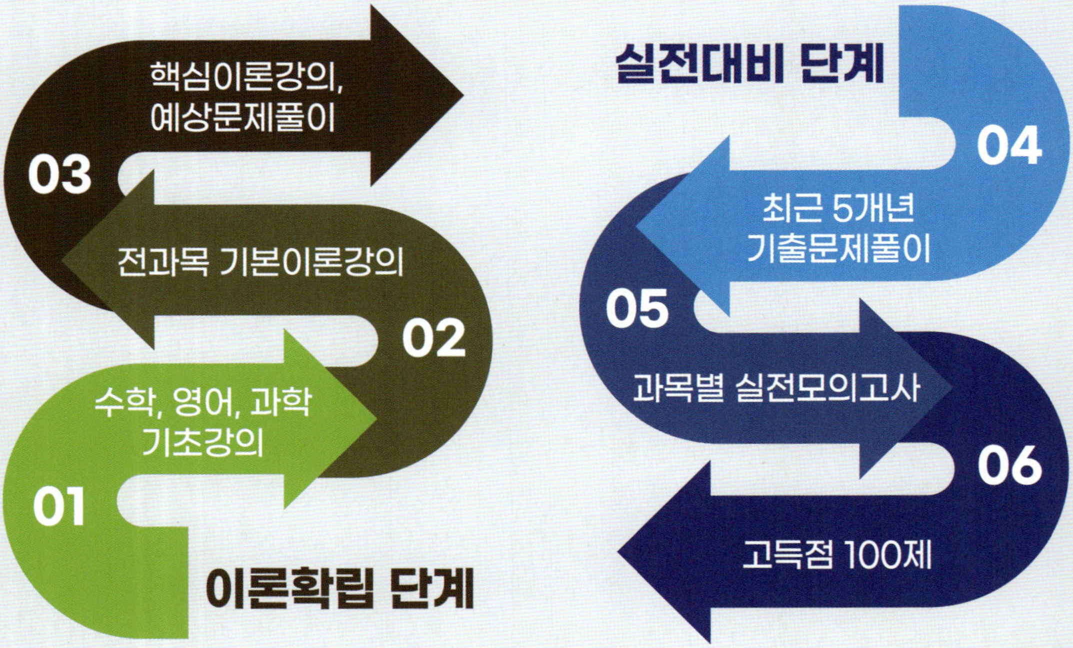

1단계 : 수학,영어, 과학 기초강의 | PDF 무료 다운

2단계 : 개념완성 및 문제풀이 | EBS 검스타트 검정고시 기본서

3단계 : 핵심요약 정리 | EBS 검스타트 검정고시 핵심총정리

4단계 : 기출문제 해설강의 | EBS 검스타트 검정고시 기출문제집

5단계 : 실전모의고사 및 해설 | EBS 검스타트 검정고시 실전모의고사

6단계 : 고득점 합격 100제 | PDF 무료 다운

G 검스타트